Sabine Rehkopf

DIE GEISTER, DIE ICH RIEF

Wie wir die verborgenen Gefahren
der Esoterik erkennen

SCM
Stiftung Christliche Medien

SCM Hänssler ist ein Imprint der SCM Verlagsgruppe, die zur Stiftung Christliche Medien gehört, einer gemeinnützigen Stiftung, die sich für die Förderung und Verbreitung christlicher Bücher, Zeitschriften, Filme und Musik einsetzt.

© 2019 SCM Hänssler in der SCM Verlagsgruppe GmbH
Max-Eyth-Straße 41 · 71088 Holzgerlingen
Internet: www.scm-haenssler.de · E-Mail: info@scm-haenssler.de

Die Bibelverse sind, wenn nicht anders angegeben,
folgender Ausgabe entnommen:
Lutherbibel, revidiert 2017, © 2016 Deutsche Bibelgesellschaft, Stuttgart.

Lektorat: Christiane Kathmann, www.lektorat-kathmann.de
Umschlaggestaltung: Kathrin Spiegelberg, Weil im Schönbuch
Titelbild: Andreas Rehkopf
Satz: typoscript GmbH, Walddorfhäslach
Druck und Bindung: GGP Media GmbH, Pößneck
Gedruckt in Deutschland
ISBN 978-3-7751-5912-8
Bestell-Nr. 395.912

Inhalt

Vorwort 5
Einleitung – Erst überzeugt, dann gescheitert 10

Kapitel 1 | Aberglaube – Glücksbringer oder Glaube, der Angst macht? 19
    Maskottchen und Talismane –
    Glück und Schutz von toten Gegenständen 20
    13 schwarze Katzen –
    Was bringt Glück oder Unglück? 25
    Befreiung von Ängsten 30

Kapitel 2 | Wahrsagen – Vertrauen in eine unbekannte Macht 32
    Intuitives Hellsehen – Die Macht der Gedanken 35
    Kartenlegen – Können Karten
    über unsere Zukunft entscheiden? 40
    Astrologie – Bestimmen die Sterne unser Leben? 47
    Handlesen – Die Bedeutung der Linien in der Hand 55
    Pendeln – Das Auspendeln von Vergangenheit
    und Zukunft 63
    Wahrheit macht frei 70

Kapitel 3 | Geistheilung – Übernatürliche Heilung, die krank macht 72
    Händeauflegen – Heilung durch eine höhere Macht? ... 79
    Energetische Fernheilung – Heilung per Telefon? 81
    Animalischer Magnetismus – Die Prinzipien
    des (Heil-)Magnetismus 85
    Besprechen – Was wird besprochen? 93
    Reiki – Woher kommen die Engel? 100
    Uralt und modern – Ayurveda 108

Akupunktur und Shiatsu – Was ist gut für uns? 115
Bachblüten und Homöopathie –
Die Kraft des wenigen 121
Warnhinweis – Was ist gut für uns? 126

Kapitel 4 | Im Jenseits – Was geschieht nach dem Tod? 131

Philosophien und Irrlehren – Die Suche
nach Wahrheit 132
Totenbeschwörung – Schwerwiegende Folgen 141

Kapitel 5 | Mentale Methoden – Spinnerei oder Wahrheit? 149

Parapsychologische Phänomene – Mystische Welten ... 150
Meditation – Die Reise zu einer höheren Ebene 159
Astralreisen – Körperlos unterwegs 167

Kapitel 6 | Esoterik im Kinderzimmer – Fremde Mächte nehmen Einfluss 181

Massenmedien – Magie und Fabelwesen
haben Hochsaison 182
Meditation und Yoga – Entspannung
im Alltagsstress? 186
Ist wirklich jede Methode gut? 187
Traumfänger und Steine – Beschützen
magische Gegenstände das Kind? 189
Halloween – Fröhlicher Geisterspaß? 191
Kinder schützen 192

Kapitel 7 | Lösung von spirituellen Bindungen – Der Weg in die Freiheit 194

Die Geister, die ich rief – Bewusst und unbewusst 201
Jeder kann frei werden 207

Nachwort 220

Vorwort

Angebote der esoterischen Heilungs- und Entspannungstechniken sind in Europa reichlich vorhanden. Was früher nur im Fernen Osten bekannt war, ist heute in deutschen Praxen für alternative Medizin und chinesische Heilmethoden alltäglich. Ganzheitliches Wohlbefinden, zu sich selbst finden, Teil des großen Ganzen zu sein, ist modern und erfreut sich hoher Akzeptanz. In Filmserien treten vermehrt Wahrsager und Astrologen auf.

Eine hochgestellte Persönlichkeit des norwegischen Königshauses berichtet in den Medien frei über ihre Begegnungen mit Engeln, die gerufen werden können, um heilende Energien zu schenken. Es wurde ein Buch von ihr verlegt und sie hat eine Engelsschule gegründet. In den öffentlich-rechtlichen Nachrichten bekundet ein hoher katholischer Geistlicher, dass er zu seinen verstorbenen Eltern betet und sie als Vermittler zu Gott ansieht. Auf die dahinter stehende, verborgene Gefahr weist niemand hin. Die öffentliche Akzeptanz ist deutlich größer, als es in den letzten Jahrzehnten der Fall war.

Ich selbst interessierte mich von früher Kindheit an für das Übersinnliche. Träume und deren Deutung faszinierten mich sehr und ich bemühte mich, so viel wie möglich darüber zu erfahren.

An sternenklaren Abenden beobachtete ich den Mond und freute mich über die glitzernden Sterne am Himmelszelt. Tagsüber staunte ich über die orangefarbene Sonne und stellte mir vor, dass Lebewesen auf anderen Planeten existierten. Mir war klar, dass es Gott gibt und er irgendwo hoch oben am Horizont lebt und regiert. Ich glaubte, dass dieser Gott die Antworten auf all meine Fragen weiß und eventuell auch mein kleines Leben geplant hat.

Mit Freude nahm ich am Religionsunterricht teil und malte mir die biblischen Geschichten in bunter Vielfalt und mit viel Fantasie aus. Das Buch, das wir im Religionsunterricht verwendeten, hieß »Schild des Glaubens« und ich war begeistert von diesem Stärke vermittelnden Titel. Ich hatte unzählige Fragen zum Thema Astronomie, aber gleichzeitig beschäftigte mich auch das, was ich mit meinen Augen nicht wahrnehmen konnte. Dass es außerhalb der Realität auch eine unsichtbare Welt gibt, zu der wir keinen Zugang haben, wusste ich schon recht früh.

Ich komme aus einer sehr liebevollen Familie, die außerdem gottesfürchtig war und meinem Bruder und mir Ehrfurcht vor der Schöpfung vermittelte. Meine Mutter erzählte oft von Begebenheiten aus der Zeit der Kriegsjahre, meine Großeltern waren diesbezüglich eher verschlossen. Als Jugendliche spürte ich die tiefe Traurigkeit der Menschen, die diese schwere Zeit miterlebt haben. Traumatisierung und der Schock über die Aufklärung von schweren Kriegsverbrechen lagen wie ein stiller Nebel über vielen Familien. Der größte militärische Konflikt der Menschheitsgeschichte lag hinter ihnen und nun sollte die Zukunft gestaltet werden. Mehr als einmal hörte ich von dem Zweifeln an der Existenz eines liebenden Gottes. Die Hilflosigkeit und Verzweiflung waren für mich nachvollziehbar, denn wer so dramatische Zeiten durchgemacht hat, weiß aus eigener Erfahrung, wie sinnlos Kriege und Verbrechen sind.

Nöte, Sorgen und Krankheit treiben Menschen dazu, Wahrsager und Geistheiler aufzusuchen. Besonders nach schweren Zeiten wie Verlust oder Trennung sehnen sich die Menschen nach Liebe und Geborgenheit. Gott möchte nicht, dass jemand derartiges Leid ertragen muss, aber sein Widersacher setzt überall Zeichen der Zerstörung und nutzt das Aggressionspotenzial der Menschen. Durch die Sünde und den Abfall vom Glauben an Gott den Schöpfer hat der Teufel viel Macht, die Zerstörung auf der Erde voranzutreiben. Dämonische Mächte treten nicht nur im esoterisch-okkulten Bereich auf, sondern können sich genauso auf anderen Gebieten bemerkbar machen.

Meine Großmutter hatte schon als Kind außersinnliche Wahrnehmungen, die ihr ein wenig Angst bereiteten. Im Erwachsenenalter wurde sie immer wieder mit Phänomenen konfrontiert, die sie nicht einordnen konnte. In ihrer Familie wurde über dieses Thema nicht gesprochen und so machte sich meine Großmutter ihre eigenen Gedanken dazu. Heute denke ich, dass es eine geistliche Bindung gegeben haben muss, die eventuell eine Generation übersprungen hat. Meine Dankbarkeit darüber, dass dieses Band durchtrennt wurde, kann ich kaum in Worte fassen. Zu meiner Freude weiß ich, dass auch damals die Inhalte der Bibel dabei geholfen haben, die ersten Schritte der Lösung vom Okkultismus zu gehen.

Bis dahin verwendete meine Großmutter ihre Sensitivität für das unbekannte Übersinnliche. Da sie eine pragmatische Persönlichkeit war, wollte sie mit dieser Gabe etwas Sinnvolles anfangen und begann, sich mit Astrologie und der Bedeutung von Tarotkarten zu beschäftigen. Sie war keinesfalls eine finstere Erscheinung, sondern eine liebevolle, freundliche Frau mit Stil und Geschmack. Daher setzte meine Großmutter in den Kriegsjahren ihre astrologischen Kenntnisse ein, um Menschen zu beraten, die in ihrer Not und voller Ängste Antworten suchten. Von diesen Erfahrungen erzählte mir in erster Linie meine Mutter und ich hörte wie gebannt zu.

Als ich älter wurde, sprach ich meine Großeltern auf das Thema Okkultismus an, aber sie waren nicht bereit, intensiver mit mir darüber zu reden. Beide lehnten inzwischen alles ab, was mit Parapsychologie und Okkultem zusammenhängt. Sie warnten mich davor, auf übernatürliche Weise mit der unsichtbaren Welt in Kontakt zu treten, und berichteten unter anderem davon, dass es sie viel Kraft und Reue gekostet hatte, dass sie sich dem Übersinnlichen hingegeben hatten.

Meine Großeltern stritten nicht ab, dass es eine Parallelwelt gibt, aber sie rieten mir vehement davon ab, mich damit auseinanderzusetzen. Warum ich diese Warnsignale überhört habe, kann ich nicht sagen, aber heute rate ich aus tiefster Überzeugung ebenfalls dazu, dieses Feld nicht zu betreten und sich nicht mit dem Übersinnlichen zu beschäftigen. Ich möchte jeden Menschen davor warnen, sich auf fremde Energien aus dem Universum einzulassen. Es ist mein Bedürfnis, auf die Gefahren der Esoterik und des Okkultismus hinzuweisen.

Natürlich gibt es auch in diesem Bereich »Betrüger«, die ein Zeitschriftenhoroskop schreiben wie einen normalen Artikel oder ein Pendel mit kleinen Handbewegungen selbst zum Schwingen bringen. Menschen, die den Aberglauben anderer ausnutzen. Doch böse Mächte und dämonische Kräfte existieren tatsächlich und sind keine niedlichen Fantasiegestalten aus dem Märchenbuch. Sich darauf einzulassen, bedeutet, dass man sich von dem lebendigen Schöpfer-Gott abwendet und in eine unbekannte Sphäre eintaucht. Es kann zur Folge haben, dass sich psychische und seelische Probleme einschleichen und sich die Persönlichkeit negativ verändert. Menschen in Not greifen verständlicherweise zu jedem Strohhalm, aber statt langfristig und dauerhaft Heilung und Besserung zu empfangen, stürzen sie auf diese Weise tief in eine Grube hinein, aus der es eventuell kein Entrinnen gibt.

Der Gott, der Himmel und Erde erschaffen hat, kennt die Antworten auf unsere Fragen. In Jesus Christus ist Gott selbst auf dieser Erde gewesen und er weiß, mit welchen Nöten die Menschen zu kämpfen haben. Heute wende ich mich direkt an Gott, wenn ich ein Anliegen habe oder Sorgen mich drücken. Die Atmosphäre während eines Gebets ist wunderbar und friedvoll, es kommt kein Unbehagen auf und niemand braucht sich vor Gott zu ängstigen.

Es ist ein großes Glück, Jesus Christus persönlich zu kennen und die Bibel zu lesen. Die Ausstrahlung der Menschen, die mit ihm gehen, ist viel positiver und heller als die der Esoteriker.

Wenn ich heute Fotos aus meiner aktiven Zeit als Geistheilerin sehe, freue ich mich, dass dieses Thema der Vergangenheit angehört. Ich will nie wieder zurück in die Szene des Okkultismus und des Ungewissen.

Obwohl es auch Menschen gibt, die sich bewusst mit dunklen Mächten einlassen, sind die meisten Esoteriker keine negativen Persönlichkeiten, sondern Suchende, die es gut meinen. Sie sind davon überzeugt, der Wahrheit zwischen Himmel und Erde etwas näher gekommen zu sein. Mir persönlich tut das unendlich leid und ich hoffe, dass viele von ihnen auf den richtigen und einzigen Weg des Lebens kommen: zu Jesus Christus.

Der Unterschied zwischen dem Lebensgefühl, wenn man sich mit Esoterik beschäftigt, und dem Leben in der geistlichen Wahrheit könnte größer nicht sein. Nie wieder möchte ich zurück und ich wünsche jedem Menschen diesen wunderbaren Frieden mit Gott.

Einleitung

Erst überzeugt, dann gescheitert

In meinem Elternhaus wurde sehr offen und informativ über Hochsensibilität in Verbindung mit übersinnlicher Wahrnehmung gesprochen, allerdings immer mit dem Hinweis, dass es nicht ungefährlich sei, sich auf die unsichtbare Welt einzulassen. Als Kind hörte ich gern den Geschichten zu diesem interessanten Thema zu und war beeindruckt davon, dass es mehr gibt als das, was wir kennen und visuell wahrnehmen. Meine Großmutter war während des Krieges, Ende der Dreißigerjahre, eine gefragte Astrologin und Kartenlegerin. Die Menschen kamen unter anderem zu ihr, um zu erfahren, ob ihre Männer oder Söhne, die als Soldaten dienten, noch am Leben waren. Viele Frauen und Männer suchten in solchen Notzeiten Hellseher, Wahrsager und Kartenleger auf.

Meine Großmutter war eine verantwortungsbewusste Frau und traf nur dann eine Aussage, wenn sie ganz sicher war, dass sie der Wahrheit entsprach. Ihre Voraussagen trafen immer zu hundert Prozent zu und so wurde sie dafür bekannt, dass sie eine Verbindung zu höheren Mächten besaß, denen sie als Medium diente. Später warnte sie vor diesen Praktiken und sagte, dass Menschen nicht dazu befugt sind, in die Zukunft zu schauen, und dass es uns nicht zum Guten dient.

Die Geschichten über ihre übersinnlichen Erlebnisse und die Schicksale der Ratsuchenden erzählten mir meine Mutter und mein Onkel. Die beiden hatten zwar selbst weder Zugang noch Interesse an diesem Thema, waren aber beeindruckt von diesen Phänomenen. Meine Großmutter sprach nie von sich aus darüber, sondern berichtete nur auf mein Drängen hin davon. Sie tat es nie, ohne zu erwähnen, dass sie jedem Menschen davon abraten würde, sich damit zu beschäftigen. Sie las in der Bibel und kannte die Geschichten von Jesus sehr gut. Der Glaube an Gott war in unserer Familie selbstverständlich, daher gehe ich davon aus, dass meine Großeltern all diese Dinge im Gebet vor Gott gebracht hatten und frei wurden. Als ich mich selbst von den esoterischen Praktiken abwandte, lebten meine älteren Verwandten nicht mehr, sodass ich sie nicht fragen konnte.

Mein Großvater heilte früher kranke Menschen durch Handauflegung. Er hatte gelesen, dass es Heiler gibt, die eine energetische Kraft in ihren Händen spüren, und entwickelte den Wunsch, auf diese Weise Menschen helfen zu können. Da er im Ersten Weltkrieg ein Bein verloren hatte, empfand er ein besonderes Mitleid mit den Soldaten, die in den Vierzigerjahren im Lazarett lagen. Vielen Verwundeten legte er die Hände auf verletzte Körperteile, und der Heilungsprozess ging tatsächlich schneller voran. Irgendwann spürte mein Großvater jedoch, dass dies ihn selbst sehr viel Kraft und Energie kostete und er immer schwächer wurde.

Er legte die übersinnliche Kraft der Heilung ab und war später überzeugt davon, dass es nicht richtig gewesen war, als Mensch in dieser Form Heilung zu bewirken. »Es ist Gott überlassen und steht uns nicht zu, Menschen zu heilen«, so sagte er und sprach nur ungern über seine Erlebnisse als Heiler.

In meiner Kindheit wurde die Beschäftigung mit dem Übernatürlichen Okkultismus genannt und ich hatte Angst vor allem, was mit okkulten Dingen zusammenhing. Dennoch entwickelte ich ein großes Interesse an allem Übernatürlichen und forschte in Büchern nach, um zu erfahren, wie wir Kontakt zu einer Welt aufnehmen können, die wir mit bloßem Auge nicht wahrnehmen können. Parallel dazu besuchte ich seit meiner frühesten Kindheit die evangelisch-lutherische Kirche in dem Hamburger Stadtteil, wo ich wohnte. Dort ließ ich mich bewusst taufen und konfirmieren. Jeden Sonntag faszinierten mich die Geschichten von Jesus im Kindergottesdienst, die ich, Gott sei es gedankt, nie vergessen habe. Dort gab es wunderbare Mitarbeiter, die den Kindern mit Liebe und Freude von den Taten Gottes erzählten. Die Arbeit mit Kindern in der Kirche ist ein besonders wertvoller Dienst und ich bin diesen Menschen sehr dankbar und erinnere mich gern an sie.

Als junge Erwachsene begann ich, mich mit dem Kartenlegen zu beschäftigen, und war erstaunt, wie viel darüber über die Zukunft zu erfahren ist. Nach dem Tod meiner Großmutter entwickelte ich eine starke Neugier bezüglich Astrologie und gab die Erstellung meines Horoskops in Auftrag. Ich wollte gern eigene Erfahrungen auf diesem Gebiet sammeln und in die unsichtbare Welt eintauchen. Für mich bestätigte sich, dass es eine Wahrheit zwischen Himmel und Erde gibt und wir in der Lage sind, in Schicksale einzugreifen, um Böses abzuwenden. Ich begriff die Berechnung von Sternen als echte Lebenshilfe, außerdem verstand ich plötzlich besser den tieferen Sinn vieler Begebenheiten. Der Gott der Bibel rückte dabei für mich immer mehr in den Hintergrund. Ich erlag einer unbarmherzigen Lüge und sollte meine Neugier bezüglich dieser unbekannten Ebene später schwer bereuen.

Von einer erfahrenen Astrologin erfuhr ich, dass ich die Fähigkeit hätte, Menschen durch Handauflegung zu heilen. Ich erinnerte mich an meinen Großvater und verschlang Bücher über Geistheilung geradezu. Die Überzeugung, dass es mir sicherlich anders ergehen würde als meinem Großvater, weil ich berufen war, um Menschen zu heilen, setzte sich tief in meinem Denken fest. Das Mitleid und das Erbarmen für erkrankte Menschen gilt als eine Voraussetzung für Geistheilung und diese innere Haltung war mir nicht fremd. Daher suchte ich nach Möglichkeiten, meine »Berufung« in die Praxis umzusetzen. Ich wollte mich weiterentwickeln, was übersinnliche Fähigkeiten betraf, und machte mich auf den Weg in eine Sackgasse. Schlimmer noch, ich machte mich auf den Weg zur Finsternis und verband mich unbewusst mit dunklen

Mächten. Trotz der Warnungen meiner Großeltern überschritt ich einen Grenzbereich, der mir bisher unbekannt war. Tiefer und tiefer stieg ich in die sogenannte kosmische Ebene ein.

So kam es, dass ich Geistheilerin wurde und durch Handauflegung oder konzentriertes meditatives Denken an den Kranken Heilungserfolge erzielte. Damals dachte ich, die Energien kämen direkt von Gott und würden nur durch mich hindurchfließen wie durch ein Gefäß. Körperlich und seelisch beeinträchtigte Menschen suchten Heilung bei mir und ich sah es als meine Berufung an, ihnen zu helfen. In den Büchern über Geistheilung ist fast immer zu lesen, dass Mitgefühl ein wichtiger Faktor ist, um die Gabe der Geistheilung zu erlangen. Man soll sich in den Kranken hineinversetzen und tiefes Mitleid für seine Situation entwickeln. Da ich ein empathischer Mensch bin, überzeugten mich diese Beschreibungen erfahrener Geistheiler nur noch mehr davon, dass diese Berufung auf meinem Leben lag.

Neben der Empathie spielt unter anderem die eigene Atmung eine große Rolle bei der Heilung. Beim Handauflegen musste man sehr tief ein- und ausatmen, um all das Negative herauszubekommen, das nicht in einen gesunden Körper gehört.

Im Falle einer älteren Dame legte ich die Hände auf ihre offenen Beine. Sie hatte schon viel unternommen, um gesund zu werden, war von Arzt und Arzt gegangen und kam nun verzweifelt zu mir. Ich spürte sehr deutlich, dass nicht ich diejenige war, von der die Heilung ausging, sondern dass mir eine höhere Macht zur Seite stand, von der die Kraft und Energie ausgingen, die in den Kranken flossen. Aufgrund dessen konnte ich meist sicher sagen, ob die Behandlung erfolgreich gewesen war oder eher etwas anderes versucht werden sollte. Die offenen Beine dieser Frau schlossen sich nach drei Sitzungen und die Dame war froh und dankbar dafür. Sie beschrieb mir, dass ihre Beine sich heiß anfühlten und kribbelten, aber gleich nach einer ersten Behandlung Besserung zu erkennen war. Da ich weiterhin Kontakt zu der Betroffenen hatte, konnte ich beobachten, dass sie nach einiger Zeit seelisch aus dem Gleichgewicht geriet und sich andere Symptome an ihr bemerkbar machten. Die offenen Beine waren zwar geheilt, aber sie bekam andere Probleme. Dieses Phänomen beobachtete ich bei einigen der Hilfesuchenden, die ich behandelte. Noch war ich überzeugt von meiner Tätigkeit und überlegte, ob diese Beobachtungen Zufälle waren, denn vieles wies immer wieder auf die Heilungskraft von oben hin.

Die Innenflächen meiner Hände wurden bei jeder Behandlung heiß, in manchen Fällen sogar grenzwertig glühend. Durch den Erfolg wurde ich immer wieder darin bestärkt, dass ich das Richtige tat, denn den Menschen ging es zunächst gesundheitlich besser oder sie wurden geheilt.

Später suchten erkrankte Menschen auch über das Telefon Hilfe und Rat. Ich versetzte mich direkt am Hörer in die Kranken hinein und erfühlte im Geist, wo eine Blockade saß. Es ist schwer, zu erklären, wie dies im Geist geschieht, aber es funktionierte und ich wurde routinierter und sicherer, auch was Geistheilung auf Entfernung betrifft. Zahn- und Kiefererkrankungen, offene Beine, chronische Kopfschmerzen, Kreislaufbeschwerden, Entzündungen und Erkältungskrankheiten, eine breite Palette an Erfahrungen hatte ich gesammelt und freute mich über jeden Einzelnen, der von seinem Leiden befreit wurde. Dass ich nach den Behandlungen selbst eine Weile unter unangenehmen Symptomen litt, nahm ich als unvermeidbaren Nebeneffekt hin. In den Fachbüchern stand darüber, dass diese Beschwerden nur abgeschwächt auftreten und schnell wieder vorübergehen. So war es auch, daher unterschätzte ich weiterhin die Gefahr, selbst zu erkranken oder geschwächt aus einer Sitzung hervorzugehen.

Geistheiler(innen) sind grundsätzlich am Wohlergehen der Menschen interessiert, die sie aufsuchen, und wollen keine negativen Veränderungen bewirken. Meist haben sie Erfahrungen in Meditation, werden »eins mit dem Kosmos« und empfangen auf diesem Wege die Eingebung, dass sie heilende Kräfte besitzen. Seinen Körper loszulassen und sich zu konzentrieren, sind neben Mitgefühl und Empathie die Fähigkeiten, die notwendig sind, um erkrankte und geschwächte Menschen zu heilen.

Im ersten Moment erinnern einige dieser Voraussetzungen und Eigenschaften an Jesus von Nazareth. Auch er war empathisch, voller Mitgefühl für die Menschen und an ihnen interessiert. Aber Jesus Christus brauchte keine besondere Konzentration und musste seinen Körper nicht loslassen. Er hatte und hat die Vollmacht, Kranke zu heilen, und er erkennt stets die Herzen der Menschen. Echte Heilung braucht keine besondere Praktik oder hohe Konzentration, denn es hat etwas mit Glauben zu tun und mit der Liebe Gottes. Wenn Menschen heute im Namen von Jesus für Heilung beten, dann entwickelt sich daraus nie etwas Negatives. Nicht immer geschieht eine körperliche Heilung, aber Menschen werden positiv verändert.

Geistheilung ist in der heutigen Zeit gesellschaftsfähig geworden und erfährt eine große Akzeptanz. Natürlich gibt es auch Scharlatane, die sich als Heiler ausgeben und nur finanzielle Interessen haben, aber in den meisten Fällen sind es ernst zu nehmende Menschen, die wirklich helfen wollen. Die Praxis der Geistheilung ist in außereuropäischen Ländern deutlich verbreiteter und selbstverständlicher als bei uns. Ich habe gehört, dass es dort beispielsweise Operationen mit bloßen Händen gibt sowie Heiler, die mit ihren Augen Röntgendiagnosen erstellen, habe aber keine praktischen Erfahrungen damit.

Es ist erstaunlich und beängstigend, wie sehr der Trend in Richtung übernatürliche Heilung zunimmt. In einer aufgeklärten Gesellschaft, die mehr medizinische Möglichkeiten hat als je zuvor, boomt die Welle der esoterischen Heilungsschiene. Gesundheit ist ein hohes Gut, gerade weil man sie nicht kaufen kann. »Hauptsache, das Kind ist gesund« – dies hört man immer wieder, wenn eine Schwangerschaft bekannt gegeben wird. Und wenn nicht?

Die Sehnsucht der Menschen nach ganzheitlicher Heilung, nach Wohlbefinden und Glück ist immens, daher ist nachvollziehbar, dass sich Heiler jeder Art etablieren und anerkannt sind. Wo die Schulmedizin ihre Grenzen hat, wird die Hoffnung in außerirdische Mächte gesetzt, in Menschen, die als Medium fungieren und dadurch heilende Fähigkeiten besitzen, in alternative Heilmethoden, die nicht immer harmlos sind, und in Wahrsager, die einen Weg aus dem Dilemma aufzeigen. Ein fataler Irrtum! Auf diese Weise wird langfristig keine ganzheitliche Heilung erzielt und oft machen sich andere Symptome bemerkbar.

Bei Gott ist es ganz anders. Er ist eine sichere Adresse für die menschlichen Bedürfnisse. Bei Jesus Christus ist Heilung für die Seele zu finden und dadurch manchmal auch für körperliche Probleme, denn beides hängt eng zusammen.

Heute singe ich gern das uralte Kirchenlied »Lob und Dank, Lob und Dank« mit der Textzeile »Jedes Weh wurde gut durch des Heilandes Blut«. Die gottesfürchtigen Menschen früherer Generationen wussten um die Heilungskraft des Blutes Jesu, haben mit Gottes Hilfe gerechnet und hatten einen festen Glauben. Der Weg dorthin ist manchmal steinig, aber wenn nichts mehr trägt, ist das Hinwenden zum lebendigen Gott die einzige Möglichkeit, um zu überleben.

Da mein eigener Tank spürbar leerer wurde, begann ich, meine Aktivität in Richtung Geistheilung infrage zu stellen. Wieso geht es Menschen, die durch übernatürliche Heilung gesund werden, nach einer Weile in anderen Bereichen schlecht? Weshalb entwickeln die erfolgreich geheilten Menschen plötzlich Panikattacken? Warum bekam ich nach jeder Sitzung in abgeschwächter Form selbst die Symptome der behandelten Erkrankung?

Nach den Behandlungen fühlte ich mich oftmals wie leergesogen, antriebsmüde und energielos. Um die eigenen Kräfte wieder zu mobilisieren, suchte ich Hilfe bei einer Reiki-Meisterin. Sie legte wie ich die Hände auf den Körper, heilte aber mit Engeln, die sie anrief, und ich konnte tatsächlich eine außerirdische Energie wahrnehmen, die mir scheinbar guttat. Allerdings wurden die Nächte immer schlafloser und Ängste schlichen sich ein, mir bis dahin unbekannte Symptome beeinträchtigten mein Leben. Ich sah Lichtgestalten über meinem Bett schweben und empfand eine Form der Bedrohung, wie ich sie nie zuvor erlebt hatte.

Ich hatte immer mehr Fragen, und Ängste breiteten sich dramatisch in mir aus. Ich musste da herauskommen, wollte dringend wieder zurück, wusste jedoch den Weg nicht mehr. Plötzlich fielen mir die Geschichten von Jesus von Nazareth wieder ein, der doch viele Menschen geheilt hatte. Er hat die Autorität über Mächte und Gewalten in der unsichtbaren Welt, so hatte ich es früher gehört und gelesen. Ich dachte an die Aussagen meiner Großeltern und an ihre Distanz zu dem Thema Okkultismus und erkannte, dass ich einem fatalen Irrtum aufgesessen war. Ich begriff, wie überheblich mein aktives Eingreifen in den Gesundheitszustand erkrankter Menschen gewesen war, und wandte mich in dieser Not an Jesus. Die Auferstehungsgeschichte war plötzlich wieder präsent, auch wurde mir klar, dass nur Gott selbst langfristig heilen kann und darf. Was hatte ich mir angemaßt?

Gott sah meine Not und hörte meinen Ruf nach ihm, genau wie es in den Psalmen steht. Er schickte eine nette, gläubige Frau direkt in unser Haus, die mir von Jesus Christus erzählte und erklärte, dass er der einzige Weg zu Gott dem Vater sei. Nur Jesus könne mir helfen, so meinte sie.

Zunächst hörte sich das für meine Ohren übertrieben und fast überheblich an, denn ich glaubte, dass es verschiedene Wege zu Gott gibt. Nach einigen durchwachten Nächten war ich jedoch so erschöpft, dass ich das Angebot der Frau, für mich zu beten, annahm. Körperlich und seelisch an meinen Grenzen angekommen, übergab ich mein Leben Jesus Christus und bat Gott um Vergebung für meine Schuld.

In diesem Moment fühlte ich mich, als sei im ganzen Raum das Licht angegangen, und ich begriff von einer Sekunde zur anderen das Evangelium. Ohne Jesus, der am Kreuz für uns Menschen gestorben ist, können wir nichts tun, was langfristig trägt und hält. An ihm vorbei begibt man sich auf dünnes Eis, und wenn man fällt, kann nur er wieder herausretten. Dankbar und tief bewegt nahm ich diese Rettung in Anspruch. Nun war ich frei, frei für ein neues Leben mit Gott.

Ich fing an, in der Bibel zu lesen, und begriff die Warnungen Gottes, die in 3. Mose 19 stehen: »Ihr sollt nicht Wahrsagerei noch Zauberei treiben« (Vers 26). »Ihr sollt euch nicht den Totenbeschwörern und Wahrsagern zuwenden« (Vers 31). Noch am selben Tag entsorgte ich meine kleine spirituelle Bibliothek und verbrannte alles, was mit Esoterik, falschen Glaubensphilosophien und Okkultismus zu tun hatte. Unser Haus sollte sauber sein, damit Jesus Christus allein bei uns wohnen kann.

Als Kind sprach ich vor dem Schlafengehen oft das Gebet: »Ich bin klein, mein Herz ist rein, soll niemand drin wohnen als Jesus allein.« Nach fast vierzig Lebensjahren wurde dieses kindliche Gebet erhört und ein neues Leben begann. Auch mein Mann und unsere Kinder hatten zum Glauben an Jesus Christus gefunden und wir gingen nun jeden Sonntag zusammen in die Kirche.

Ich bin meiner Familie zutiefst dankbar, dass sie die schwerste Zeit meines Lebens mit mir gemeinsam getragen und ertragen hat.

Kapitel 1

Aberglaube – Glücksbringer oder Glaube, der Angst macht?

Aberglaube ist laut Duden online ein »als irrig angesehener Glaube an die Wirksamkeit übernatürlicher Kräfte in bestimmten Menschen und Dingen«. Auch wenn gebildete Menschen oberflächlich über Aberglauben lachen, glauben doch viele unterschwellig daran, dass gewisse Dinge Pech oder Glück bringen. Ein gutes Beispiel ist die Zahl 13, die an Hotelzimmern selten zu finden ist. Auch der Glaube an Glücksbringer oder Talismane gehört dazu.

Seit dem 12. Jahrhundert ist der Begriff Aberglaube belegt, seit dem 16. Jahrhundert wurde er allgemein verwendet. Gemeint ist damit der Glaube, dass bestimmte Alltagsgeschehen und Phänomene das Schicksal bestimmen und Einfluss auf den weiteren Lebensweg nehmen. Zum Beispiel sollten keine Taschentücher geschenkt werden, weil dann etwas Trauriges folgt und Tränen fließen.

Aberglaube entsteht, wenn beispielsweise mehrmals nach der Begegnung mit einer schwarzen Katze etwas Negatives geschieht. Der Mensch verbindet die beiden Phänomene miteinander, obwohl sie eigentlich völlig unabhängig voneinander sind. Schon wenn zwei Ereignisse ein- oder zweimal zeitlichen zusammentreffen, wird eine kausale Verbindung angenommen. Dagegen sind viele Male notwendig, in denen die beiden Ereignisse nicht zusammentreffen, um diesen Verdacht zu widerlegen. Durch den Glauben an solche Zusammenhänge und die Beobachtung, dass diese manchmal tatsächlich eintreffen, hat sich der Aberglaube bis heute gehalten.

Aberglaube und Irrglaube standen schon früh im Widerspruch zur christlichen Lehre und Ethik. Laut der Zeitung »Welt« ist der Aberglaube bald stärker verbreitet als der Glaube an Gott.[1]

Maskottchen und Talismane – Glück und Schutz von toten Gegenständen

Wer hat nicht schon mal ein Maskottchen bei einer Wettkampfveranstaltung oder einem Wettbewerb gesehen? Häufig werden Teddybären oder andere Stofftiere am Rand eines Spielfeldes platziert, um der Mannschaft zum Sieg zu verhelfen. Manche Menschen tragen angeblich Glück bringenden Schmuck zu bestimmten Anlässen und erwarten, dass die Ketten oder Armreife ihren Lebensweg günstig beeinflussen. Vierblättrige Kleeblätter werden getrocknet und aufbewahrt, weil sie Glück bringen sollen. Schweinchen aus Marzipan werden am Jahresende angeboten, damit sie Menschen Zuversicht geben. Pferdehufeisen hängen über vielen Türrahmen, weil sie für Glück und Gesundheit stehen.

> Ein **Talisman** ist ein kleiner Gegenstand,
> der Glück bringen soll und Zauberkräfte hat.
> Im Prinzip kann jeder Gegenstand
> zu einem Talisman werden.

---

[1] Welt online (Hg.): Aberglaube bald stärker als Gottesglaube. 11.03.2009. https://www.welt.de/gesundheit/psychologie/article3357322/Aberglaube-bald-staerker-als-Gottesglaube.html (Abruf: 13.10.2018).

Maskottchen, Glücksbringer, Talismane und Amulette haben das ganze Jahr hindurch Hochsaison und erfreuen sich großer Beliebtheit. Aber können diese toten Gegenstände wirklich etwas bewirken oder ist das Blödsinn? Nachweisbar ist, dass bewusst eingesetzte Gegenstände und Rituale eine beruhigende Wirkung auf ihren Besitzer haben, besonders wenn ein Mensch daran glaubt, dass ein bestimmter Gegenstand gute Auswirkungen auf sein Leben hat. Beispielsweise traut sich ein Kind vielleicht mehr zu, wenn es sein Superman-Kostüm trägt, hat in der Mathearbeit weniger Angst, wenn es denkt, dass der Glücksstein für gute Noten sorgt, und kann dadurch tatsächlich bessere Noten erzielen.

> Ein **Amulett** hat die gleichen Eigenschaften wie ein Talisman, soll aber zusätzlich vor Schaden schützen.

Wenn das Kind im Superman-Kostüm glaubt, dass es mehr erreichen kann, und der Erwachsene dies verbal positiv verstärkt, wird das Kind dieses Denken übernehmen und sich real tatsächlich mehr zutrauen. Eine positive Einstellung zu haben, ist prinzipiell gut und gesund. Die New-Age-Bewegung hat dies jedoch weiterentwickelt zum Begriff des positiven Denkens. Beim positiven Denken geht es darum, durch eine ständige positive Beeinflussung des bewussten Denkens eine positive Grundeinstellung zu erreichen. Man redet sich selbst sozusagen konstant gut zu.

Beim New Age, dem »Neuen Zeitalter«, geht es immer um spirituelle Themen und um Bewusstseinserweiterung. So ist gegen positives Denken prinzipiell nichts einzuwenden, es ist nicht per se okkult, aber es wird keine dauerhafte Lebenshilfe sein, wenn es zum Gottesersatz wird. Dauerhaften Halt gibt nur Gott, der uns auch durch schwierige Lebenssituationen hindurchträgt.

> Der Unterschied zwischen einem **Glücksbringer** und einem Talisman oder Amulett ist hauptsächlich, dass es sich um einen Gegenstand oder ein Lebewesen handelt, dem per se eine glücksbringende Eigenschaft zugeschrieben wird, zum Beispiel ein vierblättriges Kleeblatt, ein Hufeisen oder ein Schornsteinfeger.

In der Kritik steht positives Denken unter anderem, weil man versucht, eine Veränderung nur aus sich selbst heraus zu bewirken. Unter Umständen kann dies krank machen oder krankhafte Zustände verlängern.

> Ein **Maskottchen** ist ursprünglich ein Glücksbringer oder Amulett. Im Marketing bezeichnet es jedoch eine Figur, die als Markenzeichen für etwas steht, wie zum Beispiel der Löwe Goleo VI für die WM 2006 in Deutschland.

Angenehme Gedanken zu haben, hat jedoch nachweislich einen positiven Einfluss auf unsere Seele. Manchmal reicht es schon, zu lächeln, um fröhlicher zu werden. Ebenso beeinträchtigen negative Gedanken unser Seelenheil. Dass ein Zusammenhang zwischen

Körper und Seele besteht, ist es sehr einleuchtend und steht auch in der Bibel.

Ob jedoch das Schicksal davon abhängt, dass ein speziell ausgewählter Teddybär in der Hosentasche getragen wird, oder ob ein besonderes Armband der große Glücksbringer ist, möge bezweifelt werden. Welches Motiv sollte dafür bei einem toten Gegenstand vorhanden sein? Und woher nimmt er die Kraft, einen Menschen zu beschützen?

Wenn der Gegenstand lediglich Mut macht, dann kann er natürlich eine positive Auswirkung haben, wobei auch das ein schmaler Grat ist. Wenn man jedoch davon ausgeht, dass dieser Gegenstand einen wirklich beschützt oder einem Glück bringt, welche Bedeutung wird ihm dann zugemessen? Wer oder was sollte das erwählte Teil in die Lage versetzen, so einen gehobenen Dienst zu tun?

Die einzige Erklärung dafür ist, dass ein starker Glaube an dieses Phänomen dahintersteckt. Was kann ein von Menschenhand angefertigter Glücksbringer schon ausrichten? Was ist so toll an einem gebrauchten Hufeisen, das über der Tür hängt? Es ist der Gedanke daran, dass es Glück bringt, der sich in das Bewusstsein schleicht und dadurch eine Wirkung erzielt. Wenn dann einmal alles gut zu klappen scheint, wenn man den Gegenstand verwendet hat, meint man, dieser sei erfolgreich gewesen und er wird wieder eingesetzt.

Doch an was hält man sich dabei fest? Warum funktionieren manche Talismane tatsächlich? Ich denke, dass jede Aktivität, die von dem lebendigen Gott ablenkt, von Mächten genutzt wird, um eine Wirkung zu erzielen. Wenn tote Gegenstände, mögen sie auch noch so schön oder niedlich aussehen, noch nie vermeintlich etwas Positives bewirkt hätten, würde sich der Glaube daran nicht über Jahrhunderte gefestigt haben. Es ist magisches Denken, das sich da etabliert hat und geradezu verniedlicht wird. Der Glaube an

Glücksbringer wird immer ein Weg in die Sackgasse sein, denn Gegenstände, die von Menschen hergestellt werden, oder Funde aus der Natur können nicht das bewirken, was dem Maskottchen oder Talisman zugeschrieben wird.

Wenn Kinder im Aberglauben erzogen werden, entsteht eine starke Bindung an Rituale und Gegenstände. Wenn ein Maskottchen vergessen wird, gibt sich der Besitzer vielleicht keine Mühe mehr bei dem, was er tut, weil er glaubt, dass er sowieso nichts Positives erreichen kann. Schlimmstenfalls gerät die Person in Panik.

Es gibt einen Unterschied zwischen dem drolligen Teddybären, der ein Kind in den Kindergarten begleitet, und einem Glücksbringer, dem die Kraft zugetraut wird, persönliche Hilfestellung im Leben zu leisten. Kinder sind beruhigt, wenn ihnen ein bekanntes Stofftier Gesellschaft leistet, jedoch kommt dieses Gefühl der Geborgenheit nicht aus einem »Glücksbringergedanken« heraus, sondern das Vertraute ist das Bindeglied zwischen dem unbekannten Ort und der Sicherheit und Geborgenheit des Elternhauses. Ein Glücksbringer hat eine andere Funktion, und diese sollte nicht verharmlost werden.

Es ist völlig in Ordnung, wenn ein Mensch oder eine Gruppe sich so etwas wie ein Maskottchen anschafft und sich darüber definiert. Gegen harmlose Bräuche habe ich keine Bedenken, es ist der Glaube an eine eventuelle Wirkung lebloser Gegenstände, der negative Folgen haben kann.

»Unser Vater im Himmel« – mit diesen Worten beginnt das bekannteste Gebet des christlichen Glaubens. Es ist so einfach, sich an Gott zu wenden, und er wünscht sich das sogar. Im Vaterunser ist alles enthalten, was wichtig und gut für uns ist. Statt einem leblosen Gegenstand zu vertrauen und sein Herz an ein Stofftier zu hängen, ist es doch viel effektiver, sich an den lebendigen Gott Jesus Christus zu wenden und ihn um Hilfe zu bitten.

13 schwarze Katzen – Was bringt Glück oder Unglück?

Der Aberglaube kann noch viel tiefere Auswirkungen haben, die sich durch das ganze Leben ziehen, wenn man daran festhält. Es gibt Menschen, die mit dem Auto in eine andere Richtung fahren, wenn ihnen eine schwarze Katze über den Weg läuft. Einfach weiterzufahren, bedeutet für sie Unglück auf der ganzen Linie.

Seit Ende des Mittelalters lösen schwarze Katzen Unbehagen in vielen Menschen aus. Wer glaubt, dass eine schwarze Katze Unglück bringt, hat ein echtes Problem, denn manchmal ist es zwingend notwendig, weiter geradeaus zu fahren oder zu gehen. Mit der abergläubischen Reaktion auf so eine Begebenheit kann ein irrationales Gedankenkarussell beginnen, das eventuell dazu führt, dass tatsächlich etwas Furchtbares passiert. Wenn man lange und intensiv genug an etwas glaubt und sich gedanklich damit auseinandersetzt, kann dies in der Realität auch eintreten. Manchmal reicht vielleicht die Ablenkung durch die Angst vor dem Unglück schon aus, dass ein Unfall passiert.

> **Unglücksbringer** sind Gegenstände, Lebewesen oder Situationen, die angeblich für Unglück sorgen. Dazu zählen in Deutschland schwarze Katzen, Freitag der 13. oder das Zerbrechen eines Spiegels.

Was löst die Zahl 13 bei Ihnen aus? »Freitag der 13.« ist jedem ein Begriff, und es gibt in der Tat Menschen, die sich keinen Termin auf einen Freitag den 13. legen würden. Manchmal fehlt das 13. Stockwerk in großen Hotels und Krankenhäusern. Bei einer bekannten deutschen Fluggesellschaft vermisst man oft die 13. Sitzreihe. Daran ist deutlich zu erkennen, dass die unheilbringende Zahl 13 kulturell anerkannt ist. Natürlich ist das Volksglaube und wissenschaftlich nicht belegt. Außerdem ist der Glaube an die Bedeutung von Zahlen regional unterschiedlich. In Italien ist beispielsweise die Zahl 17 und bei den Chinesen die Zahl 4 die Unglückszahl.

Kann es tatsächlich sein, dass das menschliche Schicksal von Zahlen oder Begegnungen mit schwarzen Katzen oder Schornsteinfegern abhängig ist und Vorsichtsmaßnahmen getroffen werden müssen, um bestimmte Ereignisse zu verhindern? Manche Menschen sind fest davon überzeugt.

Zwar werden Zauberei, Glücksamulette und der böse Blick mit übertriebener Ängstlichkeit, Vorsicht und Furcht vor Schäden verbunden, dennoch wird zum Teil mehr Glaube und Vertrauen in den Aberglauben gesetzt als in die natürlichen Abläufe. Beispielsweise zeigen Statistiken, dass es am Freitag dem 13. nicht mehr Unfälle gibt als an anderen Tagen. Doch obgleich es wissenschaftlich keine Begründung für die Erwartung von Glück oder Pech bei bestimmten Ereignissen gibt, wird noch heute vielen Menschen der Aberglaube anerzogen und damit auch die Angst, sich in bestimmten Situationen unsachgemäß zu verhalten. Dies kann fatale Folgen haben und zu zwanghaften Handlungen führen. Unter Umständen erreichen diese unnatürlichen Zwänge ein so hohes Ausmaß, dass therapeutische Hilfe in Anspruch genommen werden muss.

Oftmals leiden schon Kinder an einer Angst- oder Zwangsstörung, denn sie können nicht entspannt und unbeschwert ihre Kindheit genießen. Bei übertriebener Erziehung zum Aberglauben kann es sogar zu Kontaktschwierigkeiten kommen, weil die Kinder und Jugendlichen mit Panikattacken und Depressionen zu kämpfen haben.

Wenn ein Mensch lernt, dass ein Regenschirm nicht in der Wohnung aufgespannt werden darf, da dies unter Umständen zu Streit führen kann, oder keine Taschentücher verschenkt werden, weil es sonst Tränen kosten wird, kann keine natürliche und gesunde Entwicklung stattfinden. Meist äußern sich die entsprechenden Symptome erst im Erwachsenenalter.

Hinter dieser abergläubischen Irrlehre steckt der Wunsch, Unbekanntes und Bedrohliches im Voraus zu erkennen und abzuwenden. Symbole sollen Glück bringen und Schicksale günstig beeinflussen. Abergläubische Rituale werden vollzogen, um Sicherheit zu garantieren. In manchen Familien wird den Kindern Geld unter das Kopfkissen gelegt, damit für die Zukunft der finanzielle Segen gesichert ist. Eigene Handlungen ersetzen das Vertrauen in Gott. Anstatt sich im Gebet an das Original zu wenden, rücken Fälschungen an die Stelle Gottes. Kopien nehmen seinen Platz ein und beeinflussen Menschen und die ihnen folgenden Generationen. Doch es gibt einen Ausweg: An vielen Stellen in der Bibel sagt Jesus: »Fürchte dich nicht!« Diese Aussage für sich anzunehmen, ist ein echter Schatz und schenkt Frieden.

Als Kind erzählte man mir, es würde Glück bringen, einen Schornsteinfeger zu umarmen. Während der Umarmung sollte man »Eins, zwei, drei, vier, das Glück gehört mir« rufen. Außer dass man dabei etwas schwarz wurde, ist vermutlich nichts passiert bei dieser Aktion. Freunde von mir haben mehrfach einen Schornsteinfeger umarmt, aber ich erinnere mich nicht, dass sie anschließend als Glückspilze durchs Leben gegangen sind. Wie auch immer dieser Brauch entstanden ist – außer dass die Laune eventuell verbessert wird, kann eine Umarmung des Schornsteinfegers kein Glück bringen.

Vor ein paar Jahren hörte ich von einer gescheiterten Ehe. Das konnte ich mir bei diesem wunderbar harmonierenden Paar gar nicht vorstellen. Sie hatten zwei Kinder und nach außen sah immer alles nach einer glücklichen Familie aus. Bei einem Gespräch mit einem Freund des verlassenen Ehemannes erfuhr ich, dass die Frau stark in den Aberglauben verstrickt war. Der Freund berichtete, dass mit ihrer Hinwendung zur Esoterik eine negative Veränderung stattgefunden hatte.

Es fing zunächst scheinbar harmlos mit bestimmten Ritualen an. Die Kinder mussten schon vor Schulbeginn diese Regeln einhalten, damit der Vormittag gelingen konnte. Nach einiger Zeit wurden ausgesuchte Steine in der Wohnung verteilt, die täglich an bestimmte Standorte gelegt werden mussten. Wurde versehentlich ein Stein verrückt oder zur Seite geschoben, brach ein Streit aus, und nach einer Weile musste sich die ganze Familie an bestimmte Richtlinien halten, die der Aberglaube der Frau vorschrieb. Beispielsweise durften keine Schuhe erhöht hingestellt werden, weil dies Streit bringen sollte. Was für eine große Unstimmigkeit aber durch diesen zwanghaften falschen Glauben entstand, fiel der Frau nicht auf. Sie ließ sich später auch auf andere esoterische Praktiken ein und verließ sich beispielsweise auf magnetische Armbänder.

Obwohl die Frau immer ängstlicher wurde und ihr Verhalten die Ehe zerrüttete, hielt sie an den Richtlinien fest und verunsicherte so auch ihre beiden Kinder. Jeder Friseurgang oder Freundesbesuch musste vorher abergläubisch abgeklärt werden, was zu einer Dauerbelastung für die ganze Familie wurde. Die Kinder kamen durch diese Erziehung zu einem magischen, abergläubischen Weltbild und entwickelt Ängste und Unsicherheiten.

Zu den alten Bräuchen und dem Aberglauben kommen in der Neuzeit Lehren aus Asien. So erhoffen sich Menschen, die ihre Lebensräume nach dem Feng-Shui-Prinzip einrichten, Harmonie und Glück. Wohnungen, Häuser und Gärten werden heutzutage gern auf der Basis dieser chinesischen Philosophie und Harmonielehre geplant. Die Einrichtungsgegenstände müssen dabei in vorgegebenen Richtungen platziert werden. Es wird gelehrt, dass zum Beispiel ein falsch aufgestellter Schrank für Defizite im Alltagsleben sorgen würde, während man mit der richtigen Aufstellung Harmonie erreicht. Die Anordnung der einzelnen Gegenstände soll sowohl eine Auswirkung auf das Gemüt als auch auf Ereignisse haben. Mit Feng-Shui kann man angeblich unbeschwerter leben, das Glück liegt sozusagen in der Harmonie der Raumgestaltung.

Natürlich sorgt ein harmonisch gestaltetes Zuhause eher für Wohlbefinden als eine Chaosbude, doch darum geht es bei Feng-Shui nicht. Der Hintergrund dieses Aberglaubens ist, dass die Geister der Luft und des Wassers durch die Anordnung gütig gestimmt werden. Durch das Wohlwollen der Geister soll die Harmonie einkehren, die Menschen sich seit Urzeiten für ihr Leben wünschen.

Helen, eine Frau aus meinem Bekanntenkreis, hatte ihr kleines Geschäft verlegt und mithilfe der Feng-Shui-Lehre neu eingerichtet. Sie erklärte mir, dass durch das Feng-Shui-Prinzip vollkommene Harmonie in den Räumen herrschen würde. Früher habe sie gar nicht geahnt, welche negativen Auswirkungen beispielsweise ein falsch aufgehängter Spiegel haben könne.

Zu diesem Zeitpunkt hatte ich nur wenig von dieser Philosophie gehört, konnte Helen aber trotzdem überzeugt sagen, dass sie ihr Vertrauen eventuell zu hoch ansetzt. Diese Philosophie klang stark, als hätte sie einen esoterischen Hintergrund. Mir kam es nicht geheuer vor, sich die Einrichtung von einer Philosophie vorschreiben zu lassen.

Es kann doch keinen übernatürlichen Einfluss auf unser Leben haben, ob das Mobiliar in einer vorgegebenen Reihenfolge aufgestellt wird. Das ist – abgesehen von praktischen Überlegungen – einfach eine Geschmacksfrage und jeder Mensch hat seine eigenen Vorstellungen bezüglich Innenarchitektur. Ähnliches gilt für die Gestaltung von Gärten. Da ist es sehr viel sinnvoller, Gegebenheiten wie Bodenbeschaffenheit und Sonneneinwirkung zu berücksichtigen, als eine festgelegte Reihenfolge von Pflanzen, die vom Feng-Shui-Prinzip vorgegeben wird.

Ein paar Wochen später beklagte Helen sich mir gegenüber darüber, dass zu wenig Kundschaft in ihr Geschäft kam. Sie überlegte, ob die Verlegung des Ladens ein falscher Schritt gewesen sei, denn ihre Stammkundschaft wohnte nicht mehr in direkter Nachbarschaft. Meine Gedanken gingen in Richtung Esoterik, die viel verspricht, aber diese Zusagen nicht einhält. Bei unserer Unterhaltung fragte ich Helen, ob ich für sie und ihren Laden beten dürfte. Etwas skeptisch, aber mangels anderer Alternativen nahm sie das Angebot an. Ich schlug ihr außerdem vor, sich ganz bewusst von dem Feng-Shui-Prinzip zu trennen. Obwohl ich keine Antwort auf die Frage hatte, ob sich nach dem Gebet der Umsatz erhöhen würde, war ich doch sicher, dass die Ausrichtung hin zu Gott insgesamt eine Verbesserung sein würde, denn meiner Ansicht nach ist das Wichtigste, dass Gott in einem Haus wohnt.

Helen gestaltete ihr Geschäft nun nach ihrem persönlichen Geschmack und seitdem floriert ihr kleiner Laden. Inzwischen musste sie sogar für ein paar Stunden eine Unterstützung einstellen.

In diesem Fall war Feng-Shui kontraproduktiv und bot nicht die versprochene Harmonie. Aber selbst wenn die Konsequenz nicht so deutlich ersichtlich gewesen wäre, denke ich, dass der Glaube an eine mystische Lehre das Gegenteil von Glück bewirkt. Wenn nicht Gott der Mittelpunkt ist, sondern andere Philosophien der Angst oder Hoffnung bevorzugt werden, entsteht langfristig immer Leidvolles. Es ist wichtig, sich von diesen Dingen bewusst im Gebet zu lösen, denn die Bindung an Mystik und Glaubensphilosophien hat geistliche Konsequenzen.

Befreiung von Ängsten

Die gedankliche Auseinandersetzung mit dem Aberglauben, dem Ritual oder dem Talisman ruft ein Anrecht dunkler Mächte auf das Leben hervor, die dann in der Realität zu erleben sind. Es ist dieselbe Bindung wie bei der Magie oder dem Glauben an das Übersinnliche. Das Vertrauen auf Gott fehlt und rückt irgendwann völlig in den Hintergrund.

Wenn uns eine schwarze Katze erschüttern will, können wir jederzeit ein Stoßgebet zum Himmel senden und Gott bitten, dass wir gut nach Hause kommen. Wir können den 23. Psalm beten, in dem es heißt: »Der Herr ist mein Hirte, mir wird nichts mangeln« (Vers 1). Es gibt so wunderbare Möglichkeiten, sich vom Aberglauben frei zu machen und den Weg mit Gott zu gehen. Selbst wenn wir durch eine Erziehung in diese Richtung geprägt wurden, können wir umdenken und alle Situationen an Gott abgeben und uns auf ihn verlassen. In manchen Fällen ist dies ein Prozess und dauert eine Weile, aber wer davon frei sein will, wird es auch werden.

Aberglaube und Talismane sind kein wirklicher Ersatz für Gott, den Helfer in der Not. Im Gegenteil, sie bedeuten eine Bindung an finstere Mächte, die es nicht gut meinen, und somit bewirkt dieser Irrglaube immer das Gegenteil von dem, was eigentlich damit bezweckt werden soll.

Ich möchte noch einmal betonen, dass ein niedlicher Teddybär auf dem Sofa oder eine von der Großmutter geerbte Halskette etwas Besonderes sein dürfen. Diese menschlich verständlichen Dinge sind mit dem Hinweis auf die Gefahren des Aberglaubens nicht gemeint. Bedenklich wird es, wenn diese Gegenstände etwas ausrichten sollen und man daran glaubt, dass sie dies auch tun. Wenn Rituale und von Menschen gefertigte Dinge Gottes Platz einnehmen, beginnt etwas Okkultes aktiv zu werden. Diese Bindung sollte vermieden werden.

Wenn Glücksbringer der Grundstein für ein glückliches, gesundes und zufriedenes Leben werden, zieht sich der lebendige Gott zurück, und das bringt keinen dauerhaften Frieden, sondern bewirkt auf lange Sicht eher das Gegenteil.

Kapitel 2

Wahrsagen – Vertrauen in eine unbekannte Macht

Das Wort Wahrsagerei ist ein Oberbegriff für übernatürliche Vorhersagen sowie für Hypnosetechniken zur Rückführung in ein angebliches vorheriges Leben. Die Aussagen werden für wahr gehalten und eine unsichtbare Welt, die Aufschluss über Vergangenheit, Gegenwart und Zukunft gibt, wird als real dargestellt. Laut den Aussagen von Wahrsagern gibt es ein verborgenes Wissen zwischen Raum und Zeit, das in der Struktur des Kosmos enthalten ist. Demnach haben auserwählte Menschen Erkenntnis über die Gesetzmäßigkeiten und können sie sowohl durchbrechen als auch in sie hineinsehen.

Die bekanntesten Formen der Wahrsagerei sind die Astrologie, das Kartenlegen, das Handlinienlesen, das Wurforakel, das Lesen im Kaffeesatz, der Schamanismus, die Besessenheitswahrsagung und die intuitive Wahrsagung, die keine Hilfsmittel benötigt. Auch das siderische Pendel lässt sich hier einordnen. Im Römischen Reich und im alten Griechenland wurde sogar aus den Eingeweiden von Tieren die Zukunft gelesen.

Das Thema Wahrsagung gehört zu den Fachbereichen Religionswissenschaft, Kulturgeschichte und Ethnologie. Der Volksmund kennt auch den Begriff Hellseher.

In vielen Zeichnungen und Malereien sieht man Wahrsagerinnen mit sorgenvollem Blick vor einer Kristallkugel sitzen. Meist werden sie etwas wunderlich dargestellt. Aufgrund ihrer etwas sonderbaren Kleidung und ihres nach innen gerichteten Blicks sind sie von dem Ratsuchenden ganz klar zu unterscheiden. In der heutigen Realität sind Wahrsager aber ganz gewöhnlich aussehende Menschen, die in einem ebenso normalen Alltag leben. In früheren Zeiten wollten Wahrsager und Hellseher möglicherweise durch ihr äußeres Erscheinungsbild erkannt werden, aber heute ist das nicht mehr so. Es wäre nicht zeitgemäß, wenig anziehend und für den aufgeklärten Menschen in der hoch technisierten Welt nicht attraktiv.

Die Popularität der Hellseherei flackert gerade wieder neu auf und ist akzeptierter denn je. Die meisten Formen der Wahrsagerei gibt es schon seit Jahrtausenden, jedoch erlebte die Wahrsagerei ihre Hochzeit im Mittelalter. Der Einfluss von hellseherischen Fähigkeiten war sowohl an Fürstenhöfen als auch im kirchlichen Raum zu finden. Ab dem 14. Jahrhundert ließen sich Herrscher, Päpste und Kardinäle von Wahrsagern beraten. Später sprach sich die katholische Kirche entschieden gegen jede Form der Hellseherei aus und legte dieses Verbot im Katechismus fest. Auch die evangelische Kirche lehnte alle Arten der Wahrsagerei ab, weil die Anmaßung menschlicher Weisheit mit dem christlichen Glauben als unvereinbar galt.

Kritiker aus der Gesellschaft wiesen darauf hin, dass ein geschulter, psychologisch vorgebildeter Mensch wesentliche Wesenszüge und Seelenzustände auch an der Haltung, Kleidung, Mimik und Gestik einer Person erkennt und dadurch eine angebliche Zukunftsdeutung vornehmen könne. Tatsächlich kann man Hellseherei weder beweisen noch kontrollieren.

Der Sinn und Zweck davon, einen Wahrsager aufzusuchen, war und ist der, ein drohendes Unheil rechtzeitig zu erkennen und entsprechend darauf zu reagieren. Doch ist dies überhaupt möglich? Können wir unser Schicksal auf diese Weise in die eigenen Hände nehmen? Ist ein gesamtes Leben oder das Weltgeschehen vorhersehbar und durch den Eintritt in kosmische Sphären abzurufen? Verändert das Hellsehen die Zukunft einzelner Personen und die damit verbundenen Lebensstationen? Wie groß wäre das Chaos der unterschiedlichen Kulturen, wenn befähigte Wahrsager die Weltherrschaft übernehmen würden?

Wenn man diese Gedanken zu Ende denkt, wird klar, dass Hellseher durchaus die Macht für existenzielle Veränderungen besitzen. Sicherlich werden prinzipiell nur Ratschläge erteilt und Zukunftsnachrichten übermittelt, aber wie weit könnte diese Fähigkeit ausgenutzt werden, um andere zu manipulieren?

Der französische Sozial- und Religionshistoriker Georges Minois ist bei seiner Untersuchung der Geschichte der Wahrsager unter anderem zu dem Ergebnis gekommen, dass deren Kunden nicht nur Informationen, sondern auch Orientierung und Anweisungen zum Handeln suchen. Im Falle der Hellseherei sollen sich vorhergesagte Dinge durch das eigene Eingreifen und Verhalten verändern lassen, was allerdings meines Erachtens der gleichzeitigen Voraussetzung einer Bestimmung und kosmischen Wahrheit widersprechen würde. Ähnlich wie in Zukunftsfilmen mit Reisen in die Vergangenheit würde man durch eine Veränderung des eigenen Schicksals auch das Weltgeschehen verändern, da dadurch auch andere Leben beeinflusst würden.

Der Auslöser für einen Besuch beim Wahrsager sind meistens hoffnungslos erscheinende Situationen und die Suche nach Wegweisung für bestimmte Lebensbereiche. Wenn jemand selbst nicht weiterweiß oder mit bestimmten Ereignissen in seinem Leben nicht zurechtkommt, ist der Hellseher eine beliebte Anlaufadresse. Manchmal ist auch Neugier der Grund.

Die Not der Aussichtslosigkeit hat es schon immer gegeben und so wurden Menschen oftmals Opfer der kommerziellen Interessen von Scharlatanen. Der politische Einfluss, den Wahrsager in früheren Zeiten zum Teil hatten, wirkte sich nicht selten dramatisch auf ein betroffenes Volk aus. Im vierten Jahrhundert wurde daher im Römischen Reich Wahrsagerei verboten und äußerst hart bestraft.

Intuitives Hellsehen – Die Macht der Gedanken

Überwiegend suchen Ratsuchende allein oder als Familie einen Wahrsager auf, heute ist das Entdecken der Zukunft aber auch Thema in der Showbranche. Meine Nachbarin berichtete mir folgendes Erlebnis der besonderen Art.

Ihr Mann und sie saßen im Publikum einer Festhalle und erwarteten mit Spannung den bekannten Hellseher Mr. X. Der Saal war voll und es ertönte Beifall, als der elegant gekleidete Mittfünfziger die Bühne betrat.

> **Beim intuitiven Hellsehen** benutzt der Wahrsager keine Hilfsmittel wie Karten oder Handlinien.

Meine Nachbarn nahmen zum ersten Mal an so einer Veranstaltung teil und glaubten weder an Zauberei noch an Magie. Anfangs lud der vornehme Herr einige Zuschauer auf die Bühne ein und stellte ihnen ein paar banale Fragen, die ihr Leben betrafen. Nach einer Weile sagte er den staunenden Zuschauern das Geburtsdatum eines der Teilnehmer. Da die Aussage auf den Tag genau zutraf, applaudierte das begeisterte Publikum und lauschte den weiteren Vorträgen des berühmten Hellsehers. Einem anderen Teilnehmer gab er den Rat, weniger Zigarren zu rauchen, und lautes Lachen erfüllte den großen Saal. Der Mann hatte tatsächlich Probleme mit dieser ungesunden Angewohnheit und lächelte etwas verlegen.

So ging es eine halbe Stunde lang, und bis dahin war meine Nachbarin sicher, dass die aktiven Personen vom Künstlermanagement engagiert worden waren. Es war äußerst unterhaltsam und jede Aussage des Hellsehers wurde nickend bestätigt. Zur Auflockerung wurde zwischendurch ein wenig Jazz gespielt und nach einer Stunde kam der zweite Teil. Das Licht ging aus und die Scheinwerfer beleuchteten das Publikum. Meiner Nachbarin pochte das Herz, denn plötzlich saßen sie und ihr Mann mitten im Lichtkegel der großen Scheinwerfer. Der Applaus des Publikums und die herzliche Begrüßung des Wahrsagers nahmen ihnen jedoch den ersten Schrecken. So betraten sie und ihr Mann mit Mr. X die kleine Bühne.

Mit ein paar harmlosen Fragen an die beiden begann er seine Darbietung. Nun wurde es ernster, denn der Hellseher berichtete darüber, wie das Paar sich kennengelernt hatte. Sie überlegten, ob der Mann eventuell mit jemandem gesprochen hatte, der sie gut kannte. Die Schilderung stimmte derart genau, dass sie überzeugt waren, dass es nicht mit rechten Dingen zugehen konnte. Der elegante Herr schloss zwischendurch die Augen und erzählte weiter, dass sie eine fantastische Urlaubsreise vor sich hätten und was in dieser Zeit an Ereignissen auf sie zukommen würde. Da es keine Möglichkeit gab dies nachzuprüfen, nahmen sie das Vorausgesagte an und freuten sich darüber, dass das Publikum sich so amüsierte.

Zwischendurch hatten sie den Mut, ein paar Fragen zu sich selbst zu stellen, die der Wahrsager tatsächlich alle beantworten konnte. Sie waren begeistert. Die Vorhersage, die der Mann ihnen mit auf den Weg gab, war überwiegend positiv, außer einer Autopanne würde nichts Unangenehmes passieren.

Ein halbes Jahr nach dieser Veranstaltung buchten die beiden einen Italienurlaub. Sie dachten nicht mehr an das, was sie ein paar Monate zuvor gehört hatten – bis zu dem Zeitpunkt, als ihr Auto am Brennerpass stehen blieb und sie ratlos vor der offenen Motorhaube standen. Hatte nicht der Wahrsager vorhergesehen, dass das Auto auf der Fahrt nach Italien versagen würde? Meine Nachbarn fragten sich, woran der Wahrsager diese Situation so lange

Zeit vorher hatte erkennen können. Das hatte kein gemeinsamer Freund wissen können und niemand hatte geahnt, dass ihr sonst so verlässliches Auto auf der Fahrt nach Italien versagen würde. Die Ferienwochen verliefen davon abgesehen aber sehr angenehm, genau so wie Mr. X es ihnen ein paar Monate vorher auf der Bühne beschrieben hatte.

Als meine Nachbarin mir diese Story erzählte, erinnerte ich mich an die Zeugenberichte, die ich als Kind über Zukunftsvorhersagen gehört hatte, und überlegte, wie so etwas auf der Bühne funktionieren kann. Ich wusste, dass Wahrsager spüren, wenn ein fremdes Wesen in sie hineinkommt und sie nicht von sich aus diese Offenbarungen erkennen. Kommen diese kosmischen Mächte auch auf eine Bühne? Das wunderte mich und machte mich nachdenklich. Einige Praktiken hatte ich ja selbst ausprobiert und wusste, dass es eine unsichtbare Welt gibt, aber vor purer Hellseherei ohne irgendein Hilfsmittel fürchtete ich mich. Nur aus diesem Grunde habe ich diese spezielle Erfahrung selbst nie gemacht.

Meine Nachbarin empfand die Erfahrung mit dem Hellseher rückblickend eher als beunruhigend denn als bereichernd und hat kein zweites Mal an so einer Veranstaltung teilgenommen.

Nun könnte man denken, dass alles in Ordnung sei, da ein Wahrsager lediglich die Zukunft voraussagt. Aber welche Macht ist es, mit der man es zu tun bekommt? Woher nimmt der Wahrsager seine Weisheiten? Mit wem arbeitet er zusammen, um Zukünftiges zu erfahren und weiterzugeben? Auf jeden Fall nicht mit dem Gott der Bibel, denn der sagt eindeutig, dass Wahrsagerei vom Teufel ist. Wenn es aber nicht der Gott der Bibel ist und nicht seinem Willen entspricht, was hat es dann für Auswirkungen auf unser Leben?

Der besagten Nachbarin ging es nie richtig gut. Sie litt unter Herzrasen, Atemnot und hatte an manchen Tagen undefinierbare Ängste. Leider hatte ich damals noch keine Ahnung davon, auf was sie sich eingelassen hatte, als sie in diese Show ging und die Bühne betrat, jedoch denke ich heute, dass diese unsichtbaren Mächte einen großen Einfluss auf ihr Leben genommen haben.

Der Urlaub war zwar positiv verlaufen, auch hatte sie ein insgesamt gesichertes, oberflächlich betrachtet sorgloses Leben, subtil aber zeigten sich unerklärliche Phänomene, die ihr Seelenheil negativ beeinflussten. Über mehrere Jahre besuchte sie einen Therapeuten und nahm verschiedene Medikamente zu sich. Sicher lässt sich nicht nachweisen, dass dieser psychisch labile Zustand mit dem Abend im Theater zusammenhängt, aber da ich diese seelischen Zustände immer wieder bei Menschen beobachtet habe, die sich auf die unsichtbare Welt eingelassen haben, bin ich davon überzeugt, dass es einen unmittelbaren Zusammenhang gibt. Es ist nicht nur die Intuition eines Wahrsagers, der Aufschluss über ein Leben gibt, sondern es sind finstere Geistwesen, die sich in dem Hellsehenden manifestieren und das Leben der auf Hilfe hoffenden Person beeinflussen.

Im Fall meiner Nachbarin war es kein Suchen nach Rat, sondern bloße Neugier auf etwas, das ihr unbekannt war, aber das spielt keine Rolle. Bewusst oder unbewusst vertrauen wir uns einer unbekannten Macht an, die wir nicht einschätzen können, wenn wir zu einem Wahrsager gehen. Bei Jesus Christus wissen wir, dass es wirkliche Hilfe und verlässlichen Rat gibt. Gott hat sich uns durch seinen Sohn bekannt gemacht und freut sich, wenn wir uns ihm anvertrauen. Sicherheit und Wegweisung kann nur er allein geben.

Wenn man sich in die Hände eines Wahrsagers begibt, bedeutet dies auch, sich aus dem Schutz und Segen Gottes herauszubewegen. Würde Gott wollen, dass wir unsere Zukunft und die Vergangenheit kennen, hätte er dies in sein System eingebaut. Der Gott der Bibel ist nicht elitär wie die Gottheiten des Altertums, die sich nur wenigen Auserwählten zeigten. Jeder Mensch kann ihm begegnen und jeder hat prinzipiell die gleichen Möglichkeiten, mit ihm in Kontakt zu treten. Dass nur ein geringer Prozentsatz von Menschen sich aktiv mit dem Unsichtbaren vertraut macht, ist für mich schon Beweis genug, dass Gott Wahrsagerei in dieser Form nicht gewollt hat.

In diversen Tageszeitungen finden sich Werbeanzeigen, die eine konkrete Zukunftsvorhersage inklusive der damit verbundenen Lösungen versprechen. Viele Menschen glauben, so Hilfe zu erhalten, und verlassen sich auf das, was ihnen der Wahrsager berichtet. In welche Gefahr sie sich begeben und welcher unbekannten Macht sie sich aussetzen, ist ihnen leider nicht bewusst.

»Als einer im Elend rief, hörte der HERR und half ihm aus allen seinen Nöten«, so heißt es in der Bibel in Psalm 34,7. Wenn wir das Vertrauen in Gott setzen und von ihm Hilfe erwarten, besteht keine Gefahr, in seelische Nöte zu kommen. Durch Jesus Christus erhält man Frieden und ewiges Seelenheil. Er ist der einzige Weg, um Erlösung zu erfahren und Lösungen für unser Leben auf der Erde. Die Wahrsagungen und Hellsehereien führen zu keinem erstrebenswerten Ziel. Sie verunsichern und bringen das Leben durcheinander.

Es ist nicht nur sinnlos, die Hilfe eines Wahrsagers in Anspruch zu nehmen, sondern unsicher und gefährlich. Die Gefahren der Hellseherei und Zukunftsdeuterei werden unterschätzt. Gott rückt in den Hintergrund und wird für konservativ erklärt, während die Medien Wahrsagerei als positiv darstellen. Dass Gott allwissend und allmächtig ist, kommt nur wenigen in den Sinn. Jesus, der Herr, weiß unser Gestern, unser Heute und auch unser Morgen. Niemand anders hat die Macht, eine Zukunft zu verändern oder in Ereignisse einzugreifen als Gott selbst.

Kartenlegen – Können Karten über unsere Zukunft entscheiden?

> Das **Kartenlegen**, auch Kartomantie, versucht, die Zukunft anhand von Karten vorherzusagen.

Das Kartenlegen in der heutigen Form ist erst im 18. Jahrhundert entstanden und hat sich nach und nach auf dem ganzen Globus etabliert. Vermutlich gab es aber bereits im siebten Jahrhundert Kartenleser in China. Vor allem die New-Age-Bewegung machte diese Praktik der Wahrsagerei über alle Bevölkerungsschichten hinweg populär.

Es gibt unterschiedliche Legemethoden, aber meist mischt der Ratsuchende die Karten selbst und der Kartenleser legt sie anschließend auf einem Tisch aus, sodass die Motive für beide sichtbar sind. Der Leser bespricht die Aneinanderreihung der Karten mit dem Ratsuchenden. Je nach Lage werden die Zukunft, diverse Einflüsse sowie andere Personen, die eine Rolle in dem Leben spielen, erörtert. Die Farben, die Zahlen und die Personen auf den Karten haben eine Bedeutung, ebenso die Reihenfolge, in der sie liegen.

Für die Wahrsagerei werden unterschiedliche Kartenarten eingesetzt, wobei die Tarotkarten die am meisten verbreiteten und ältesten sind. Auf den Karten sind verschiedene Symbole zu sehen, die alle eine eigene Bedeutung haben. Mit Skat- oder anderen Spielkarten sind diese speziellen Formen nicht zu vergleichen, obwohl die einzelnen Legepraktiken mit den klassischen Kartenspielen dieselben sind wie mit den bewusst für die Hellseherei hergestellten Karten. Die Lenormandkarten enthalten ebenfalls Symbole und stammen aus Frankreich, ursprünglich entspringen sie den Tarotkarten und werden genau wie diese ausgelegt. Ferner gibt es sogenannte Kipperkarten, auf denen überwiegend Personen zu sehen sind, die Menschen im Leben des Ratsuchenden darstellen oder Lebensumstände demonstrieren, in denen sich der Fragende gerade befindet.

Die Kartenpositionen stellen die verschiedenen Lebenssituationen sowie die zwischenmenschlichen Beziehungen zu anderen Personen dar. Die berufliche Lage und die damit häufig verbundenen finanziellen Aspekte werden ebenso an der Reihenfolge der Karten erkannt. Auch angebliche zukünftige sowie vergangene Ereignisse werden durch die Karten aufgedeckt. Früher war es üblich, den Kartenleger persönlich aufzusuchen, heute kann man sich auch über das Telefon oder das Internet wahrsagen lassen.

Meine Freundin Beate hatte in Hamburg einen Kurs besucht, um das Kartenlegen zu erlernen. An einem sonnigen Herbsttag rief sie mich an und fragte, ob ich daran interessiert sei, mich als Versuchsobjekt für ihre erste Auslegung zur Verfügung zu stellen. Meine Neugier war sofort geweckt und so verabredeten wir uns für einen Kaffee- und Kartenlege-Nachmittag. Da ich gerade mit meiner Zukunftsplanung beschäftigt war, passte mir der Vorschlag meiner Freundin sehr gut ins Konzept.

So fuhr ich voller Erwartung zu unserem Termin und dachte darüber nach, was sich nach den Aussagen, die ich hören würde, eventuell für mich verändern könnte. Freudig nahm Beate mich in Empfang und bat mich, in ihrer gemütlichen Wohnküche Platz zu nehmen. Wir waren aufgeregt und neugierig zugleich. Mit Beates Kursnotizen und einem dicken Anleitungsbuch saßen wir an ihrem großen Esstisch. Ich mischte die normalen Spielkarten und legte dann den Stapel auf den Tisch. In ihrem Buch stand, dass wir unsere Hände ineinanderlegen sollten, bevor die Karten auf dem Tisch verteilt werden. Noch heute bekomme ich ein mulmiges Gefühl bei dem Gedanken an die Situation damals. Es war zu spüren, dass es nicht nur ein einfaches Kartenspiel war, sondern dass sich die Atmosphäre veränderte. Wir fühlten uns eng miteinander verschweißt. Es entstand eine große Nähe, als wären wir beide ganz allein auf der Welt.

Dann ging es los. Ich musste einen Stapel von dem Kartenhaufen aufnehmen, und Beate begann, eine Karte nach der anderen auf den Tisch zu legen. Trotz der Premiere erkannte sie erstaunlich schnell einige Zusammenhänge von Ereignissen aus meinem Leben. Ich war sprachlos, denn von diesen Begebenheiten konnte sie nichts wissen. Ich nickte zustimmend mit dem Kopf und fing an, Fragen zu stellen, die bestimmte Personen betreffen. Eifrig notierte ich die Antworten und konnte tatsächlich etwas mit den Aussagen anfangen. Beate berichtete von verschiedenen Situationen aus meiner Vergangenheit, die auf den Punkt genau stimmten. »Du hast offensichtlich die spirituelle Gabe des Kartenlegens«, sagte ich zu ihr und war begeistert von ihrer hohen Treffsicherheit und der konkreten Kenntnis der unterschiedlichen Karten. Wir führten tief gehende Gespräche und arbeiteten uns Stück für Stück voran. Von nun an trafen wir uns regelmäßig und Beate wurde immer routinierter.

Nach mehreren Treffen eignete auch ich mir ein paar Legekenntnisse an und wir legten uns gegenseitig die Karten aus. Meist waren wir auf das Zukünftige konzentriert, aber auch die Vergangenheit gab viele Aufschlüsse über wichtige Zusammenhänge in unserem Leben. Scheinbar gab es auf jede Frage eine Antwort und die Karten hatten für jede Situation eine plausible Erklärung.

Eines Tages wurde Beates Blick ernst und sie fragte mich, ob sie auch über negative Ereignisse sprechen dürfe, mit denen ich in nächster Zeit konfrontiert werden würde. Zunächst lehnte ich ab. Über bevorstehende Probleme wollte ich nichts wissen. Aber dann ergriff mich eine gewisse innere Unruhe, und da nun ohnehin klar war, dass mich etwas Unschönes erwartete, bat ich Beate, mir doch darüber zu berichten. Sie eröffnete mir, dass meine Mutter erkranken würde und ihr ein Krankenhausaufenthalt bevorstand.

Zunächst erschrak ich und lehnte diese schlechte Prophezeiung ab. Nein, das konnte nicht sein, meine Mutter war kerngesund und nie richtig krank gewesen. »Diesmal haben die Karten sich geirrt«, so redete ich mir auf dem Nachhauseweg ein. Aber leider bewahrheitete sich die Aussage meiner Freundin und meine Mutter kam mit einer seltenen Erkrankung in eine Klinik.

Von diesem Moment an hatte ich Furcht vor dieser Form der Wahrsagerei. Ich stellte mir viele Fragen und zweifelte daran, dass Menschen sich in die Zukunft und in die Vergangenheit einmischen dürfen. Sind wir überhaupt dazu befugt oder erteilen wir jemand Fremdem durch unsere Bereitschaft die Erlaubnis, in unser Leben einzudringen? Wie können von Menschen erdachte Spielkarten etwas über die Zukunft und die Vergangenheit einer Person wissen? Geht man mit dem Kartenleger eine Bindung ein und können wir mit unseren Händen die Karten tatsächlich so mischen, dass sie unser Schicksal derart widerspiegeln können?

Trotz meiner Zweifel rutschte ich noch tiefer in die Materie hinein. Wie von unsichtbarer Hand geführt, traf ich immer wieder auf Menschen, die etwas mit Handlinienlesen, Kartenlegen oder anderen Formen der Wahrsagerei zu tun hatten, und richtete mich zu einem späteren Zeitpunkt erneut nach den Aussagen von ganz einfachen Spielkarten. Es war wie ein Bann und ich empfand es als bereichernd, in den Karten zu lesen, was in der nächsten Zeit geschehen würde und in welcher Beziehung andere Personen in den unterschiedlichsten Lebensbereichen zu mir stehen.

Die Karten schienen sich nie zu irren. Aber sind es wirklich die Karten, die so viel Wissen haben über Menschenleben, Schicksale, Empfindungen, Vergangenheit und aktuelle Lebenssituationen? Haben tatsächlich einfache, von Menschen erdachte Papierkarten die Qualifikation, weitreichende Aussagen zu treffen und Entscheidungen zu beeinflussen? Woher kennen die Karten die Familie des Ratsuchenden, seine Freunde und seine Kollegen? Können wir mit unseren Händen die Karten tatsächlich so mischen, dass sie unser Schicksal derart widerspiegeln können? Das kann doch gar nicht sein!

Und so ist es auch nicht! Mächte und Gewalten aus der spirituellen Welt werden beim Kartenlegen beauftragt und zu Hilfe gerufen, auch dann, wenn es nicht das persönliche Ansinnen des Kartenlegers ist und unwissend abläuft. Die Bereitschaft zur Begegnung mit einer nicht bewusst wahrnehmbaren Welt und die damit einhergehende Verbindung gibt den Mächten das Recht, einen Einfluss auf das Leben der jeweiligen Person zu nehmen.

Ähnlich wie bei einem Fluch sorgen unsichtbare Geister dafür, dass die Prognosen des Kartenlegers eintreten, ohne dass aktiv ein Beitrag dazu geleistet werden muss. Hatte der Hellseher bei meiner Nachbarin wirklich vorausgesehen, dass sie eine Autopanne haben würde? Oder hatten die Geister für eine Autopanne gesorgt, weil er sie vorhergesagt hatte? Wäre meine Mutter auch krank geworden, wenn mir niemand vorhergesagt hätte, dass es so kommen würde? Das lässt sich in dieser Welt sicher nicht abschließend klären.

Man könnte dagegenhalten, dass Personen wie meine Mutter mit meinem Versuch, mir die Zukunft vorhersagen zu lassen, gar nichts zu tun haben und daher unschuldig mit hineingezogen werden. Meine Erfahrung hat jedoch gezeigt, dass Personen auch dann von vorhergesagten Ereignissen betroffen sein können, wenn sie nicht selbst einen Kartenleger beauftragt haben. Manche sind vielleicht selbst Bindungen eingegangen und haben dadurch zu einer anderen Zeit Tür und Tor dafür geöffnet. In jedem Fall ist Gott stärker als die unsichtbaren Mächte und wenn wir ihn als Herrn und Retter angenommen haben, müssen wir uns nicht vor ihnen fürchten.

Denn ich bin gewiss, dass weder Tod noch Leben, weder Engel noch Mächte noch Gewalten, weder Gegenwärtiges noch Zukünftiges, weder Hohes noch Tiefes noch irgendeine andere Kreatur uns scheiden kann von der Liebe Gottes, die in Christus Jesus ist, unserm Herrn.

Römer 8,38-39

Die hohe Trefferquote der Wahrsager hängt außerdem mit Folgendem zusammen: Unsichtbare Wesen haben viel mehr Wissen und Einblick als wir Menschen, da sie schon seit Jahrtausenden existieren. Daher kommen die sicheren Vergangenheitsbeschreibungen und die klare Benennung der Eigenschaften der Ratsuchenden. Diese wahren Aussagen sind genau der Punkt, warum Menschen an die Vorhersagen von Karten glauben. Es ist für sie nicht erklärbar, wie ein anderer das persönliche Leben aus Karten ablesen kann, doch genau das macht das Kartenlegen für sie vertrauenswürdig. Dass das Auslegen von Geisterhand geführt ist, ist nicht deutlich erkennbar, selbst wenn spürbar höhere Mächte daran beteiligt sind.

Selbst wenn die Voraussage nur eine vage Vermutung ist, die als Wahrheit dargestellt wird, kann derjenige, der sich an den Karten orientiert, keinen positiven Einfluss auf die bevorstehenden Ereignisse nehmen. Er wird lediglich über Dinge informiert, die (angeblich) passieren werden, dies ist die Grundvoraussetzung von Wahrsagerei.

Häufig ist zu beobachten, dass das Leben von Menschen, die sich auf diese Weise Rat und Weisung einholen, nicht positiv verläuft. Zerstörerische Kräfte machen sich bemerkbar und zeigen sich zum Beispiel in Scheidung, Krankheit oder finanziellen Sorgen. Oftmals ist auch eine negative Wesensveränderung sowie eine fremde, düstere Ausstrahlung bei den Menschen zu beobachten, die anfangen, ihre Hoffnung in Wahrsagerei zu setzen. Beispielsweise ließ sich meine Freundin Beate später leider scheiden. Nachdem viel in ihrem Leben zerbrochen ist, hat sie jedoch den Weg zum Glauben an Gott gefunden und sich von der Wahrsagerei und der Kartenlegekunst distanziert.

Unabhängig davon, ob eine Person sich bewusst unsichtbaren Geistern unterwirft oder durch Unwissen hineinschlittert, hat dies eine geistliche Konsequenz. Die Vergangenheit und die Zukunft werden niemals von bloßen Karten vorausgesagt, ebenso wenig können Karten wissen, was im Leben gegenwärtig passiert oder stattgefunden hat. Es sind höhere Wesen, die sich einmischen und einbringen, und das kann fatale Folgen haben. In der Bibel warnt Gott unmissverständlich vor Wahrsagerei. Schon vor etwa 3 500 Jahren, zur Zeit von Mose, hat Gott in seinen Geboten solche Praktiken verboten. Daraus schließe ich, dass diese Phänomene die Menschen schon immer angezogen und verführt haben.

Doch Gott allein kann Antworten auf unsere Lebensfragen geben. An ihn dürfen wir uns im Gebet wenden, wenn wir nicht weiterwissen. Er kennt uns und unser Leben von Beginn an. Jesus Christus können wir vertrauen, wir dürfen unsere Probleme in seine Hände legen.

Durch ein einfaches Gebet zu Gott können Situationen und Menschen verändert werden. Im Gebet können wir positiven Einfluss auf das Weltgeschehen nehmen. Nichts ist unmöglich oder aussichtslos im Gespräch mit Gott. Bei ihm sind wir gut und sicher aufgehoben. Er kümmert sich um uns und unsere Sorgen und will unser Ratgeber sein.

Die Karten und die Mächte, die sie steuern, haben nichts Positives im Sinn und stellen eine nicht beeinflussbare Bedrohung für uns dar, wenn wir uns darauf einlassen. Hinzu kommt die Gefahr, dass Menschen überheblich werden, wenn sie anderen die Zukunft voraussagen, sie fühlen sich unter Umständen überlegen und Gott ähnlich. In den meisten Fällen sind es liebe Menschen, die eigentlich Gutes für ihr Gegenüber wollen, aber leider gibt es auch Fälle, wo Hilfesuchende bewusst in eine Abhängigkeit geführt werden. So kann der Wahrsager Macht über sie ausüben und sich finanziell an ihnen bereichern.

Im Vertrauen auf Gott zu leben und ihm sowohl die Vergangenheit als auch die Zukunft in die Hand zu legen, ist der einzige Weg für ein friedvolles Leben. Durch Jesus können die Bindungen an Okkultismus und Wahrsagerei gelöst werden, sodass diese Mächte keine Möglichkeit mehr haben, ihren Einfluss geltend zu machen.

Die Befreiung von esoterischen Einflüssen und Bindungen habe ich selbst erlebt, daher weiß ich, wie sich der Unterschied anfühlt. Nach dem ersten Gebet der Befreiung, das für mich gesprochen wurde, begann ein Prozess und ich spürte, wie ich langsam, aber sicher zurück in die Freiheit entlassen wurde. Ich fühlte regelrecht, wie Festungen zusammenbrachen, die um mich herum entstanden waren. Irgendwann war ich ganz frei und erlöst von diesem Bann.

Ich werde meinem Gott Jesus Christus für immer dankbar sein, dass er mich aus dieser finsteren Sackgasse herausgetragen hat, und wünsche diese Erneuerung des Geistes allen Menschen, die bei der Suche nach Gott auf einen Irrweg geraten sind.

Astrologie – Bestimmen die Sterne unser Leben?

Astrologie und Astronomie beschäftigen die Menschen wohl schon seit ihrer Existenz. Es liegt eine große Faszination darin, den Sternenhimmel zu erforschen. Laut Astrologen ist an der Konstellation der Sterne zum Geburtszeitpunkt eines Menschen die Lebenszeit abzulesen. Eigenschaften und Ereignisse sollen ebenso erkennbar sein wie der tiefe Sinn der eigenen Existenz.

> Die **Astrologie** geht davon aus, dass
> die Konstellationen und Bewegungen
> von Sternen und Planeten sich unmittelbar
> auf das Leben der Menschen auswirken.

Nicht zu verwechseln ist die Astrologie mit der Astronomie, die rein wissenschaftlicher Natur ist und sich mit der mathematischen Erfassung des Sternenhimmels befasst. Früher war die Astronomie eine Hilfswissenschaft der Astrologie, heute ist die Astronomie ein anerkanntes Studienfach, während die Astrologie und das damit verbundene Erstellen von Horoskopen wissenschaftlich nicht akzeptiert wird.

> Ein **Horoskop** stellt die Positionen
> der Himmelskörper in Bezug auf einen
> bestimmten Ort zu einem bestimmten Zeitpunkt dar. Dabei spielen die **Tierkreiszeichen**
> oder **Sternzeichen** eine Rolle, die im Jahresverlauf am Himmel immer wieder die gleiche
> Position einnehmen.

Schon zu vorchristlicher Zeit gab es Sterndeuter. Um 1700 flackerte das Interesse an Astrologie erneut auf, wurde jedoch in den gebildeten Kreisen der Gesellschaft eher abgelehnt, weil es zu wenig Beweise für die Echtheit von Deutungen gab. Im 19. Jahrhundert empfanden sich die Menschen als zu aufgeklärt, um an die Berechnung und Deutung von Sternen zu glauben. Zu oft wiederholten sich erstellte Horoskope und meist traf das Vorhergesagte nicht ein.

Doch seit vielen Jahren ist das Interesse an Sternzeichen wieder da. Aktuell ist die Nachfrage besonders groß und man kann davon ausgehen, dass zu kaum einer Zeit so viele Menschen an eine Verbindung der Sterne zum eigenen Leben geglaubt haben.

Ein Horoskop stellt Planetenpositionen unseres Sonnensystems zu einem bestimmten Zeitpunkt dar. In fast allen europäischen Klatschblättern findet man das aktuelle Tages- oder Wochenhoroskop. Für jede Dekade gilt ein anderes Tierkreiszeichen und fast jeder Mensch weiß, welches Sternenbild mit seinem Geburtstag verbunden wird. Obwohl die Astrologie selbst den Wahrheitsgehalt eines erstellten Horoskopes bezweifelt, ist ein großes geschäftliches Medieninteresse entstanden, beim Fernsehen, beim Radio, im Internet und bei Verlegern der Boulevardpresse. Doch neben Anbietern mit hauptsächlich kommerziellen Interessen gibt es auch viele Astrologen, die erstaunlich genaue Aussagen machen.

Eines Tages saßen wir in fröhlicher Runde am Esstisch und unterhielten uns angeregt über die Themen Philosophie, Astrologie und Parapsychologie. Wie gebannt hörte ich einer erfahrenen älteren Astrologin zu und lauschte ihren wissenschaftlichen Erklärungen zu diesem mysteriösen Thema. Es leuchtete mir ein, dass die Planeten unseres Sonnensystems prinzipiell eine Auswirkung auf unser Leben haben könnten. Aber kann aufgrund eines Geburtsdatums tatsächlich ein ganzes Leben vorausgesagt und berechnet werden? Und wenn ja: Gibt es die Möglichkeit, neue Wege einzuschlagen, wenn das Horoskop nur eine bestimmte Variante vorsieht? Haben wir einen Einfluss auf das Weltgeschehen oder ist alles vorherbestimmt? Legt man sich, wenn man den Sternen glaubt, eventuell fest und gibt den Vorhersagen die Macht, das Leben entsprechend zu beeinflussen? Oder hat Gott unser Leben unter all die Sterne gestellt? Möchte Gott überhaupt, dass wir uns mit der Sterndeutung auseinandersetzen?

Aus den Erzählungen meiner Großmutter wusste ich, dass tatsächlich bestimmte Charaktereigenschaften bei Menschen übereinstimmen, die zu ihrer Geburtsstunde dieselbe Sternenkonstellation hatten. Auch wenn Personen im selben Monat geboren wurden, passen einige Merkmale zusammen. Astrologen sagen, dass sogar vorhersehbar ist, welches Sternzeichen mit einem anderen am besten harmoniert. Manche Eheinstitute geben auf dieser Basis Partnerempfehlungen und viele Menschen orientieren sich an ihrem täglichen Horoskop und suchen ihre Freunde und Partner nach deren Geburtsdaten aus.

Bei einigen Menschen nimmt das sehr große Ausmaße an. Sie richten sich nur noch danach, wann welcher Stern wo steht und wie dies mit dem eigenen Horoskop in Verbindung steht. Der Alltag wird entsprechend der persönlichen Sternendeutung strukturiert, und wenn eine Unfallgefahr besteht, wird das Haus nicht verlassen. Dadurch entstehen unnötige Ängste und häufig zerbrechen sogar Ehen und Familien an diesen Berechnungen. An einen Gott, der die Dinge wenden und lenken kann, wird in diesem Zusammenhang nicht gedacht.

Da die Planeten auf festen Bahnen laufen und die Konstellationen vorausberechnet werden können, feststehen und unbeeinflussbar sind, stellt sich die Frage, warum wir überhaupt anhand der Sterne ablesen wollen, wie es um uns oder eine Situation bestellt ist. Wenn wir unser Schicksal sowieso nicht beeinflussen können, nützt uns das tägliche Horoskop auch nichts.

Nach Aussage der Astrologen können wir nichts von dem, was vorherbestimmt ist, verhindern oder aufhalten. Schutzlos ausgeliefert zu sein, ist aber genau das, was verhindert und vermieden werden soll. Die Unsicherheit des Alltags ist die Hauptmotivation der Ratsuchenden, um sich ein Horoskop erstellen zu lassen. Das

Leben soll optimal verlaufen, und daher wäre es wunderbar, wenn es ein Wunschprogramm gäbe und nur auf die Starttaste gedrückt werden müsste, damit dieses abläuft.

Um herauszufinden, ob etwas an der Astrologie dran ist, verabredete ich mich mit Rita, der Sternendeuterin, die ich bei der netten Kaffeerunde kennengelernt hatte. Vielleicht konnte ich durch die Berechnung meines Horoskopes mehr über mich und meinen weiteren Lebensweg erfahren. Zu dem Zeitpunkt wusste ich noch nicht, in welche Abhängigkeit man auf diesem Weg geraten kann.

Kritisch und etwas nervös saß ich bald darauf bei der Astrologin im Arbeitszimmer. Die Atmosphäre in dem Raum empfand ich eher als bedrückend denn als beglückend, aber das hinderte mich nicht daran, mein Geburtsdatum und die genaue Geburtsstunde auf ein Blatt Papier zu schreiben. Nun ging es los mit der Aufzeichnung und Berechnung meines Lebens.

Zu meinem großen Erstaunen sagte mir Rita relativ schnell, in welchen familiären Verhältnissen ich aufgewachsen war, und zählte mir ein paar meiner prägnanten Eigenschaften auf. Als meine anderthalb Stunden vorbei waren, machten wir einen weiteren Termin aus, denn ich wollte gern noch genauer wissen, wie mein Leben weitergehen würde. Von nun an trafen wir uns regelmäßig und ich richtete meine Zukunftsplanung an der Berufung aus, die sich für mein Leben aus den Sternen ablesen ließ. Der Widerspruch zwischen einem angeblich festgeschriebenen Schicksal und eigener Planung fiel mir nicht auf.

Damals gehörte das Vaterunser zu meinen Abendgebeten und ich ging sonntags gern zum Gottesdienst in die Kirche. Doch je tiefer ich in diese Thematik einstieg, umso seltener betete ich. Durch meinen Fokus auf esoterische Fachgebiete geriet das Gespräch mit Gott irgendwann völlig in Vergessenheit. Stattdessen telefonierte ich bald täglich mit meiner Astrologin Rita, denn sie hatte vorausgesagt, wo meine Bestimmung lag, und der ging ich recht zielstrebig nach.

Wenn man sich tiefer mit Astrologie beschäftigt und sich die Berechnungen ansieht, ergründet man nicht nur die Vergangenheit und die Zukunft. Vielmehr entsteht ein lebhaftes Gespräch zwischen dem Astrologen und der suchenden Person. Es werden Eigenschaften und Begabungen besprochen und gemeinsam überlegt, wie das Leben mit höchstmöglichem Erfolg gestaltet werden kann. Lebensberatung mit esoterischem Hintergrund.

Viele Fragen werden behandelt, um Zusammenhänge zu verstehen: Warum musste dieses oder jenes in meinem Leben so verlaufen? Wo hatten mich Ereignisse weitergebracht? Welche Charaktereigenschaften sollten geschliffen werden? Warum hatte ich exakt so viele Kinder und warum war ich in meinem Geburtsort geboren? Wo lagen meine wahren Talente und wovon sollte ich mich distanzieren?

> Der Begriff **Karma** stammt aus dem Buddhismus, Hinduismus und Jainismus. Er ähnelt im weitesten Sinne dem Begriff Schicksal, hängt jedoch mit der Lehre von der **Reinkarnation** zusammen.

Ich bekam endlich Antworten auf meine Fragen und die Astrologie zog mich immer stärker in ihren Bann, anders kann ich es heute nicht ausdrücken. Wir gingen so weit, dass wir uns an Karmaastrologie herantrauten, wodurch wir uns Einblicke in meine vorherigen Leben erhofften. Das Karmahoroskop soll helfen, herauszufinden, warum Menschen immer wieder in ähnliche Situationen geführt werden. Warum begegnen wir oft Menschentypen, die uns bekannt vorkommen. Das Karmahoroskop soll Anwort darauf geben, wie ein Mensch negative Verbindungen auflösen kann. Man geht davon aus, dass schlechte Taten aus einem früheren Leben im aktuellen wiedergutgemacht werden können.

> **Reinkarnation** bedeutet Wiedergeburt. Einige Religionen gehen davon aus, dass die Seele eines Menschen nach dem Tod wiedergeboren wird, und zwar je nach Lebenswandel als Mensch, Tier oder Gott.

Vordergründig erscheinen diese Möglichkeiten sehr einleuchtend und entspannend, aber bei genauerem Hinsehen gerät man von einer Stresssituation in die nächste. Irgendwann besaß ich alle angeblichen Erklärungen für mein aktuelles sowie meine früheren Leben. Je mehr ich an Erkenntnissen gewann, umso hungriger wurde ich danach, meine kosmischen Ziele zu erreichen.

Durch die Astrologie lernte ich viele Esoteriker kennen und ich stellte recht schnell fest, dass wir eine Eigenschaft gemeinsam hatten: Wir waren permanent auf der Suche und auf irgendeinem Weg, aber wir kamen weder voran noch irgendwo an. In der Esoterik gibt es sicherlich viele Lehren, die uralt sind, und Methoden, nach denen die Menschen sich in früheren Zeiten gerichtet haben. Man kann nicht sagen, es gäbe keine Weisheiten in den jahrhundertelangen Beobachtungen, auch möchte ich die Erkenntnisse nicht abwerten, die Menschen einmal gesammelt haben. Aber es ist eine deutliche Grenze des Wissens erkennbar und die werden wir niemals überschreiten können.

Es tauchen immer wieder Neuerscheinungen auf, die Ideen aufgreifen, die es vor ein paar Jahrzehnten entweder noch nicht gab oder die viele Jahre nicht aktuell waren. Es entstehen ständig neue Phänomene und Praktiken, sodass der Suchende immer weiterbuddeln muss, um endlich erlöst zu sein und ein positives Lebensgefühl zu entwickeln. Die Suche eines Esoterikers wird nie enden, auch wenn einige Halbwahrheiten darin enthalten sind.

Auch in der Astrologie sind darin Weisheiten verborgen. Doch Gott sagt in seinem Wort, dass Sternendeuter und Wahrsager ihm ein Gräuel sind, und heute verstehe ich warum. Astrologen arbeiten mit der Hilfe von Mächten und Gewalten, mit unbekannten Wesen aus der unsichtbaren Welt. Auch Dämonen wissen, dass es Gott gibt, und glauben an ihn (Jakobus 2,19). Sie wissen um die Geburt des Erlösers Jesus Christus, warum sollten sie dann nicht auch etwas darüber wissen, wie mein eigenes kleines Leben verläuft?

Sicher haben sie von jeher den Grundstein für Wahrsagerei und die Berechnung von Sternen für dafür offene Menschen gelegt. Es ist nicht von der Hand zu weisen, dass es Dinge zwischen Himmel und Erde gibt, die rein wissenschaftlich nicht erklärbar sind. Aber möchte Gott, dass wir uns solches Wissen aneignen? Ist es sinnvoll, sich Hilfe von Menschen zu erhoffen, die selbst hilflos sind, statt Gott darum zu bitten? Astrologen können noch so weise sein, sie werden niemandem in der Not helfen können und sie haben auch keinen Einfluss auf unser Leben. Klugheit, Weisheit und Liebe sind allein bei Gott zu finden.

Eine hundertprozentige Berechnung des Horoskopes ist meines Erachtens nicht möglich, selbst wenn in den meisten Horoskopen auch Wahrheiten stecken. Doch selbst wenn es so wäre: Wir setzen uns dunklen Mächten aus, wenn wir versuchen, alles über unser Leben zu erfahren. Astrologie führt in die Abhängigkeit von Wahrsagern und zu unüberlegten Handlungen. Im schlimmsten Fall wird kein Schritt mehr gemacht, ohne vorher geprüft zu haben, ob dieser zum Tageshoroskop passt.

Ich bin Gott unendlich dankbar, dass er mich davor bewahrt hat, auf weitere Irrwege zu gelangen. Wir sind nicht dafür erschaffen worden, ihm gleich zu sein oder in das Schicksal seiner Geschöpfe einzugreifen. Das Halbwissen der Weisen dieser Welt ist verglichen mit dem des Schöpfers aller Dinge sehr gering.

Die Astrologin Rita, die mich auf meinem Weg weiterbringen wollte, war eine liebe Frau mit einer netten Familie. Sie hat ihre Arbeit ernst genommen und nur wenig Geld dafür verlangt. Leider konnte ich ihr nicht vermitteln, dass es ein Fehler ist, sich mit dieser Materie zu beschäftigen. Meine Hoffnung ist, dass Gott den Menschen, die einen verkehrten Weg eingeschlagen haben, mit Gnade begegnet, denn viele von ihnen sind auf der Suche nach einem lebendigen Gott, der ihnen Sicherheit, Geborgenheit und Lebensperspektive gibt.

Der, der die Sterne erdacht und geschaffen hat, weiß am besten, was gut für uns ist. Gott bleibt immer derselbe, gestern, heute und auch morgen. Ich habe drei Jahrzehnte lang gesucht, aber erst als Jesus Christus mich gefunden hat, bin ich zu Hause angekommen und habe inneren Frieden gefunden.

Handlesen – Die Bedeutung der Linien in der Hand

Das Handlesen oder Chiromantie verwendet die kleinen Furchen in den Handinnenflächen, um Aussagen über die Vergangenheit und die Zukunft zu treffen.

Das Handlesen ist ein uralter Brauch und kommt in fast jeder Kultur vor. Ursprünglich soll diese Kunst aus Ägypten gekommen sein und sich von da aus in den Nachbarländern verbreitet haben. Anhand von archäologischen Funden weiß man, dass diese Form der Wahrsagerei schon in der Steinzeit ausgeübt wurde. Auch heute noch lassen sich Menschen gern aus der Hand lesen, um auf diese Weise etwas über ihre Persönlichkeit und ihre Zukunft zu erfahren.

»Das Schicksal liegt in deiner, seiner oder ihrer Hand« – Wer kennt diese aussagekräftigen Sätze nicht? Wenn man den Handlesern glaubt, hat jede Linie auf unserer Hand eine Bedeutung. Auch Unterbrechungen und der Verlauf der Linien haben einen Sinn. Das Erstaunliche ist, dass die Deutungen von Handlesern oftmals sehr genau zutreffen. Es gibt die sogenannten Hauptlinien und die Nebenlinien. Von großer Bedeutung sind die sogenannte Lebenslinie, die Kopflinie, die Herzlinie und die Schicksalslinie. Aufgrund der Vielzahl der einzelnen Handfurchen reicht eine Sitzung normalerweise nicht für einen Gesamtüberblick über ein Leben und eine Persönlichkeit.

Die Furchen in den Händen entstehen schon im Mutterleib und verändern sich im Laufe des Lebens fast nicht. Man kann sich vorstellen, dass der Menschheit früh auffiel, dass schon bei kleinen Kindern viele intensive Linien in den Handinnenflächen zu sehen sind. Sicher hat man irgendwann festgestellt, dass sich bestimmte Linien bei unterschiedlichen Persönlichkeiten erkennen lassen, die ähnliche Eigenschaften oder Schicksale haben.

Beim Ablesen der Linien sollen immer beide Hände betrachtet werden, wobei die Prioritätshand, bei Rechtshändern ist das die rechte, bei Linkshändern die linke Hand, die größere Bedeutung hat. In der anderen Hand geht es um die Kindheit und um das Unterbewusstsein, was für den Handliniendeuter von nicht so großer Wichtigkeit ist wie die Linien in der hauptsächlich benutzten Hand.

Die Handleser beschäftigen sich in erster Linie mit dem Schicksal und den Wesenszügen der ratsuchenden Menschen. Es ist unglaublich, wie viel in unsere Hände hineingelegt worden ist und dass die Linien wie Spuren auf einem Weg ablesbar sind. Aber ist es gut und wirkt es sich positiv aus, wenn wir unser Schicksal aus den Linien unserer Hände entnehmen? Geht das überhaupt? Und wenn ja, gibt es dann Möglichkeiten, etwas daran zu verändern? Entspricht eine Deutung tatsächlich der Wahrheit und der Realität? Kann durch die Aussagen des Handliniendeuters eine unbewusste oder bewusste Manipulation entstehen?

In der Bibel finde ich zwar keine Warnung, die speziell auf Handlesen hinweist, aber sie warnt allgemein vor allen Arten der Wahrsagerei.

> Es soll unter dir niemand gefunden werden, der ... Wahrsagerei treibt ... oder Wahrsager ... befragt. Denn ein Gräuel für den Herrn ist jeder, der diese Dinge tut.
>
> *5. Mose 18,10-12*

Mir persönlich reicht dies aus, um einen großen Bogen um alles zu machen, was in Richtung Wahrsagerei geht. Ich würde nicht abstreiten, dass es gewisse Wahrheiten gibt, die erforscht, wenn auch nicht wissenschaftlich anerkannt sind, aber die Frage ist, ob dies im Willen Gottes ist und ob es sinnvoll für uns Menschen ist, uns damit auseinanderzusetzen. Wir erreichen dadurch nur die Erkenntnis einiger Halbwahrheiten, deshalb ist es müßig, aus den Händen exakte Prognosen zu erstellen und damit eventuell einen Einfluss auf das Leben zu nehmen, das in Gottes Hand liegt.

Außerdem kann ich mir nicht vorstellen, dass es im Sinne des Schöpfergottes ist, vom menschlichen Körper abzulesen, wer man ist und wie das Leben verlaufen wird. Bisher habe ich nur von negativen Auswirkungen gehört, die sich irgendwann bemerkbar machten, nachdem aus den Händen gelesen wurde. Sobald eine Ähnlichkeit mit der Deutung zu verzeichnen war, wurde das

Leben auf die Voraussagen abgestimmt. Das verursacht keinen Frieden, sondern eher das Gegenteil. Wenn man Wahrheiten aus der Vergangenheit erfährt, bestätigt das zwar für viele, dass auch die Zukunftsvorhersagen korrekt sein müssen, aber das ist ein falscher Schluss. Während die Vergangenheit vorbei und daher unveränderlich ist, hängt die Zukunft auch von unseren eigenen Entscheidungen ab.

Eines Tages rief mich meine Mutter an und erzählte mir von einer netten alten Dame, die an ihrer Tür geklingelt hatte, um Seife zu verkaufen. Da sie einen ärmlichen Eindruck machte, kaufte meine Mutter ihr ein paar Päckchen ab und wünschte ihr einen schönen Tag. Aus Dankbarkeit nahm die Frau eine Hand meiner Mutter und blickte konzentriert auf ihre Handlinien.

Zum großen Erstaunen meiner Mutter sprach die Dame mit ziemlicher Genauigkeit über ihre Eigenschaften und schon eingetroffene Ereignisse aus ihrer Vergangenheit. Da meine Mutter der Frau zum ersten Mal begegnete, war ihr das etwas unheimlich und sie empfand es befremdlich, so viele Wahrheiten über ihr eigenes Leben zu hören.

Auch ich war verblüfft, als ich davon hörte, und kaufte mir am nächsten Tag ein Buch über die Kunst des Handliniendeutens. Früher wurde diese Praktik von Generation zu Generation weitervermittelt, aber schon zu der Zeit, als ich mich damit beschäftigte, konnte man sehr viel darüber in Büchern lesen und heute finden sich auch viele Informationen im Internet. So ist es theoretisch für jedermann erlernbar. Ich wunderte mich, mit welcher Genauigkeit bestimmte Linien in dem Buch beschrieben wurden.

Nachdem ich Kapitel für Kapitel durchgegangen war, kam mir das Handlesen eher wie eine Wissenschaft vor, als hätte es überhaupt nichts mit Wahrsagerei zu tun. Mit dem Buch im Gepäck reiste ich zu meiner Freundin Ulrike, um ein Wochenende ausführlich mit dem Erlernen des Handliniendeutens zu verbringen.

Schon seit einiger Zeit beschäftigte sie sich mit den unterschiedlichsten Formen der Zukunftsvorhersage, aber das Handlesen war auch für sie etwas Neues. So stöberten wir beide in dem schlauen Buch und betrachteten aufmerksam die Linien in unseren Händen.

Wir stellten zunächst fest, dass die Innenflächen unserer Hände völlig unterschiedliche Linien aufwiesen. In dem Buch lasen wir, dass keine Hand auf der ganzen Welt einer anderen gleicht. Die Polizei identifiziert seit langem Täter durch den Abdruck eines Fingers. Die Rillen der Finger sind ebenso einzigartig wie die Linien der Handinnenflächen.

Ulrike berichtete mir, dass vor Jahren ein älterer Herr auf dem Jahrmarkt aus ihren Händen gelesen hatte. Da Jahrmärkte für meine Begriffe mit Spaß und Glücksspiel zu tun hatten, ging ich eher skeptisch an das Handlesen heran. Beim besten Willen konnte ich mir nicht vorstellen, dass etwas so Prägendes wie eine Zukunftsvorhersage auf dem Jahrmarkt angeboten wird. Tatsächlich war dies jedoch schon früher der Fall und die Menschen waren oft überrascht von der Genauigkeit der Aussagen.

Nun erforschten wir gemeinsam unsere Handlinien und lasen dazu die betreffenden Texte. Später trauten wir uns auch an Verzweigungen heran und an nicht sehr deutlich erkennbare Furchen. So deuteten wir unser Schicksal, unsere Kindheit und Jugendzeit. Wir lasen ab, wie viele Kinder wir haben würden und welche Charaktereigenschaften unserem Wesen zugrunde liegen. Die genaue Anzahl unserer Lebenspartner sowie unser ungefähr zu erreichendes Alter konnten wir an den Linien unserer Hände ebenfalls ablesen.

Je mehr wir uns in die Materie vertieften, desto unheimlicher wurde der Gedanke, dass wir als niedrige Wesen derartig detailliert über unser Leben informiert wurden. Als würden wir in einem Buch lesen, meinten wir, Linie für Linie den Sinn unserer Existenz zu erkennen.

Da wir auch unsere Begabungen und Talente erforschten, richteten wir nach kurzer Zeit unser Leben und unseren Alltag entsprechend unserer Handlinien aus. Bei meiner Freundin hatten wir unter anderem eine Trennungslinie ergründet. Da sie in ihrer Partnerschaft unzufrieden war, meinte sie nun, dass sie sich von ihrem Mann trennen müsse, um neue Wege zu beschreiten. Daher wurde Ulrike immer kritischer gegenüber ihrem Ehemann. Auch ich beobachtete manche Situationen zunehmend skeptischer. Weder Arbeitskollegen noch Verwandte und Freunde wurden von dem Lesen ihrer Linien ausgeschlossen. Je mehr ich darüber wusste und je besser mir die Hauptlinien bekannt wurden, umso automatischer las ich jedem Gesprächspartner aus der Hand. Ohne dass mein Gegenüber etwas bemerkte, wusste ich mehr, als mir lieb war – zumindest war ich überzeugt davon, mehr über dessen Wesen und Weg zu wissen als die Person selbst.

Die Ehe meiner Freundin stand inzwischen auf sehr wackeligen Beinen und da in ihren Händen von einer weiteren festen Beziehung zu lesen war, trennte sie sich leichten Herzens von ihrem Mann. Für ihre Tochter war dies sehr schwer. So brachten unsere Erkenntnisse eher Zerstörung als Glück.

Der verlassene Ehemann vertraute sich mir damals an. Er erzählte, dass Ulrike sich zum Negativen hin verändert hatte, seitdem sie mit dem »Hokuspokus« angefangen hatte. Das schreckte mich auf, denn von Leid, das anderen Menschen durch das neu erworbene Wissen widerfahren würde, hatte ich nichts gelesen. Dieser Mann litt ganz offensichtlich unter der Trennung von seiner Frau und wusste nicht, wie er mit der Situation umgehen sollte. Die Tochter kam gerade in die Grundschule und war sehr traurig über die veränderte Familienatmosphäre.

Meine Freundin ließ sich schon kurze Zeit später auf eine neue Partnerschaft ein und heiratete den neuen Mann sofort, nachdem sie geschieden worden war. Wie die Linien es vorausgesagt hatten, zogen sie in eine andere Gegend und meine Freundin wechselte den Arbeitsplatz. Leider stellten sich in der neuen Ehe fast identische Probleme ein wie in der ersten und Ulrike war unzufriedener als zuvor.

Was hatte es eigentlich für einen Sinn, das eigene Schicksal zu erforschen und zu beeinflussen? Hätte sich meine Freundin anders entschieden, wenn sie sich nie mit Handliniendeutung und der dazugehörigen Wahrsagerei beschäftigt hätte? Über diese Fragen kann man nur spekulieren. Der Gott der Bibel möchte jedenfalls keine Ehescheidung. Zu einer kirchlichen Trauung gehört immer die Aussage: »… bis dass der Tod euch scheidet.« Jede Ehe erlebt Höhen und Tiefen, so wie es in jedem Leben Aufs und Abs gibt. Mit diesen Problemen können wir uns an Gott den Schöpfer wenden. Er kann helfen und Dinge zum Guten verändern. Es wirkt sich langfristig nicht positiv aus, wenn wir versuchen, selbst in unseren Lebensweg einzugreifen oder die Zukunft aus den Händen zu erfahren.

Die Handlesekunst geht auch davon aus, dass unsere Gesundheit in die Hände gezeichnet ist. Deshalb beschäftigen sich viele Handliniendeuter intensiv mit der Thematik diverser medizinischer Bereiche. Sogar an den Fingernägeln lesen erfahrende Deuter Erkrankungen und Schwachpunkte des Körpers ab. Diese Form der Handdiagnose erfordert ein jahrelanges Studium und ist nicht zu vergleichen mit dem Ablesen der Hauptlinien in den Handinnenflächen.

Es ist verständlich, dass erkrankte Menschen sich eine genaue Diagnose erhoffen und ängstliche Naturelle gern vorbeugen und bestmögliche Vorsichtsmaßnahmen ergreifen wollen. Anhand von Handliniendiagnosen werden jedoch Medikamente oder Therapien empfohlen, die meist aus dem esoterischen Bereich stammen.

Häufig werden Bachblüten oder homöopathische Kügelchen angeboten, die ebenfalls durch spirituelle Wissenschaften entstanden sind (mehr dazu in Kapitel 3).

Ulrike hat sich später auch von ihrem zweiten Mann getrennt, wofür die Handlinien unter Umständen eine plausible Erklärung hätten. Aber auch sie hat sich inzwischen von jeder Form der Esoterik distanziert und würde niemandem mehr aus den Händen lesen.

Man könnte nun denken, dass es darauf ankommt, welche Erfahrungen der Einzelne in diesem Bereich macht. Aber meine Beobachtung hat auch bei dieser Form der Beschäftigung mit dem Übersinnlichen gezeigt, dass sie weder guttut noch langfristig sicher begleitet und trägt.

Wahrsagerei hat immer einen spirituellen Hintergrund, auch wenn die Linien in den Händen für jeden Menschen sichtbar sind. Es ist riskant und meiner Meinung nach sogar gefährlich, sich mit diesen Wissenschaften und Phänomenen zu beschäftigen. Hinzu kommt, dass es belastend ist, sich Wissen anzueignen, das einem nicht zusteht und einen sogar überfordert.

Gott hat uns geschaffen. Auch die Linien in unseren Händen hat er gezeichnet. Dabei hat er sich etwas gedacht, aber sicher nicht, dass wir uns daran orientieren, anstatt ihn selbst um Rat zu bitten. Wenn es Gottes Wille wäre, dass wir in unseren Händen forschen und Erkenntnisse darüber bekommen, wie unser Leben verläuft, dann würde es sich positiv auswirken.

Es war nie Gottes Plan, dass Menschen an der Schöpfung und ihren Schicksalen selbst drehen sollen. In der Bibel wird dies immer wieder betont. Gott gibt uns weise und gute Ratschläge, und wenn wir uns bemühen, unser Leben danach auszurichten, sind wir auf der sicheren Seite. Das Wissen über den Ursprung und die eventuelle Bedeutung der Linien in den Händen hat allein der Urheber, und auf den können wir vertrauen.

Pendeln – Das Auspendeln von Vergangenheit und Zukunft

> Zum professionellen **Pendeln** wird das sogenannte **siderische Pendel** verwendet, das von der Bauweise her ein Lot ist. Die Bewegung des Pendels auf einer Linie oder in Rechts- oder Linkskreisen steht hierbei für festgelegte Antworten.

In diesem Kapitel geht es nicht um das harmlose mechanische Pendel einer Wanduhr, das die Zeiger bewegt, sondern um eine uralte Praktik, um Geister zu befragen, was die Zukunft bringt oder wie sich bestimmte Situationen auf das Leben auswirken. Das Pendel wird nicht von Hand bewegt und schlägt doch aus. Anhand der Art der Bewegung werden Fragen durch die unsichtbare Welt beantwortet. Vergangenheit, Gegenwart und Zukunft werden beleuchtet und durch das Pendel besprochen.

Es gibt unterschiedliche Pendelmethoden und verschiedene Ebenen, zu denen sich die Pendler vorwagen. Auch gehen die Meinungen darüber, in welchem Rahmen und wofür das Pendel eingesetzt werden sollte, auseinander.

Ich gehe davon aus, dass professionellen Pendlern durchaus bewusst ist, dass letztlich nicht das Pendel entscheidet, in welche Richtung es ausschlägt, sondern dass unsichtbare Mächte sich dieses Mediums bedienen. Einem gesunden Menschenverstand, der vielleicht noch Experimente aus dem Physikunterricht im Kopf hat, ist klar, dass auf natürlichem Wege die Schwingungen eines Pendels keine Antworten auf Lebensfragen geben können. Man begibt sich also bewusst in die Hände unsichtbarer Geister, um etwas über sich und andere zu erfahren. Wie dunkel und unheimlich diese Mächte sind, bezeugen sogar überzeugte Teilnehmer solcher okkulter Aktivitäten.

Unabhängig von der sozialen Schicht wurde und wird das Pendel für unterschiedliche Dinge angewandt, beispielsweise auch für medizinische Zwecke. Mithilfe des Pendels werden Diagnosen erstellt und Therapien verordnet.

Die Praktik wurde von einer Generation zur nächsten weitergegeben, wie bei anderen spiritistischen Erkenntnissen. Es ist die Rede von Energiebahnen und Feldern sowie vom Unterbewusstsein, welches sich dem Bewusstsein unterordnen sollte. Dieses Vokabular findet sich in vielen spirituellen Richtungen.

In den Kriegsjahren und in anderen schweren Zeiten spielte das Auspendeln eine große Rolle, so wurde mir von älteren Menschen erzählt. Erfahrene Pendler hatten dafür ein großes schweres Pendel, das wie ein Heiligtum in einem Schrank aufbewahrt wurde. Für eine Pendelzeremonie wurde dieses feierlich hervorgeholt, denn es war etwas Besonderes, wenn es eingesetzt wurde, und man tat es nicht zwischen Tür und Angel.

Als meine Cousine Bärbel schwanger war, freuten wir uns alle sehr auf den Familienzuwachs. Drei lebhafte gesunde Mädchen hatte sie schon zur Welt gebracht und diesmal wünschte sie sich einen kleinen Jungen. Ich erinnerte mich, dass meine Freundin Susi vor ein paar Jahren einmal ausgependelt hatte, wie viele Kinder ich eines Tages bekommen würde. Dazu hatte sie ganz simpel Nadel und Faden verwendet und daraus ein Pendel hergestellt. So einfach ging das!

Dann saßen wir am Tisch und hatten viele Fragen an dieses »Billig-Pendel«. Meine Freundin bat mich, die Hand auszustrecken, damit sie die Nadel direkt an meinem Puls ansetzen konnte. Sie erklärte, dass dies bei der speziellen Frage nach Kindern so praktiziert würde. Vor der Zeremonie reichten wir uns die Hände und schlossen die Augen, es sollte eine positive Verbindung hergestellt werden, ähnlich wie bei anderen spirituellen Sitzungen auch.

Susi rieb die Nadel mehrmals an meiner Pulsader hin und her, es wurde richtig warm an meinem Handgelenk, dann hielt sie die Nadel ruhig und wir warteten ab, was geschehen würde. Zu meinem Erstaunen schlug die Nadel tatsächlich aus, dann stand sie wieder still, doch meine Freundin sagte, dass die Antworten noch nicht abgeschlossen seien, dies würde sie in ihrer Hand spüren. Tatsächlich schlug die Nadel dann mehrmals aus. Sie pendelte von links nach rechts und schlug auch Kreise. Es war so beeindruckend, dass wir uns kaum trauten, zu atmen, man hätte eine Stecknadel fallen hören können.

Da meine Freundin nicht sehr erfahren war, was die unsichtbare Welt betrifft, war sie sehr verblüfft darüber, dass die Nadel-und-Faden-Methode so unkompliziert funktionierte. Sie bat mich, auch ihre Familienzukunft am Handgelenk auszupendeln.

Als ich diese Technik bei meiner Freundin Susi anwandte, spürte ich deutlich, dass sich außer uns noch jemand im Zimmer befand. Die andere Seite des Erlebens fühlte sich völlig anders an. Die Nadel war anfangs sehr schwach, es waren kreisende Bewegungen zu erkennen, die auf ein Mädchen hinwiesen, allerdings nicht sehr deutlich. Nach einer Pause schlug die Nadel im Wechsel nach links und rechts, was auf einen Sohn hindeutete. Diesmal war die Bewegung der Nadel wesentlich intensiver. Dann stand die Nadel still.

Einen Sohn hatte meine Freundin schon geboren, aber warum hatte die Nadel anfangs so schwach gekreist und ein Mädchen angezeigt? Susi standen die Tränen in den Augen, als sie mir erzählte, dass sie vor ihrem Sohn eine Fehlgeburt gehabt hatte und nun sicher war, dass es ein Mädchen gewesen sei. Das haute mich total um, und ein ungutes Gefühl breitete sich in mir aus.

In mir kamen viele Fragen auf. Wer oder was erteilt die Informationen und woher kommen sie? Wen fragen wir und was hat es langfristig für Konsequenzen? Auf was lassen wir uns mit einem Pendel ein?

Viele Jahre nach meiner eigenen Erfahrung wandte ich diese Praktik bei meiner Cousine Bärbel an. Sie wollte unbedingt wissen, ob sie nun endlich einen Jungen oder wieder ein Mädchen erwartete. Auch diesmal hat das Pendeln funktioniert und das Ergebnis entsprach der Wahrheit. Doch dem Baby ging es nach der Geburt nicht gut. Daher bereute ich es, für eine schwangere Frau gependelt zu haben, und fing erneut an, diese Praktik insgesamt zu hinterfragen. Ich hatte den Eindruck, dass sich das Pendeln negativ auf das Kind ausgewirkt haben könnte.

Ich bedauerte sehr, dass ich meiner Cousine von den Pendelerlebnissen mit Susi erzählt hatte, denn durch diesen Erfahrungsbericht war Bärbel neugierig geworden. Sie fand es interessant, dass Menschen imstande sind, durch Pendelpraktiken mehr über ungeborenes Leben zu erfahren. Wenn man anderen von solchen Erlebnissen erzählt, werden sie oft angesteckt und laufen eventuell selbst falschen und gefährlichen Wahrheiten hinterher.

Inzwischen weiß ich, dass diese einfache Nadel auch in meinem Fall die richtige Prognose erstellt hatte. Diese spirituelle Technik funktioniert tatsächlich und fasziniert deshalb so viele Menschen. Klar ist, dass eine unsichtbare Macht dahinter verborgen ist, aber nicht, woher diese Macht kommt und warum unsere Fragen über einen okkulten, merkwürdigen Weg beantwortet werden. Ich habe es sehr bereut, mich jemals dieser Form der Wahrsagerei gewidmet zu haben. Selbst wenn im ersten Augenblick keine negativen Konsequenzen sichtbar sind, kann man beobachten, dass das Pendeln den Menschen langfristig schwächt und eine Bindung herstellt, die negative Auswirkungen hat.

Wir kennen unsere Zukunft nicht, ähnlich wie auch Adam und Eva keine Erkenntnis über Gut und Böse hatten. Zu ihrem eigenen Schutz wollte Gott ihnen nicht alle Erklärungen des Lebens geben, aber sie ließen sich verführen mit dem Versprechen, so zu werden wie Gott. Der Teufel und die Mächte um ihn herum haben illegitime Einblicke in unsichtbare Realitäten, die Gott uns zu unserer eigenen Sicherheit nicht gibt. Dem Schöpfer gleich sein zu wollen, Macht zu haben und Möglichkeiten zur Beeinflussung des Lebens anzustreben, bedeutet die Trennung von dem lebendigen Gott. Gleichzeitig öffnet man sich damit für unsichtbare Energien und Mächte des Universums, die aber Feinde Gottes und nicht mit ihm verbunden sind.

Es ist ein großer Unterschied, ob wir zu dem Schöpfergott beten oder ob wir durch spirituelle Praktiken Geister herbeirufen. Vor allem ist es an der Lebensqualität abzulesen, wenn ein Mensch im Frieden mit Gott lebt. Eine Kopie ist nie besser als das Original, in diesem Fall hat die Kopie sogar schädliche Auswirkungen für den Menschen und für sein Leben. Die negativen Resultate können sich in verschiedener Form manifestieren. Ängste, Depressionen und andere seelische Verstimmungen sind häufig die Folge von Okkultismus und Esoterik. Negative charakterliche Veränderungen können beobachtet werden und die Zerstörung von Beziehungen ist oft die Konsequenz, wenn ein Mensch sich der unsichtbaren Welt öffnet.

Für die Menschen, die ich mit Pendeln und anderen esoterischen Praktiken irritiert und beeinflusst habe, habe ich später gebetet. Gott vergibt Irrtümer und kann Dinge zum Guten wenden. Susi, Bärbel und ich hatten nach diesen Erlebnissen nie wieder Berührung mit einem Pendel. Mit unserem heutigen Wissen können wir unsere Neugier nicht einmal mehr nachvollziehen.

Die Anwendung des Pendels soll es schon etwa 6000 Jahre v. Chr. gegeben haben. Auf alten Felsstücken hat man entsprechende Malereien gefunden. Eine verwandte Praktik ist das Wünschelrutengehen. Es wurde spätestens seit dem Mittelalter angewandt, um Bodenschätze, Öl und Wasser zu entdecken.

Heutzutage werden überwiegend Vergangenheit und Zukunft ausgependelt, Wasseradern aufgedeckt und Nahrungsmittel sowie Medikamentengaben hinterfragt. Viele Menschen lassen sich ihren Schlafraum auspendeln, weil sie glauben, dass es Energien und Wasseradern gibt, die dem menschlichen Organismus nicht guttun. Dabei ist die Treffsicherheit der Wünschelruten wissenschaftlich nicht nachweisbar.

Eine wissenschaftliche Erklärung für die Bewegungen der Wünschelruten und des Pendels liefert der Carpenter-Effekt. Wenn eine Person sich wünscht, dass sich das Pendel oder die Wünschelrute in eine bestimmte Richtung bewegt, dann sorgen unmerklich kleine Muskelbewegungen dafür, dass diese Bewegung tatsächlich geschieht, ohne eine bewusste Manipulation durch den Pendler. Allerdings erklärt dies nicht die Treffsicherheit, die ich selbst erlebt habe.

Aufgrund meiner eigenen Erfahrung mit dem Pendel bin ich sicher, dass auch bei dieser Aktion unsichtbare Mächte ihr Spiel treiben und befugt werden, sich in natürliche Abläufe einzumischen. Das Pendeln steht, wie alle Wahrsagemethoden, im Widerspruch zum Vertrauen in einen guten Gott. Von dem Wissen des Pendels erwarten sich Menschen Sicherheit, Gesundheit, eine glückliche Familie und Erfolg im Beruf – alles Dinge, die letztlich nur Gott geben kann.

Meine Großmutter setzte in den schweren Kriegsjahren ebenfalls ein Pendel ein und war sehr treffsicher in ihren Aussagen. Dass dies vordergründig nichts mit ihrer Person zu tun hatte, war ihr durchaus bewusst, aber sie ahnte nicht, auf welch gefährliches Gleis sie sich damit begab.

In der Nachbarschaft hatte sich herumgesprochen, dass das Pendel Voraussagungen darüber treffen kann, ob ein Mensch noch lebt oder nicht. Man kann sich vorstellen, wie sehr die Frauen im Krieg litten, wenn der Ehemann oder der Sohn an die Front geschickt wurden. Manchmal kamen mehrere Frauen an einem Tag, um nachzufragen, ob ihre Männer noch am Leben seien. Zu dieser Wahrsagerei brauchte meine Großmutter ein Foto des Betreffenden, um sich in die Schwingungen hineinzuversetzen, und verband sich spirituell mit der Fragestellerin. Wenn das Pendel still stand, war klar, dass derjenige nicht mehr lebte. Wenn es sich bewegte, konnte meine Großmutter an den Ausschlägen erkennen, ob derjenige gesund war oder erkrankt beziehungsweise verletzt.

Aufgrund des großen Leids, das meine Großmutter dadurch so hautnah und häufig mitbekam, beschloss sie nach dem Krieg, kein Pendel mehr anzurühren. Sie hinterfragte, wer und was hinter dieser Wahrheit stand und welchen Sinn es haben sollte, diese Informationen vor der Zeit weiterzugeben.

Leider habe ich mir ihre Warnungen nicht zu Herzen genommen, ich musste erst selbst negative Erfahrungen machen, um zu begreifen, dass es für uns Menschen nicht gut ist, in die unsichtbare Welt einzutauchen und fremde Geister um Rat zu bitten. Natürlich gibt es in diesen Bereichen auch viele Betrüger und Scharlatane, denen es nur um finanzielle Interessen geht, doch die Erfahrungen in meinem persönlichen Umfeld waren andere. Ich weiß, dass das Wünschelrutengehen sowie das Pendeln tatsächlich funktionieren können. Dabei wiegt der Wert der Voraussagen jedoch nicht die große Gefahr auf, die von der Anwendung ausgeht. Wir wissen nicht, mit wem wir es zu tun haben und wer durch das Pendel zu uns spricht.

In jedem Fall sind diese Praktiken gegen Gottes Ordnung und wir sollten uns deshalb davon fernhalten. Im Gegensatz zu den Mächten, die bei Wahrsagerei am Werk sind, wissen wir bei Gott genau, woran wir sind. Durch Jesus Christus, seinen Sohn, hat er sich uns offenbart. In der Bibel können wir den Willen Gottes für uns nachlesen. In diesem alten Buch stehen alle Weisheiten des Lebens und jede Form von Not ist beschrieben. Wenn wir uns an Jesus wenden, können wir sicher sein, dass wir eine Antwort auf unsere Fragen bekommen werden. Wir müssen kein Pendel befragen und uns damit an die unsichtbare Welt binden.

Wahrheit macht frei

Die Psalmen erzählen von den Nöten, in die ein Mensch geraten kann, aber am Schluss steht meist, dass der Herr aus allem Elend herausgeholfen hat. Dem stimme ich voll und ganz zu und bin Gott unendlich dankbar für seine Güte.

Wenn Gott gewollt hätte, dass wir unsere Zukunft kennen, würde es sicher eine einfache, ungefährliche Möglichkeit geben, um an diese Informationen heranzukommen. Stattdessen möchte er, dass wir ihm vertrauen, auch in schweren Zeiten. Beim Schöpfer des Himmels und der Erde sind unsere Ängste und Zweifel am besten aufgehoben. Natürlich erkennen wir im Gebet nicht unsere Zukunft, aber wir dürfen auf einen guten und gnädigen Gott vertrauen, der mit uns nur das Beste im Sinn hat. Ich habe erfahren, dass das viel besser und beruhigender ist, als die Zukunft zu kennen und damit letztlich unbewusst die Macht des Bösen in mein Leben einzuladen.

»Wenn ihr bleiben werdet an meinem Wort, so seid ihr wahrhaftig meine Jünger und werdet die Wahrheit erkennen, und die Wahrheit wird euch frei machen« (Johannes 8,31-32). Ein Kennzeichen von göttlicher Wahrheit ist, dass sie frei macht und der Bibel entspricht. Wahrsagerei entspricht weder der Bibel noch macht sie frei.

Der Teufel verstellt sich als Engel des Lichts. Seine Verführung ist auf der esoterischen Ebene sehr deutlich zu beobachten. Sie geschieht unauffällig und häppchenweise, schleicht sich aber bis in die christlichen Gemeinden hinein.

Deshalb ist es wichtig, das Wort Gottes zu lesen und im Gebet mit Gott verbunden zu sein. Sein Geist warnt vor Irrtümern und Gefahren. Mit ihm sind wir auf der sicheren Seite!

Kapitel 3

Geistheilung – Übernatürliche Heilung, die krank macht

Heilungswunder, die nach menschlichen Gesichtspunkten unerklärlich sind, hat es in jeder Zeitepoche gegeben. Die Bibel berichtet von vielen Wundern, manchmal hört man, dass Menschen von Krebs geheilt wurden oder gelähmte Glieder wieder bewegen konnten.

Der Oberbegriff für alle Therapieformen durch wissenschaftlich nicht bewiesene Heilungsverläufe ist Geistheilung. Laut dieser Definition könnte man auch das Gebet zum Gott der Bibel um Heilung von Krankheiten und Befreiung von bösen Geistern im Bereich Geistheilung einordnen. Doch Ursache und Wirkung sind beim christlichen Heilungsgebet völlig anders. Die Heilung wird durch Gott bewirkt, nicht durch das Gebet. Und die Wirkung ist nur auf den ersten Blick die gleiche.

Vergleichbar ist dies vielleicht mit dem Besuch von Mose und Aaron beim Pharao, bevor die zehn Plagen kamen. Aarons Stab verwandelte sich in eine Schlange, doch auch die ägyptischen Zauberer konnten ihre Stöcke in Schlangen verwandeln (2. Mose 7,6-13). Äußerlich bewirkten Mose und Aaron und die ägyptischen Zauberer das Gleiche. Im unsichtbaren Bereich geschah das eine Wunder jedoch durch den allmächtigen Gott, das andere durch böse Geister, möglicherweise auch durch einen Trick. Dass nicht dieselbe Macht diese Wunder bewirkt hat, zeigt ein kleiner Nebensatz: »aber Aarons Stab verschlang ihre Stäbe« (Vers 12). In der Folge sorgt Gottes Wirken für die Befreiung seines Volkes aus der Sklaverei, das Vertrauen des ägyptischen Königs auf die ägyptischen Götter und die bösen Geister dagegen für ein Massensterben unter dem Vieh und den Tod aller erstgeborenen Ägypter.

Im Folgenden verwende ich das Wort Geistheilung gemäß dem Wortsinn »geistige Heilung« nur für diejenigen Formen der übernatürlichen Heilung, bei denen meines Erachtens Geister angerufen werden oder die Heilung durch Geister bewirkt wird, auch wenn das nicht immer offensichtlich ist. Diese Heilungsmethoden haben alle gemeinsam, dass sie nicht zum Segen sind, auch wenn es durchaus Heilungserfolge gibt. Das christliche Heilungsgebet dagegen richtet sich nicht an Geister, sondern an den Gott der Bibel. Wunder, die durch Gott hervorgerufen werden, dienen den Menschen immer zum Guten.

> Der Begriff **Geistheilung** fand erst in den 1960er-Jahren Verbreitung, die Methode gibt es aber schon seit Menschengedenken. Gemeint ist jede Behandlungsmethode, die sich nicht der klassischen Schulmedizin oder Psychotherapie zuordnen lässt. Nach der wissenschaftlichen Definition gehört auch das christliche Heilungsgebet dazu.

Ein weiterer Unterschied zwischen dem christlichen Gebet um Heilung und der Geistheilung ist, dass Heilung durch Gott keine Methode hat, sondern ganz individuell geschieht. Es ist beispielsweise keine biblische Heilungsmethode, eiserne Schlangen anzuschauen oder Löcher in Dächer zu schlagen, um Gelähmte dadurch nach unten zu lassen, obwohl Gott in diesen Situationen Wunder gewirkt hat (4. Mose 21,6-9; Markus 2,1-12). Vielleicht ist gerade das bezeichnend: Wann immer eine Handlung in der Bibel das Gebet um Heilung oder das Wunder der Heilung begleitet, ist diese individuell, es gibt kein System wie »Nimm dieses Medikament« oder »Sprich diese Formel« oder »Streiche auf diese Weise über einen Körper«.

Dennoch kommt auch im Christentum magischer Glaube vor. In Süd- und Mittelamerika kam es beispielsweise aufgrund der erzwungenen Christianisierung zu einer starken Vermischung der Religionen der ursprünglichen Bevölkerung mit dem Katholizismus. Aber auch im deutschsprachigen Raum gibt es manche christlich angehauchten Handlungen und Methoden, die dem Aberglauben oder der Geistheilung zuzuordnen sind. Auf diese möchte ich jedoch nicht weiter eingehen, hier gilt es für jeden, individuell anhand der Bibel zu prüfen, welchem Bereich etwas zuzuordnen ist.

Die am häufigsten angewandten Techniken der Geistheilung hierzulande sind neben den in Mitteleuropa schon lange bekannten Methoden »Besprechen« und »Handauflegen« auch neuere wie »Reiki« und »Schamanismus«. Es gibt aber noch viele weitere übernatürliche Heilungsmethoden. Wie im Kapitel »Wahrnehmung« erläutert, vermischen sich manche der Praktiken aus diesem Bereich, wie das Pendeln oder das Handlesen, auch mit der Geistheilung. Die Ziele bei jeder Art der Geistheilung sind immer das Auflösen von Blockaden im Energiefluss und das Aktivieren der Selbstheilungskräfte. Des Weiteren zählen Behandlungsmethoden und Arzneimittel zur Geistheilung, bei denen diese Verbindung auf den ersten Blick nicht erkennbar ist.

In abgelegenen Dörfern waren die Menschen früher auf Heiler und sogenannte Kräuterhexen angewiesen, weil es keine Möglichkeit gab, sich von einem Arzt behandeln zu lassen. Naturvölker haben ihre Medizinmänner, die pflanzliche Mixturen zubereiten oder mit bestimmten Trommelrhythmen Genesungen erreichen. Nicht immer kann man hier klar zwischen Heilkraft aus der Natur, Aberglaube und spirituellen Heilmethoden unterscheiden.

Beliebte Rezepturen haben sich beispielsweise bei indigenen Völkern bis in die heutige Zeit gehalten, die indianische Kräuterapotheke hat für viele Leiden ein Mittel. Auch alte Hausmittel werden wieder gern eingesetzt. Dies kann tatsächlich eine Bereicherung in der Medizin sein und muss keinen okkulten Hintergrund oder Ursprung haben. Sobald aber etwas Übernatürliches, rational nicht Greifbares in eine Behandlung einbezogen wird, sollte es unbedingt geprüft und kritisch betrachtet werden.

Heutzutage werden meist erst einmal alle Möglichkeiten der Schulmedizin in Anspruch genommen, bevor ein spiritueller Heiler aufgesucht wird. Unheilbare Krankheiten, Hautprobleme verschiedenster Art und chronische Erkrankungen sind die Ursachen für die Hoffnung in eine universelle Heilungsenergie, die in einer real erlebbaren Welt nicht zu finden ist. Menschen werden sich ihrer Hilflosigkeit bewusst und versuchen alles für ihre Gesundheit oder die ihres Kindes. Prinzipiell ist der Grundgedanke hinter jeder Form von Geistheilung gut, von dem Hilfesuchenden ebenso wie von dem Geistheiler. Doch leider ist »gut gedacht« in diesem Fall nicht »gut gemacht«.

Manche Heiler diagnostizieren Krankheiten anhand der Auraform und -farbe eines Menschen. Die »Aura« bezeichnet im Spirituellen einen nicht sichtbaren Leuchtrand um den Körper des Lebewesens herum, der je nach Wesens- und Lebensart unterschiedliche Farben und Formen aufweist. Eine Unterbrechung der Aura deutet auf eine Disharmonie im Körper hin, die zu einer Erkrankung führen kann. Die Aura wird von Heilern mit den Händen berührt und soll dadurch positiv beeinflusst werden, außerdem erkennt ein Auraseher spezielle Charaktereigenschaften sowie Begabungen an der Farbe und Form der Aura.

In der esoterischen Heilungsbewegung spielen außerdem die Chakren eine bedeutende Rolle. Dies sind Energiezentren des Menschen, die angerührt werden sollen, um wieder in einen gesunden

Fluss zu kommen. Diese Theorie hat einen hinduistischen Hintergrund, wird in Deutschland aber in der Esoterikszene oft auch in das biblische Vaterunser-Gebet eingebunden.

Zu esoterischen Heilpraktiken werden – besonders wenn die geistliche Komponente eine Rolle spielt – oft ähnliche Zusagen gemacht wie in der Bibel. Der Unterschied besteht darin, dass die Versprechen der Fälschungen nicht eingehalten werden, beim Original jedoch schon. Gott steht zu seinen Zusagen und ist eine sichere Burg.

Medizinische Wissenschaftler gehen davon aus, dass die Geistheilung positive Effekte erzielen kann, weil Menschen Zuwendung erfahren. Die Forscher ordnen die Heilung daher dem psychologisch-seelischen Aspekt zu. Dies stimmt sicherlich teilweise, denn es ist auch aus der Schulmedizin bekannt, dass es einen Unterschied macht, ob der Arzt sich Zeit nimmt, um auf die Sorgen und Nöte eines Patienten einzugehen, oder ihn einfach nur abfertigt – was aufgrund der momentanen Situation leider immer häufiger der Fall ist, da Ärzte nicht die Zeit haben, sich jedem Patienten individuell zu widmen.

Die indigene Bevölkerung Amerikas und auch Menschen anderer Kulturkreise wenden oft neben der Geistheilung die klassische medizinische Behandlung an. Auch werden zum Beispiel Kräuter mit einer tatsächlichen heilenden Wirkung mit spirituellen Heilmethoden verbunden. Der Geistheiler wird teilweise auch als »médico«, das heißt mit dem gleichen Wort wie ein normaler Arzt bezeichnet. In manchen Kulturen ist der Geistheiler auch für Schadzauber beziehungsweise schwarze Magie zuständig.

Der Oberbegriff Geistheilung wird in Deutschland erst ab 1960 vermehrt verwendet und stammt ursprünglich aus der englischsprachigen Literatur. Das Nazi-Regime hatte 1941 ein Gesetz erlassen, das jede Form der Geistheilung streng verbot, allerdings aus Gründen des Rassismus. Erst 2004 wurde dieses Gesetz vom Bundesverfassungsgericht Karlsruhe aufgehoben.

Nach dem deutschen Heilpraktikergesetz benötigen Wunderheiler keine Genehmigung, dürfen aber keine Heilungsgarantie versprechen. In Großbritannien sind Geistheiler dagegen offiziell anerkannt und die Kosten für Behandlungen und Therapien werden bei Empfehlung durch einen Arzt vom britischen Gesundheitsdienst übernommen.

Bezüglich der Kosten für Geistheilung gibt es sehr große Unterschiede. Viele Heiler arbeiten auf Spendenbasis, einige richten ihre Preistabelle nach der Schwere der zu behandelnden Erkrankung, andere berechnen den zeitlichen Aufwand. Leider gibt es auch regelrechte Abzocker und Scharlatane, welche die Hilflosigkeit und die Bereitschaft der Kranken ausnutzen.

Die Mehrheit der Geistheiler in Europa arbeitet aber meiner Ansicht nach aus der tiefen Überzeugung heraus, dass sie für Heilung berufen ist und für die Menschheit etwas Positives leistet. Anders als es meist in einer nüchternen Arztpraxis der Fall ist, bekommt der Patient über einen längeren Zeitraum hinweg eine sehr hohe Aufmerksamkeit. Dies ist einer der Gründe, warum Menschen sich dem Übernatürlichen anvertrauen und ihre Hoffnung auf Heilung in diese Alternative setzen.

Rational betrachtet werden bei der Geistheilung durch die eigene Psyche biochemische Prozesse aktiviert und somit Selbstheilungskräfte aktiviert. Es ist erwiesen, dass eine positive Einstellung den Heilungsprozess beschleunigt und dass umgekehrt ein fehlender Lebenswille bei einer eigentlich mittelschweren Krankheit zum Tod führen kann. Wer an seine eigene Heilung glaubt, hat höhere Chancen, gesund zu werden.

Wenn es aber nur dieses Phänomen wäre, das bei der Geistheilung zur Genesung führt, müssten Wissenschaftler keine Medikamentenforschung mehr betreiben. Es spielen also noch andere Faktoren eine Rolle, und die sind im Übernatürlichen zu suchen.

Oft wird nach dem Besuch bei einem Geistheiler tatsächlich eine Verbesserung der Gesundheit erzielt. Doch noch einiger Zeit kommt die Psyche ins Wanken. Genau dort, wo der Patient durch die Zuwendung nach medizinischen Erkenntnissen positiv beeinflusst wird, gibt es Probleme. Die Gewalten des Unsichtbaren, denen sich nicht nur der Behandler aussetzt, sondern auch der Hilfesuchende, machen sich früher oder später negativ bemerkbar. Was zunächst nach Erfolg aussieht, schwenkt nach einiger Zeit ins Gegenteil um. Die körperlichen Symptome haben sich eventuell gebessert und oft ist die Erkrankung nicht mehr zu diagnostizieren, aber im täglichen Leben des Patienten gibt es Verschlechterungen und im seelischen Bereich schleicht sich nach einer Weile ein Gefühlschaos ein.

Diese Beobachtungen sind im Gegensatz zu den oberflächlichen Betrachtungen völlig konträr zur Forschung, aber sie stimmen mit den Aussagen von Menschen überein, die von Geistheilern behandelt wurden und danach zum Glauben an Jesus Christus gekommen sind. Sie decken sich auch mit den Wahrnehmungen einiger noch Praktizierender, die zwar unter den Folgen leiden, sie jedoch nicht mit der Geistheilung in einen Zusammenhang bringen. Durch eine irrationale Verblendung fällt vielen Menschen nicht auf, dass es ihnen vor den übernatürlichen Therapien besser gegangen ist. Die Gewissheit, bei den kosmischen Mächten in guten Händen zu sein, ist groß, und es ist nicht leicht, sie vom Gegenteil zu überzeugen.

Händeauflegen – Heilung durch eine höhere Macht?

»Kranken werden sie die Hände auflegen, so wird's gut mit ihnen«, so steht es im Markusevangelium (Markus 16,18). Gemeint ist damit, das Gebet um Heilung zum Gott der Bibel im Namen von Jesus Christus, das in einen größeren Kontext eingeordnet ist: »Gehet hin in alle Welt und predigt das Evangelium aller Kreatur. Wer da glaubt und getauft wird, der wird selig werden; wer aber nicht glaubt, der wird verdammt werden« (Vers 15-16). Das Heilen ist zweitrangig, an erster Stelle steht das Predigen des Evangeliums.

Etwas ganz anderes ist es, wenn Geistheiler Kranken die Hände auflegen. Das Fatale ist, dass diese zu bestimmten Handlungen manchmal die Bibel zitieren. Doch obwohl ihre Worte nach Wahrheit klingen, ist die Geistheilung nur eine Kopie, bei der genau hingeschaut werden muss, um sie vom Original zu unterscheiden. Tatsächlich verwenden einige Geistheiler biblische Wahrheiten. Sie glauben, dass Jesus Christus ein großer Heiler war, und betonen, dass Vergebung ein Schlüssel für ganzheitliche Heilung ist. Sie behaupten, dass sie ihre Heilungskraft von Gott erhalten hätten und sie auf die gleiche Weise heilen würden, wie Christus es getan hat. Wenn man ihnen glaubt, muss nur die göttliche Harmonie wiederhergestellt werden, was durch einige Auserwählte geschieht, die mit der geistigen Welt vernetzt sind und daher die Schwingungen im Körper wieder ins Gleichgewicht bringen können.

Ihre Berufung auf biblische Wahrheiten hört sich für Christen vielleicht zunächst plausibel und beruhigend an. Skeptisch sollte es einen manchen, dass Jesus Christus nicht als Erlöser für die Menschen erwähnt und kein Evangelium der Schuldvergebung gepredigt wird. Heiler, die Jesus als ihr Vorbild haben, vergleichen ihr Tun mit dem Wirken des Herrn Jesus auf der Erde und gehen davon aus, dass Gott ihnen einen Heilungsauftrag gegeben hat. Sie nehmen dafür gern den Dank und das Geld der Patienten entgegen. Dies würde ein Mensch mit einer echten Verbindung mit Jesus Christus niemals in dieser Form tun. Deutlich wird dies zum Beispiel, wenn man den Bericht in Apostelgeschichte 3 von der Heilung des Gelähmten betrachtet oder die Reaktion von Barnabas und Paulus auf die Verehrung, die ihnen die Menschen um sie herum entgegenbrachten (Apostelgeschichte 14,8-20). Wenn auf einer Internetseite mit Heilungserfolgen geworben wird und die Heilungskräfte angeblich von Jesus Christus stammen sollen, dann dürfte dort weder eine Preisliste zu finden sein noch Dankschreiben von Patienten an den Heiler.

Auch Menschen mit einem nicht christlichen Hintergrund erkennen Wahrheiten und verfügen über echte Weisheiten. Einige Erkenntnisse aus der Bibel, wie die Bedeutung der Vergebung, haben – natürlich ohne den geistlichen Hintergrund – Eingang in die Psychotherapie gefunden. Das ist völlig ungefährlich und es ist eher förderlich, wenn Therapeuten den Patienten solche positiven Wahrheiten vermitteln. Nur wenn es um Magie geht und höhere Dimensionen erwähnt werden, sollte man stutzig werden und lieber die Reißleine ziehen, statt sich auf eine Behandlung einzulassen.

Auch ich habe im Glauben an Gott Menschen die Hände aufgelegt, damit sie genesen. Damals dachte ich, dass eine höhere Macht mir die Berufung erteilt hätte, Menschen zu heilen. Ich glaubte, ein Gefäß zu sein, durch das Gottes Heilungsenergien fließen. So fing ich an, Menschen die Hände aufzulegen und verschiedene Techniken anzuwenden. In England gab es viele anerkannte Geistheiler in den Klinken und mein Ziel war es, mir dort Impulse zu holen, um diese tolle Möglichkeit nach Deutschland zu importieren.

Alles begann damit, dass eine Reiki-Meisterin mir heilende Fähigkeiten zusprach und ich dies sofort für möglich hielt. Während einer Kopfschmerzattacke eines guten Freundes hielt ich die Hände über ihn und verband mich mit den kosmischen Energien, von denen ich gelesen hatte. Über verschiedene Techniken sollte es gelingen, dass Heilung aus dem Kosmos durch mich als Behandlerin fließt. Ich atmete so ein und aus, wie ich es in den Büchern über Geistheilung gelesen hatte, und spürte selbst, wie ein warmer Strom meinen Körper durchfuhr und direkt von meinen Händen in den Kopf des Freundes floss. Noch während der Behandlung äußerte er eine Besserung und später waren die quälenden Kopfschmerzen verschwunden.

Hoch motiviert forschte ich weiter und testete aus, wie weit ich in diesem Bereich gehen konnte. Neben dem Herd lag stets Lektüre über unerforschliche Heilungsphänomene, und es wurde zu einer Sucht, so viel über die unsichtbare Welt zu erfahren wie möglich. Der Kopfschmerzbehandlung folgte eine erfolgreich behandelte Kiefererkrankung, dann wurden offene Beine wieder geschlossen, und so sprach sich herum, dass ich eine Heilungskraft besaß – zumindest meinte ich, sie zu besitzen. In den meisten Fällen hatte ich die Beschwerden dann in abgeschwächter Form selbst, aber mich beruhigte, dass man nach einer Zeit mit diesen Phänomenen umzugehen lernt.

Nach jeder Behandlung wusch ich mir gründlich die Hände. Damit soll eine natürliche Reinigung hergestellt werden und außerdem Distanz zu allem Negativen, was von einem behandelten Menschen aufgenommen wurde. Ich wog mich in Sicherheit und war der festen Überzeugung, dass meine Verbindung zu Gott in Ordnung und dieser Weg der richtige sei.

Energetische Fernheilung – Heilung per Telefon?

Ich erinnere mich noch an die erste Behandlung per Telefon. Heute ist es üblich, sich per Telefon oder Internet geistig therapieren zu lassen. Damals erschien es mir zwar schwierig, aber ich willigte ein. Wenn ich nicht weiterwusste, beriet mich die Reiki-Lehrerin, die zu diesem Zeitpunkt für mich wie ein Guru war. Heute würde ich das als eine Form der Supervision beschreiben. Sie empfahl mir, den Schritt zur Fernheilung zu wagen.

Um geistig zu dem erkrankten Organ eines Hilfesuchenden vorzudringen, ist es notwendig, sich auch ohne die Anwesenheit des Menschen in ihn hineinversetzen zu können. Während ich das schreibe, kann ich kaum glauben, dass ich jemals über so abstruse Vorgänge nachgedacht habe. Damals befolgte ich jedoch jede neue Anweisung.

Ich konzentrierte mich voll und ganz auf die Person am Telefon und hatte tatsächlich nach einiger Zeit das Gefühl, mit ihr in absoluter Verbindung zu sein. Bei dem Gedanken an das erkrankte Organ wurde ich innerlich etwas erschüttert, doch das atmete ich einfach aus, ich hielt es so lange in meinen Gedanken fest, bis ich entspannt war und das Empfinden hatte, nun sei die Ratsuchende geheilt. Wieder bewies sich die Geistheilung als erfolgreiches Mittel für Krankheiten jeder Art, in diesem Fall war es ein chronisch entzündetes Ohr.

Irgendwann praktizierte ich sogar, ohne die betreffende Person am Telefon zu haben. Und es funktionierte, wenn ich allein war und mich tiefenentspannt auf den Menschen konzentrierte.

Da Körper, Seele und Geist ein Ganzes ergeben, meldeten die Ratsuchenden häufig auch positive Veränderungen im seelischen Bereich zurück, was mich dazu bewog, in jedem Menschen das Ungleichgewicht zu sehen und zu meinen, dass ich die Erkenntnis der Komplettheilung empfangen hätte. Diese Rückmeldungen kamen wenige Tage nach der Behandlung, deshalb vertraute ich weiter auf die kosmischen Energien, mit denen ich heilte.

An einem herrlichen Spätsommertag sah ich meine alte Bibel im Regal stehen und begann, darin zu lesen. Jesus heilte auch mit

Handauflegung, aber in der Autorität Gottes. Manchmal sprach er nur ein Wort, und die Menschen wurden gesund.

Ich bekomme noch heute eine Gänsehaut, wenn ich an den Moment denke, wo ich zum ersten Mal begann, an meinem Heilungsauftrag zu zweifeln. Was tat ich hier eigentlich? Es strengte mich an, jemandem die Hände aufzulegen und mich auf einen Menschen zu konzentrieren, es nahm sogar sehr viel Kraft in Anspruch.

Bei Jesus war es anders. Die Aussage, dass eine Kraft von ihm ausgegangen war, findet sich nur in einer Geschichte. Eine kranke Frau hatte sein Gewand berührt. Sie hatte Jesus vorher nicht um Hilfe gebeten, doch ihr Glaube war groß genug und sie wusste, dass eine Berührung ausreiche, um gesund zu werden. Da heißt es: »Und Jesus spürte sogleich an sich selbst, dass eine Kraft von ihm ausgegangen war« (Markus 5,30). Er war danach jedoch nicht geschwächt, schließlich erweckte er kurz darauf ein totes Mädchen wieder zum Leben (siehe Markus 5,21-42).

So war es bei mir überhaupt nicht, denn ich selbst wurde während meiner Tätigkeit als Geistheilerin immer schwächer. Häufig habe ich von spirituellen Heilern gehört, dass es sie Kraft kostet und es nicht jeden Tag zu jeder Stunde möglich ist, mit diesen Energien zu arbeiten. Auch ich habe diese Erfahrung gemacht. In dem Moment, wo man zustimmt, die Grenze des Sichtbaren zu verlassen, um sich in eine andere Dimension zu begeben, gibt man finsteren Mächten die Autorität, sich im eigenen Leben zu manifestieren. Das ist ganz anders, als in Gottes Händen geborgen zu sein.

Je mehr ich mich mit der Bibel auseinandersetzte und mein Handeln hinterfragte, umso schlechter ging es mir körperlich und seelisch. So vielen Menschen konnte ich helfen, aber mir selbst nicht. Wo waren die göttlichen Energien, mit denen ich heilte? Wo war die heilende Verbindung, wenn ich selbst Hilfe brauchte?

Konnte es eine liebende, positive Energie sein, die mich in so einen Zustand brachte?

An mir musste ich leidvoll erfahren, dass die angezapften Energien aus dem Kosmos es nicht gut mit uns meinen. Diese Mächte haben nichts mit dem liebenden Schöpfer-Gott gemeinsam, den ich eigentlich suchte. Ein Mensch hatte mir die Heilungskräfte zugesprochen und ich war auf die dunklen Mächte hereingefallen, die so sein wollten wie Jesus.

So wie mir ging es auch anderen Menschen, die sich auf die unbekannte Dimension und fremde Mächte eingelassen hatten. Unabhängig davon, ob es sich um aktive Heiler oder um deren »Patienten« handelt, richten diese Gewalten aus der unsichtbaren Welt Schaden in deren Leben an. Sie verlangen einen sehr hohen Preis, der ohne Jesus als Helfer in der Not nicht bezahlbar ist.

In Deutschland gibt es den Verein Sekteninfo Nordrhein-Westfalen, an den man sich wenden kann, wenn einem etwas merkwürdig erscheint oder sich ein Patient betrogen fühlt. Manchmal sterben Menschen, weil der Geistheiler sie bei schwerwiegenden Krankheiten nicht zu einem Arzt geschickt hat. Juristische Folgen hat das selten, da die Gesetzgebung der Ansicht ist, dass ein Mensch in erster Linie selbst dafür verantwortlich ist, wenn er zu einem Geistheiler geht. Zudem gibt es keine Beweise, ob die Person ohne diese Behandlung nicht auch gestorben wäre.

Obwohl es keine wissenschaftlichen Belege für Heilungserfolge durch Geistheiler gibt, ist diese Praktik erlaubt, in Großbritannien sogar erwünscht und wird wenig kritisiert. Doch der Gott der Bibel spricht sich eindeutig dagegen aus und warnt vor fremden Mächten und Gewalten in der Himmelswelt. In 5. Mose 13,3-4 verbietet Gott aus gutem Grund den Kontakt zu Göttern, »die ihr nicht kennt«. Unbekannte Geister bringen nie etwas Gutes.

Es ist so einfach, mit Gott zu sprechen und ihn um Heilung oder Linderung zu bitten. Jesus hat zwar auf unterschiedliche

Weise geheilt, aber eine Genesung war nicht mit mystischen, komplizierten Praktiken verbunden. Wir dürfen uns an Gott wenden, wenn wir krank sind, selbst dann, wenn eine schulmedizinische Therapie an ihre Grenzen kommt. Es spricht nichts gegen das Gebet für Kranke, die Bibel empfiehlt es sogar (siehe Jakobus 5,13-16). Wer dieses Gebet im Namen von Jesus Christus spricht und ihn als Erlöser anerkennt, darf gewiss sein, dass Gott ihn hört. Nicht immer wird er Heilung schenken, aber mit Sicherheit nie etwas Schlechtes (vgl. Lukas 11,9-13).

Wir dürfen zu der Kraftquelle Gottes kommen und auf ein Heilungswunder hoffen. Aber um Heiler, die sich mit kosmischen Energien verbinden, sollten wir einen großen Bogen machen.

Animalischer Magnetismus – Die Prinzipien des (Heil-)Magnetismus

Magnetismus ist ein Phänomen aus dem Bereich der Physik. Die Anziehungskraft eines Magnetfeldes ist spürbar, wenn man einen Magneten einsetzt, auch bei bewegten elektrischen Ladungen spielt Magnetismus eine Rolle.

> **Magnetismus** bezeichnet einerseits ein physikalisches Phänomen, das nachweisbar ist und in der Medizin eingesetzt werden kann. Andererseits gibt es magnetische Heilmethoden, bei denen dem Magnetismus selbst eine heilende Kraft zugeschrieben wird und die dem Bereich der Esoterik zuzuordnen sind.

Diese Magnetfelder spielen beim sogenannten animalischen Magnetismus eine Rolle. Von Magnetfeldern sollen angeblich Heilungsströme ausgehen, die in einen kranken Körper fließen und diesen heilen können. Die chinesische Medizin kannte schon vor 2 000 Jahren den Einsatz von magnetischen Steinen für die Heilung erkrankter Menschen. Auch die alten Römer glaubten an die positive Wirkung von Magneten und die alten Ägypter trugen magnetischen Schmuck zur Stärkung der eigenen Gesundheit. Auch heute tragen überzeugte Anhänger des Magnetismus entsprechende Armbänder, Einlegesohlen oder Pflaster.

Bestimmte Metalle werden von Magneten angezogen und damit lassen sich interessante Experimente machen. Ein Einfluss auf uns Menschen lässt sich jedoch nicht nachweisen. Da keine verlässlichen Forschungsergebnisse vorliegen, die eine Heilkraft durch Magnetfelder bestätigen, ist diese Praktik medizinisch nicht anerkannt. Oftmals wird magnetisches Heilen in Praxen durchgeführt, in denen auch andere esoterische Heilungstechniken angeboten werden. Dieser Aspekt allein sollte skeptisch machen. Die logischen Erklärungen zu dem positiven Einfluss der Magneten klingen zwar plausibel, aber sie halten einer wissenschaftlichen Überprüfung nicht stand.

Das Blut von Lebewesen enthält positiv oder negativ geladene Ionen wie Natrium, Phosphor oder Kalium. Außerdem ist Blut eine leitende Flüssigkeit. Magnetiseure gehen davon aus, dass die Substanzen im Blut von Magnetfeldern beeinflusst werden und durch eine magnetische Behandlung die Zellen im Blut verändert werden.

Der Heilmagnetismus oder Mesmerismus wurde in Europa Ende des 18. Jahrhunderts von dem deutschen Arzt Franz Anton Mesmer begründet. Er stellte die Behauptung auf, dass jeder Mensch die heilende Wirkung des Magnetismus in sich trägt. Die Basis dieser Annahme ist, dass der Magnetstrom aus dem Weltall in jedes lebende Objekt fließt und sich in jedem Individuum wiederfindet. Der Einfluss der magnetischen Wirkung der Planeten soll einen Einfluss auf alle Lebewesen und jedes Elementarteilchen haben. Durch die Harmonisierung oder das Auffüllen von magnetischen Energien sollen Körper und Seele wieder ins Gleichgewicht kommen und gesunden.

Während beim Heilmagnetismus zunächst echte Magnete benutzt wurden, festigte sich später die Theorie des Magnetismus der Handinnenflächen, die davon ausgeht, dass die Handinnenflächen ausreichend magnetisiert sind, sodass es genügt, den Patienten zu berühren. Somit ähnelt die Behandlungsmethode des Heilmagnetismus dem Händeauflegen. Vor einer Behandlung ist das Aneinanderreiben der Hände von Bedeutung, da sich dadurch angeblich die Energie aus dem Universum optimal entwickeln kann.

Inzwischen werden viele magnetische Gegenstände angeboten, die denselben Effekt haben sollen, wie wenn ein Magnetiseur den Körper berührt. Es gibt Magnete für Schmerzen und organische Erkrankungen aller Art. Magnetfeldmatten erfreuen sich großer Beliebtheit, und wenn die Kosten dafür zu hoch sind, kann man Magnetarmbänder oder Magnetstäbe einsetzen. Viele Anbieter werben mit ihren Magnetprodukten für Heilung und Prophylaxe. Da eine Selbstbehandlung viel kostengünstiger ist als eine Magnetfeldtherapie, werden diese Produkte erfolgreich verkauft. Letztlich denken sich viele vermutlich: »Probieren geht über Studieren«, denn auch wenn eine heilende Wirkung der Magneten nicht bewiesen ist, sind zumindest keine schädigenden Nebenwirkungen bekannt.

Ich persönlich denke, dass ein magnetisches Armband oder ein Magnetstab nicht die gravierenden Auswirkungen hat wie eine Behandlung mit den Händen. Aber man lässt sich damit auf eine Philosophie ein, die dem Gott der Bibel widerspricht und damit seinen Ordnungen. Der Gedanke, dass von Mensch zu Mensch magnetische Energien fließen, die eine Heilung bewirken sollen, wird in der Bibel nicht erwähnt.

Manche Befürworter des Heilmagnetismus behaupten, dass Jesus genau diese Heilungskraft besessen habe. Zwar hat er manche Menschen berührt, bei anderen sprach er aber nur ein paar Worte, und Personen, die nicht einmal in seiner Nähe waren, wurden gesund (vgl. Matthäus 8,5-13). Daher ist diese Behauptung nicht haltbar.

Als ich mich mit Astrologie beschäftigte, spielten in dem für mich erstellten Horoskop heilende Hände eine große Rolle. Daher verschlang ich sehr viel unterschiedliche Literatur zu diesem Thema. Unter anderem stieß ich auf Magnetismus und die dazu angebotenen Heilverfahren. Eines Abends entschied ich mich zu einem simplen Experiment, von dem ich in einem Fachbuch gelesen hatte. Ich stellte mehrere Porzellanbecher auf den Esstisch und legte eine Geldmünze unter einen der Becher. Dann rieb ich einige Sekunden die Handinnenflächen aneinander und hielt die Hände über die Becher. Auf diese Weise wollte ich erspüren, ob ich das Geldstück mit den Händen erfühlen kann. Tatsächlich fing es an, in meinen Händen zu kribbeln, als ich sie über den Becher mit der Metallmünze hielt. Um unbeeinflusst zu sein, bat ich meinen Mann, die Münze unter einem anderen Becher zu verstecken. Auch in diesem Fall wurden meine Hände heiß und fingen deutlich spürbar an, zu kribbeln. Diesen Test wiederholten wir mehrere Male und gebrauchten dafür auch andere Objekte. Mit hundertprozentiger Treffsicherheit konnte ich sagen, unter welchem Gegenstand das Metallobjekt lag.

Nachdem ich die darauffolgenden Tage mehrere Möglichkeiten ausprobiert hatte, Metalle zu erspüren, legte ich das erste Mal einem Menschen mit Ohrenschmerzen die Hände auf. Tatsächlich wurden die Schmerzen schon nach kurzer Zeit gelindert und diese Tatsache bestärkte meine neu gewonnene Überzeugung. Bevor ich als Geistheilerin weiter voranging, wendete ich den Magnetismus gern und oft an. Die Ergebnisse waren nicht ganz so klar und prägnant wie die späteren Erfolge durch Geistheilung, aber kurzfristig funktionierte es immer und somit war ich überzeugt, dass die Erkenntnisse über Heilung durch magnetische Energie der Realität entsprachen. Sie waren für mich eine natürliche Möglichkeit, um die Selbstheilungskräfte zu aktivieren. Ähnlich wie bei der Geistheilung durch Händeauflegen kostete es mich eigene Kraft, aber die konnte ich durch Selbstbehandlung wiederherstellen. Deshalb hatte ich keine Bedenken, magnetische Energie aufzuwenden.

Im Fall der Heilung durch Magnetismus habe ich nie eine fremde Krafteinwirkung von außen empfunden, auch hatte ich keine Furcht vor einer unbekannten Macht. Dennoch würde ich mit meinem heutigen Wissen sagen, dass nicht ich allein die heilenden Kräfte aufgebaut habe, sondern eine mir unbekannte Gewalt in mein Leben getreten war, um mich zu verblenden.

Bei der magnetischen Heilung wird Lebensenergie aus dem Kosmos angezogen. Verschiedene Faktoren beim Heilmagnetismus klingen logisch: Die Krankheit gilt als energetisches Ungleichgewicht, und die heilmagnetische Behandlung soll den Prozess der Wiederherstellung einleiten. Aber dass das Bewusstsein durch Magnetismus erhöht werden soll, ist für mich nicht einleuchtend und hat mir schon damals Unbehagen bereitet. Durch das Heilen mit Magneten und den Einsatz der eigenen magnetischen Heilkräfte bin ich zudem zur Geistheilung durch Händeauflegen und zur energetischen Heilung gekommen, die für mich definitiv nicht mit dem Glauben an Jesus Christus vereinbar sind.

Die schon erwähnte Behauptung von Esoterikern, dass Jesus Christus und später auch seine Jünger auf dieser Basis geheilt hätten, stimmt nicht mit dem Wort Gottes überein, denn in der Bibel ist von Jesu Vollmacht die Rede. Jesus brauchte nur ein Wort zu sagen und der Kranke wurde gesund. Ein Hauptmann bat für einen seiner Untergebenen um Heilung und zeigte dabei einen großen Glauben. Daraufhin erwiderte Jesus: »Geh hin; dir geschehe, wie du geglaubt hast« (Matthäus 8,13). Sein Knecht wurde in derselben Stunde gesund. Jesus hat Tote auferweckt und er selbst ist auferstanden.

Selbst wenn Magnetfelder und die eigene magnetische Energie dabei eine Rolle gespielt hätten – worauf ich in der Bibel keinerlei Hinweise finde –, werden Menschen niemals in der Lage sein, die Macht und Kraft Gottes ohne Jesus »einzusetzen« und wissenschaftlich zu erklären. Wir sollten damit nicht herumexperimentieren oder Beweise erbringen wollen. Jesus hat gesagt, dass wir in seinem Namen für Kranke beten dürfen und dass es besser mit ihnen werden würde (Markus 16,18). Kein Händereiben, kein magnetischer Armreif, keine unbekannte Kraft aus dem Universum ist notwendig, damit ein Mensch seelisch und körperlich wieder gesund wird. Wer kennt die Strukturen lebender Elementarteilchen besser als der Schöpfer selbst? Wer könnte sie besser »reparieren«, wenn eine Reparatur notwendig ist, als er?

Gott hat viele Heilungskräfte in die Natur gelegt, manche sind seit Urzeiten bekannt, andere wurden erst kürzlich entdeckt. Die Wissenschaft ist wichtig und hat der Menschheit wertvolle Erkenntnisse gebracht. Wir wissen heute, dass Sonnenlicht und Hygiene wichtig für die Gesundheit sind, stundenlanges Sonnenbaden oder übertriebene Hygiene aber schädlich. Doch sobald eine Heilmethode unsichtbare Strahlungen und Mächte in den Mittelpunkt stellt, die nicht nachweisbar sind, sollte uns das stutzig machen. Wir sollten uns nicht in eine Sphäre vorwagen, von der wir nicht wissen, was sie letztendlich bewirkt.

Im Nachhinein erkenne ich, dass die Beschäftigung mit kosmischen Energien und die geistliche Aktivität in einem Grenzbereich Menschen von dem lebendigen Gott der Bibel ablenken und entfernen. Langsam, aber stetig führt dieser Weg auf eine Ebene, der wir Menschen nicht gewachsen sind. Unbekannte Energien können keine Sicherheit geben und sind kein Schutz, wenn es im Leben anders kommt, als wir es uns wünschen. Wenn wir uns auf Gott verlassen und ihm vertrauen, bauen wir nicht auf Sand, sondern haben festen Boden unter den Füßen.

Trotz aller Bedenken bin ich sicher, dass die meisten Heiler und Heilpraktiker, die mit Magnetismus arbeiten, dies aus voller Überzeugung tun. Da es erwiesenermaßen Magnetfelder gibt, steckt eine gewisse Logik hinter dieser Heilmethode. Doch der Bereich des Magnetismus sollte Wissenschaftlern überlassen bleiben, die realistische Forschungsergebnisse erarbeiten. So entstanden beispielsweise medizinisch anerkannte Heilverfahren, die nicht dem esoterischen Bereich zuzuordnen sind, wie die Invasive Magnetfeldtherapie (IM). Bei der IM wird eine elektrische Stimulation von außen erzeugt, welche die Heilung von Knochenbrüchen und Erkrankungen des Knochens unterstützt. Heilende Wirkung wird hier jedoch nicht dem Magnetfeld selbst zugesprochen, sondern dieses dient nur als Übermittler der elektrischen Energie.

Die Unterscheidung ist bei solchen Methoden nicht immer einfach. Wo beginnt das übernatürliche Wirken fremder Gewalten und woran ist die Gefahr einer esoterischen Heilungspraktik zu erkennen? Im Internet findet man viele Hinweise, ob eine Methode der Esoterik zugerechnet wird oder als wissenschaftlich belegte Heilungsmethode gilt (zum Beispiel bei Wikipedia).

Christen können außerdem in der Bibel nachlesen, wie Gott Heilung bewirkt. Sicherlich sind keine gängigen medizinischen Anwendungen erwähnt, aber was übernatürliche Heilung betrifft, finden wir genügend Aussagen im Alten sowie im Neuen Testament. Gott hat in der Schöpfungsgeschichte verständliche Einblicke gegeben und uns über seine Heilsgedanken nicht im Unklaren gelassen. Jesus hat viele Menschen geheilt und auch im Alten Testament wird von übernatürlichen Heilungen berichtet.

Zusätzlich zur Möglichkeit, eine Praktik am Wort Gottes zu prüfen, gibt es ein objektives Unterscheidungsmerkmal. Sobald eine *Methode* nicht wissenschaftlich erklärbar ist, würde ich Distanz empfehlen, unabhängig von eventuell positiven Ergebnissen. Denn die Heilungsgeschichten in der Bibel verbindet rein äußerlich betrachtet eine Eigenschaft: Es gibt *keine Methode*. Jeder Bericht ist anders. Ein Aussätziger soll siebenmal in einem Fluss untertauchen, zehn andere müssen sich auf den Weg zu den Priestern machen. Einer soll die aussätzige Hand in sein Gewand stecken, für seine aussätzige Schwester betet der gleiche Mann zu Gott und bittet um Heilung (2. Mose 4,6-7; 4. Mose 12; 2. Könige 5; Lukas 17,11-19). Ebenfalls bezeichnend ist in diesen Fällen, dass die Kranken selbst (und nicht irgendwelche Heiler) etwas im Glauben tun müssen. Die Handlung ist ein Zeichen, dass sie Gott vertrauen. Nicht eine Methode heilt, sondern Gott selbst, weil diese Menschen geglaubt haben, gehorsam waren, gebetet haben.

Gott lässt uns nicht im Unklaren darüber, dass es Mächte und Gewalten in der unsichtbaren Welt gibt, die sogar Heilungswunder vollbringen können. Bei Heilmethoden außerhalb der klassischen Schulmedizin rate ich daher dazu, sich über den Ursprung zu informieren und darauf zu achten, ob mit universellen Kräften gearbeitet wird oder ob es sich um harmlose Naturheilverfahren handelt. Oft kommt es hier auch zu einer Vermischung. Sobald ein ungutes Gefühl entsteht oder sich eine Unsicherheit in uns ausbreitet, sollten wir Gottes Führung vertrauen und lieber auf Distanz gehen.

Wenn wir uns als Christen trotz gemischter Gefühle einer unklaren medizinischen Behandlung unterziehen, wird uns Gott jedoch nicht verdammen, sondern liebevoll und barmherzig warnen. Dies ist meine persönliche Erfahrung und auch die vieler gläubiger Menschen, mit denen ich über dieses Thema gesprochen habe.

Jeder Mensch kann zu Gott umkehren, selbst wenn er sich einmal bewusst dem Okkultismus verschrieben hat. Die Tür zurück zu Gott steht immer offen. Er wartet auf uns wie ein liebevoller Vater.

Besprechen – Was wird besprochen?

Der Begriff Besprechen ist entstanden, weil in diesem Fall nicht mit dem Patienten gesprochen wird, sondern mit der Krankheit. Der Behandler beschwört die Erkrankung sozusagen, zu weichen. Es ist eine uralte und sehr bekannte Methode.

Das **Besprechen** wird dem Bereich der Magie zugeordnet. Es handelt sich dabei um einen Wortzauber. Durch das Besprechen sollen Krankheiten verschwinden.

Eine Freundin aus der Spielgruppe unserer Kinder beklagte sich eines Tages darüber, dass ihre Tochter nachts nicht durchschlief und dafür am Tag übermüdet und gereizt war. Ute berichtete, dass sie vieles unternommen hatte und mehrfach beim Kinderarzt und sogar bei Fachärzten gewesen war, aber bisher hatte niemand ihrem Kind helfen können. Nun dachte sie darüber nach, einen professionellen Besprecher aufzusuchen.

Da ich zu diesem Zeitpunkt schon mit Gott lebte, riet ich Ute davon ab und teilte ihr meine Bedenken bezüglich jeder Form der Geistheilung mit. Sie erzählte mir, dass sie als Kind mit einer Geistheilerin in Berührung gekommen sei, vor der sie Angst gehabt hatte, aber dass sie von vielen ihrer Wunderheilungen gehört hatte.

Scheinbar ausweglose Situationen wie die von Ute treiben Menschen dazu, sich an Geistheiler zu wenden. Sogenannte Besprecher gibt es schon seit Jahrtausenden. In früheren Zeiten waren Mediziner eher in der Stadt ansässig als auf dem Land. Hinzu kam, dass ein Arztbesuch sehr teuer und für normal verdienende Menschen unerschwinglich war. Außerdem waren Ärzte in Europa vor Beginn der Neuzeit oft eher Quacksalber als ernst zu nehmende Mediziner. So ist zu erklären, warum von Alters her geistige Heilmethoden ausprobiert und weitergegeben wurden.

Es wird spekuliert, dass diese Gabe vererbt wird, weil bestimmte Voraussetzungen notwendig sind, um Heilungserfolge zu erzielen. Während einer Besprechungszeremonie werden Formeln gemurmelt und unverständliche Worte geflüstert, wobei die Frage aufkommt, mit wem oder zu wem der Geistheiler spricht.

Diese Formeln werden von Generation zu Generation jeweils an die nächsten ausgewählten Besprecher weitergegeben. Nur in wenigen Ausnahmefällen wird das Besprechen von Krankheiten außerhalb der Familie erlernt. Da es in früheren Jahrhunderten gefährlich und strafbar war, geistige Heilung auszuüben, fühlten sich die Besprecher innerhalb der Familiengemeinschaft vermutlich deutlich sicherer.

Krankheiten waren früher eine Katastrophe für Mensch und Tier. Oft endeten nach heutigem Verständnis harmlose Krankheiten mit dem Tod. Wenn es sich um einen Vater oder eine Mutter handelte, bedeutete dies neben dem Verlust eines geliebten Menschen oft auch existenzielle Probleme. Da sich die Menschen früher überwiegend durch Landwirtschaft ernährten, konnte der Tod eines Tieres den wirtschaftlichen Ruin bedeuten. Aus dieser Hilflosigkeit heraus wurden und werden die Besprecher auch zu kranken Nutztieren gebeten.

Heutzutage wird das Besprechen in manchen ausweglosen Fällen sogar von Schulmedizinern empfohlen. Besonders bei Hautkrankheiten, wie beispielsweise Gürtelrose oder Warzenbefall, weisen Besprecher große Erfolge auf. Wie auch bei anderen Formen der Geistheilung wird heute die Fernheilung über das Telefon und das Internet angeboten. Ein Ganzkörperfoto des Patienten oder ein Bild der betroffenen Körperregionen reicht aus, um die Erkrankung wegzusprechen.

Im Allgemeinen geht ein Besprecher von drei Tagen aus, bis sichtbar eine Verbesserung eintritt. Günstig dafür sind Vollmond- oder abnehmende Mondphasen, aber auch andere Planeten sollen einen Einfluss auf das Besprechen von Krankheiten haben. Besprecher setzen voraus, dass jede körperliche Erkrankung eine geistige Ebene hat, und erklären sich auf diese Weise auch Erbkrankheiten. Deren Manifestation soll durch geistiges Einwirken durchbrochen werden.

Jeder Patient reagiert individuell auf die Besprechung, deshalb kann keine Heilungsgarantie gegeben werden. Wenn ein Hilfesuchender zweifelt, ob Geistheilung überhaupt etwas bewirkt, empfehlen manche Besprecher, sich selbst zu suggerieren, dass die betroffenen Bereiche oder Organe gesund sind. Der Behandler ist in der Regel neutral, das Mitgefühl für den Kranken ist jedoch auch hier eine Grundvoraussetzung für den Heilungserfolg.

Ähnlich wie in der Bibel werden immer Körper, Seele und Geist gemeinsam betrachtet. Die Sichtweise auf Erbkrankheiten deckt sich teilweise mit Aussagen in der Bibel (vgl. 2. Mose 34,7). Bestimmte Belastungen und Ereignisse ziehen sich durch die Generationen und tauchen in etwas unterschiedlicher Form immer wieder auf. Beispielsweise ist die Wahrscheinlichkeit für das Kind eines Alkoholikers, selbst suchtkrank zu werden, deutlich höher als für Kinder, deren Eltern nicht suchtkrank sind. Das war auch früher schon bekannt, der Ausspruch »Trinker erzeugen Trinker« wird Plutarch (45–127 n. Chr.) zugeschrieben. Dies lässt sich für viele weitere ungute Verhaltensweisen beobachten. Mit der Hilfe von Jesus Christus kann man diese Verhaltensmuster durchbrechen.

Insofern gleichen das Heilungsangebot und auch das Verständnis der Gesamtwiederherstellung im weitesten Sinne dem des Schöpfer-Gottes. Jesus hat Mitgefühl und tiefes Erbarmen mit erkrankten Geschöpfen, die großes Leid tragen. Auch in den neutestamentlichen Geschichten geht es oft um die Heilung körperlich erkrankter und dämonisch belasteter Menschen. Dennoch besteht ein großer Unterschied zwischen der biblischen Heilung und der des Besprechens. Wenn der Gott der Bibel Heilung ausspricht, dann hat die Heilung eine positive Auswirkung auf sein gesamtes Leben.

Geistheiler dagegen wollen die gestörte Beziehung zur »universellen Energie« wiederherstellen, aber leider treten nach einer symptomatisch erreichten Heilung oft unangenehme Nebenwirkungen auf.

> Der Begriff universelle Energie bezeichnet
> Kräfte oder Mächte aus dem Universum,
> die für Menschen mit ihren natürlichen
> Sinnen nicht zu erfassen sind.

In Utes Fall suchten schließlich die Großeltern des Kindes eine Besprecherin auf. Ein paar Wochen nach unserer Unterhaltung rief Ute mich an und berichtete aufgeregt, dass sie ihre Tochter direkt aus der Hand einer Heilerin befreit hatte. Ihre Eltern hatten vorgeschlagen, das Kind zu einer Besprecherin zu bringen, und verabredeten einen Termin bei einer Heilerin.

Obwohl sie zunächst mit dem Versuch der Geistheilung einverstanden gewesen war, plagten Ute nach meiner Warnung große Zweifel. Sie ahnte, dass die Praktik des Besprechens nicht ohne Risiko war. Daher fuhr sie ihren Eltern hinterher. Als sie das Sprechzimmer der Geistheilerin betrat, stand ihre anderthalbjährige Tochter gerade auf einem Tisch und die Besprecherin ging um den Tisch herum und murmelte dabei unverständliche Worte. Zunächst stand Ute wie erstarrt in der Tür und beobachtete die Zeremonie.

Als das Mädchen seine Mutter in der Tür stehen sah, fing es an zu weinen. Es schien meiner Bekannten, als wäre ihre Tochter in eine Art Trance gefallen, aber sie war nicht sicher, ob sie nur verängstigt war oder die Besprechung dazu geführt hatte. Ute rief mit fester Stimme, dass die Behandlung beendet sei, und nahm das Kind vom Tisch herunter.

Die Großeltern waren irritiert, denn sie hatten sich Hilfe durch die Heilerin erhofft. Das kleine Mädchen aber hatte ein feines natürliches Gespür und eine berechtigte Angst vor dieser unheimlichen Behandlungsmethode gehabt.

Diese Begebenheit war über mehrere Jahre ein Thema in der Familie. Ute hatte die Szene als gruselig und mystisch empfunden. Sie hat ihren Eltern diese gut gemeinte Aktion zwar vergeben, ist die unangenehme Erinnerung daran aber nie ganz losgeworden. Tatsächlich werden häufig Kinder zu Geistheilern gebracht, denn bei den zunehmenden Allergien und heftigen Hautreaktionen auf bestimmte Produkte wissen Eltern heute oft keinen anderen Rat mehr. Bei Minderjährigen darf ein Familienmitglied während einer Besprechung anwesend sein, hingegen ist es bei Erwachsenen nicht erwünscht, dass die zu behandelnde Person begleitet wird.

Im Übrigen wird davon abgeraten, sich mit anderen über den Heilungsprozess auszutauschen. Es soll weder über die Besprechung selbst noch über die Form der Heilung gesprochen werden. Gründe dafür sind mir nicht bekannt. Bei einer normalen Geistheilungszeremonie gibt es kein Problem mit der Anwesenheit außenstehender Personen. Es könnte sich daher um von Geistwesen eingegebene Gesetze handeln oder um eine von Menschen erdachte Voraussetzung. Möglicherweise handelt es sich um Traditionen aus der Zeit, in der Besprecher als Hexen verfolgt wurden.

Besprechern ist klar, dass die heilende Kraft nicht von ihnen selbst ausgeht, sondern dass sie diese aus anderen Dimensionen beziehen. Sie stellen lediglich ihre Gabe und ihr Wissen über die Durchführung zur Verfügung. Trotz der übernatürlichen Heilungsansprüche und Ziele spielt Gott in diesem Szenarium keine Rolle. Obwohl das Neue Testament voller Heilungsgeschichten ist, wird nie von Jesus Christus gesprochen. Diese Tatsache weist für mich darauf hin, dass der Name Jesus nicht erwähnt werden soll.

Bei Utes Tochter wurde später eine ernsthafte Erkrankung diagnostiziert, die für die Schlafstörung verantwortlich war. Das Kind wurde medikamentös eingestellt und konnte so ein gutes Leben führen, ohne der Belastung einer fremden Macht ausgesetzt zu sein. Im Jugendalter hat Utes Tochter ihr Leben Jesus übergeben.

Auch ihre Mutter wurde gläubig. Sie berichtet noch heute, dass der Anblick der Besprechungszeremonie eine der finstersten Begegnungen war, die sie je erlebt hat. Sie selbst litt als Kind unter unerklärlichen Ohnmachtsanfällen. Da kein Arzt in der Nähe wohnte, gingen ihre Eltern mit ihr zu einer Heilerin, die für erfolgreiche Besprechungstherapien bekannt war.

Damals traute Ute sich nicht, ihren Eltern zu widersprechen, aber das Spektakel war ihr äußerst unangenehm. In der Praxis sollte sie sich auf eine Liege legen, die in der Mitte des Raumes stand, dann wurden unverständliche Worte über ihr ausgesprochen und die Heilerin ging dabei mehrere Male um die Liege herum. Ute bemerkte keine Besserung ihrer Krankheitssymptome, dies schob sie jedoch vorerst auf ihre eigene negative Einstellung zu dieser Anwendung.

Die dunkle Erinnerung an ihre Gefühle bei dieser Besprechung sowie mein Rat, die Finger von jeder okkulten Praktik zu lassen, machten Ute bewusst, dass ihr Kind in Gefahr war, als ihre Eltern es zur Besprecherin brachten. Gott hatte ihren gesunden Menschenverstand benutzt, um zu verhindern, dass die Behandlung bei ihrer Tochter weitergeführt wurde.

Man kann darüber spekulieren, ob das Kind durch eine zu Ende geführte Besprechung komplett geheilt worden wäre, aber aus meinen persönlichen Erfahrungen und Beobachtungen heraus bin ich mir sicher, dass das Mädchen dann eine noch ernsthaftere Krankheit oder Störung bekommen hätte.

Bei Menschen, die über einen längeren Zeitraum in der Behandlung eines Geistheilers waren, habe ich oft psychische Auffälligkeiten oder psychosomatische Beschwerden beobachtet. Warzen und andere Hautveränderungen verschwinden zwar durch Besprechung auf wundersame Weise, aber was sich einige Zeit später bemerkbar macht, findet oft keine Beachtung. Es zählt der sichtbare Erfolg anscheinend erfolgreich behandelter Erkrankungen. Wenn sich die universelle Heilung später im physischen oder psychischen Bereich auswirkt, wird dies nicht mehr in einen Zusammenhang mit der Besprechung gebracht.

Letztlich lässt sich natürlich auch nicht nachweisen, dass die negativen Folgeerscheinungen mit der Besprechung zusammenhängen. Allerdings deuten meine langjährigen Beobachtungen und die Beschreibungen anderer sehr stark darauf hin, dass es hier einen Zusammenhang gibt. Diese negativen Auswirkungen können nicht oft genug erwähnt werden und ich möchte deshalb immer wieder darauf aufmerksam machen.

Betonen möchte ich außerdem, dass bei der Weitergabe der Besprechungsweisheit die Vererbung eine bedeutende Rolle spielt. Die Bindung an okkulte Heilungstechniken und ihre Geister ist ohne Gott nicht auflösbar, selbst wenn ein Familienmitglied diese Gabe nicht selbst auslebt. Manchmal überspringt sie dann eine Generation, so wie bei mir: Meine Mutter hat nie Geistheilungen durchgeführt, ich habe es trotz der Warnungen meiner Großmutter getan, sodass es sicher nicht ihrem Einfluss geschuldet war, sondern eine geistliche Komponente gab.

Auch in anderen Bereichen des Lebens gibt es Familienbindungen, Begebenheiten, die immer wieder gehäuft auftreten. Flüche, Segnungen, Krankheiten, manche Symptome vererben sich sozusagen von Generation zu Generation. Doch diese Bindungen können gelöst werden. Insofern sind die Strategie und die Erkenntnis der Heiler nicht grundsätzlich falsch, jedoch kann diese Blockaden langfristig nur Jesus Christus lösen, der Gott der Bibel. Was auf Erden gelöst ist, wird auch im Himmel gelöst sein (Matthäus 18,18).

Gott liebt es, uns Gutes zu tun! Er möchte nur darum gebeten werden. Das geht mit ganz einfachen Worten, man braucht keine komplizierten Beschwörungsformeln. Mit Gott zu sprechen, ist überhaupt nicht kompliziert oder angsteinflößend.

Gott wird uns keinen Skorpion geben, wenn wir um ein Ei bitten (Lukas 11,12), deshalb dürfen wir uns frei fühlen, um Heilung zu bitten. Wiederherstellung, die von Jesus Christus ausgeht, hat keine unangenehmen Nebenwirkungen, sondern erfüllt unser Herz und unseren Sinn dauerhaft mit großer Freude.

Reiki – Woher kommen die Engel?

> Das ursprüngliche **Reiki** bedient sich des Händeauflegens und der Symbolarbeit. Beim **Engel-Reiki** bittet der Behandler spirituelle Wesen oder Engel um Hilfe bei der Heilung.

Reiki ist zusammengefügt aus den Wörtern für »Geist/Seele« und »Lebensenergie«. Diese Heilmethode kommt ursprünglich aus dem Fernen Osten und wurde durch eine Vision des Japaners Mikao Usui ins Leben gerufen. Über sein Leben ist wenig bekannt. In den 1920er-Jahren praktizierte er seine Heilpraktik unter anderem unter der armen Bevölkerung Tokios. Reiki wird mündlich überliefert. Aktuell werden kostspielige Kurse und Seminare angeboten, um diese Heilpraktik zu erlernen. Es handelt sich um eine hochgradig spirituelle Heilmethode, für deren Wirksamkeit es keine wissenschaftlichen Belege gibt.

Reiki fand zunächst den Weg nach Amerika. Spätestens in den 1980er-Jahren wurde es auch in Europa praktiziert. Ziele der Reiki-Behandlungen sind die körperliche, geistige, seelische und soziale Gesundheit sowie die Stärkung der Selbstheilungskräfte. Angewendet wird es sowohl bei Menschen als auch bei Tieren und Pflanzen.

Reiki wird von den Lehrern an die Schüler weitergegeben. Nicht selten besuchen die Patienten von Reiki-Meistern später selbst entsprechende Heilungskurse, denn die Selbstbehandlung ist für einen Reiki-Schüler leicht anwendbar.

Es gibt verschiedene Konzepte und Systeme der Reiki-Lehre und eine Hierarchie unter den Reiki-Heilern, wobei der höchste Grad der des Lehrers und Meisters ist. Meister müssen unter anderem Reiki-Lebensregeln befolgen, wozu auch das Anrufen Buddhas gehört.

Die Einweihung vor der Erreichung eines neuen Grads ist ein sehr wichtiges Ritual. Durch sie soll der innere Kanal geöffnet werden, durch den dann die kosmischen Energien fließen, die den um Hilfe bittenden Menschen heilen und wieder ins Gleichgewicht bringen sollen. Wie auch andere Geistheiler sagen die Reiki-Lehrer, dass sie ihre Heilungskraft von höheren Wesen aus dem Universum bekommen. Manche nennen die Mächte, mit denen sie heilen, Reiki-Engel. Dabei werden christlich anmutende Engeldarstellungen und -bezeichnungen verwendet.

Das Prinzip dieser Heilungsmethode ist dem der Geistheilung durch Händeauflegen sehr ähnlich. Die Hände werden entweder direkt auf die erkrankten Regionen gelegt oder ein paar Zentimeter darüber gehalten. Die Innenflächen der Hände werden warm bis heiß. Die Heilung kommt von den kosmischen Mächten des Universums. Diese Gewalten sind für den Geistheiler durchaus spürbar, wenn er einer Person die Hände auflegt.

Ich denke, dass in beiden Fällen dieselben Kräfte aktiviert werden und dass es im Grunde genommen gar nicht um den zu behandelnden Menschen geht. Es ist eine Form der geistlichen Irreführung. Eine langfristige Heilung und die gewünschte innere Ausgeglichenheit werden durch die Sitzungen nicht erreicht, eher ist es andersherum. Sowohl der Ausführende als auch der Ratsuchende gehen eine Bindung mit den Reiki-Geistern ein, denn um nichts anderes handelt es sich bei diesen »Reiki-Engeln«.

Einmal ließ ich mich ebenfalls durch eine Reiki-Meisterin behandeln. Diese rief die »heilenden Engel« herbei und zündete dafür vor der Sitzung mehrere weiße Kerzen an, die um den Tisch aufgestellt wurden, auf dem ich lag. Ich hatte eine eigene Decke mitgebracht, die jetzt auf mich gelegt wurde.

Dann begann die Meisterin mit der Behandlung. Im Hintergrund spielte undefinierbare Musik, die mir sehr unangenehm war. Nach einer Weile bat ich sie, diese auszuschalten. Da Musik für eine Behandlung nicht zwingend notwendig ist, war dies kein Problem.

Die Reiki-Meisterin war eine wirklich nette ältere Dame, die ihre Arbeit sehr ernst nahm. Sie rieb sich die Hände, damit Wärme hineinkam, und dann rief sie den Gott des Universums an und bat ihn um Hilfe. Die Wärme in ihren Händen nahm während der Behandlung enorm zu und die Dame erklärte mir, dass diese

Hitze in das Gewebe eindringen würde. Es wurden alle Organe abgetastet und anschließend wurde die Haut darüber eine Weile mit den inzwischen fast glühenden Händen berührt. Dann sagte die Meisterin, dass ganz viele Engel im Raum stehen würden, was mir eher Angst einflößte als Frieden vermittelte.

Mir wurde erklärt, dass eine Reiki-Behandlung unabhängig vom Beschwerdebild ist, weil die Reiki-Energien dorthin fließen würden, wo der Patient sie braucht. Da ich keine spezifische Erkrankung hatte, sondern mich insgesamt einfach ausgelaugt fühlte, wurde der ganze Körper Energiebahn für Energiebahn sanft berührt. Währenddessen schloss die Meisterin die Augen und blickte ab und zu zum Himmel.

Mir war bei der ganzen Zeremonie überhaupt nicht wohl und ich wäre am liebsten aufgesprungen und gegangen. Doch die Höflichkeit siegte und so bemühte ich mich, entspannt liegen zu bleiben. Die Frau wollte mir wirklich helfen, das war klar ersichtlich, aber mir war die Zeremonie einfach nicht geheuer. Dennoch veränderte sich mein körperliches Befinden zum Positiven, ich hatte das Gefühl, unter der Decke elektrisch aufgeladen zu werden. Trotz der offensichtlich getankten Energie überfiel mich ein ungutes Gefühl. So entließ mich die Reiki-Meisterin aus der ersten, allerdings auch letzten Reiki-Behandlung.

Da ich zu der Zeit schon Erfahrungen mit Geistheilung hatte, sprachen wir nach Abschluss der Behandlung über unsere Erfahrungen. Die Wärme in den Handinnenflächen kannte ich auch sehr gut, jedoch bedurfte die Heilung durch Gedanken oder Handauflegung kein Ritual. Die Musik, die Berichte der Meisterin sowie die eher düstere Atmosphäre während der Behandlung schreckten mich jedoch ab.

Die Heilerin erzählte mir, dass sie am Wochenende zu einer Reiki-Konferenz gefahren sei und dort interessante Meister und Meisterinnen kennengelernt hatte. Dort hatte eine Frau mit acht verschiedenen Stimmen gesprochen, zeitweise sogar mit einer tiefen Männerstimme. Die Heilerin erklärte mir, dass ranghohe Meister aus dem Universum durch diese Frau hindurchgesprochen hätten. Ich wusste nicht, wie ich in dieser Nacht schlafen sollte, denn das ordnete ich auch damals schon als hochgradig dämonisch ein.

Da meine Behandlerin viel Geld in ihre Ausbildung investiert hatte und dieses Wochenende sehr kostspielig gewesen war, mochte ich nichts Kritisches darüber äußern. Was Reiki betraf, war ich nach dieser ersten Behandlung nicht nur skeptisch, sondern entwickelte eine echte Antipathie. Vielleicht war mir Reiki zu offensichtlich mit fremden Mächten verbunden und ferngesteuert, das kann ich heute nicht mehr beurteilen.

Abschließend sagte mir die Meisterin, dass ich die mitgebrachte Decke die nächsten Tage immer mal wieder um mich herumlegen sollte, die Energien würden sich eine Weile halten und so könnte ich weiterhin auftanken. Trotz meiner negativen Empfindungen befolgte ich ihren Rat und legte mir noch am selben Abend die Decke um. Tatsächlich war es ein Gefühl, als wäre ich an eine Steckdose angeschlossen. Obwohl es mir unheimlich war, nahm ich noch ein paar Tage immer wieder diese Decke, um die Energien auf mich wirken zu lassen.

Zwanghaft hielt ich an der Reiki-Behandlung fest, obwohl das Ritual mir unheimlich war. Ich nehme an, ich befand mich in einer Art Zwiespalt, weil ich durch meine Beschäftigung mit der Esoterik bereits an eine universelle Macht gebunden war, ähnlich wie ein Suchtkranker, der seine Droge verabscheut und dennoch nicht davon lassen kann.

Wenn die Engel des wahren und einzigen Gottes Menschen erschienen, sagten sie den Menschen oft: »Fürchtet euch nicht!« Vor diesen Engeln brauchen wir keine Angst zu haben, denn sie werden nicht gerufen, sondern als Diener vom Schöpfer gesandt.

Deshalb sollten wir alles anhand der Bibel prüfen. All Praktiken, die entgegen der Heiligen Schrift sind und bei denen Jesus nicht als Herr anerkannt wird, sollten wir ablehnen, denn sie bergen geistliche Lügen und trennen uns von dem lebendigen Gott.

In Usuis Vision ging es um Heilung an Körper, Seele und Geist sowie um die Wiederherstellung eines aus dem Gleichgewicht geratenen Lebewesens. Die Strategie des Reikis ist komplizierter als andere Geistheilungsmethoden. Das Erlernen hat etwas mit der Bereitschaft dazu und mit den benötigten Finanzen zu tun, denn die Ausbildung ist sehr kostspielig. Hinweise auf erfolgreiche Heilungen gibt es nicht.

Beispielsweise wurden Versuche mit Schmerzpatienten durchgeführt. Dabei wurde eine Gruppe von echten Reiki-Meistern behandelt, die andere von Schauspielern. Die Versuche waren völlig ergebnislos und somit Reiki für die Wissenschaft nicht mehr interessant. Es ist nicht auszuschließen, dass es manchen Patienten nach einer Reiki-Behandlung zunächst besser geht, aber dies ließe sich auch mit dem sogenannten Placebo-Effekt erklären.

Auch bei mir hatte die Reiki-Behandlung nicht den gewünschten Erfolg und so begab ich mich weiter auf die Suche nach Heilung. Als ich einige Zeit später den Gott der Bibel kennenlernte, wurde mir bewusst, wie anders ich empfand, wenn ich etwas über Engel in der Bibel las. Wie wunderbar ist der Gedanke, dass Gottes Engel uns Tag und Nacht beschützen, wie in Psalm 91 steht. Die Reiki-Engel hatten dagegen auf mich einen bedrohlichen Eindruck gemacht, obwohl ich sie visuell nicht wahrgenommen hatte.

Einige Reiki-Lehrer sprechen von Jesus als einem großen Heiler sowie von dienenden Engeln Gottes. Teilweise werden biblische Ereignisse als Beweis für die Existenz von Engeln zitiert, aber es wird nicht der Gott der Bibel angebetet und Reiki-Lehrer haben nicht Jesus als Heiland und Erlöser angenommen. Die Reiki-Engel werden direkt angesprochen und eingeladen und der »Gott des

Universum«, der um Hilfe gebeten wird, ist in seinen Eigenschaften nicht mit dem Gott der Bibel identisch.

Hilfe vom Himmel muss von Gott dem Schöpfer kommen und nicht von einer schlechten Kopie. Ein Stoßgebet reicht oft aus, damit er eingreift und uns Frieden schenkt. Sicherlich dürfen wir Gott um den Schutz seiner Engel bitten, aber sie direkt anzurufen, ist unbiblisch.

Die medizinische Forschung hat ergeben, dass Reiki keine Veränderung bringt. Ich weiß jedoch von Menschen, die sich intensiv mit Reiki beschäftigt haben, dass sie zum Teil wesensmäßig verändert wurden. Plötzlich waren sie aggressiv oder hatten irrationale Ängste. Die Wissenschaft konzentriert sich auf das medizinische Ergebnis im körperlichen Bereich und bringt das seelische Ungleichgewicht nicht in den Zusammenhang mit Reiki.

Da ich in unterschiedlichen Bereichen der Esoterik unterwegs war, kann ich nicht differenzieren, woher die innere Unruhe in meinem Fall kam, aber mir sind negative Schilderungen früherer Reiki-Anhänger bekannt. Es gibt Menschen, die nach einigen Reiki-Sitzungen plötzlich Stimmen hörten, die ihnen böse Absichten mitteilten oder zu verheerenden Aktivitäten rieten. Zwar treten solche Phänomene häufig erst später auf und werden daher nicht gleich mit der Reiki-Behandlung in Verbindung gebracht, aber da andere dieselben oder ähnliche Erfahrungen und Beobachtungen machen, lässt sich darauf schließen, dass sie sehr wohl mit der Reiki-Behandlung zu tun haben.

Die Menschen, die diese esoterische Heilungsmethode anwenden, meinen es normalerweise gut. Es sind keine Atheisten, sondern sensible, gutherzige Menschen auf der Suche nach dem Übernatürlichen. Deshalb tut es mir aufrichtig leid, dass sie bei der Suche nach dem lebendigen Gott diesen Irrweg wählen.

Reiki ist eine Heilungsmethode, die aus dem Buddhismus heraus entstanden ist, sie hat mit dem Christentum nichts zu tun. Die

Bibel zeigt uns Jesus als den großen Heiler, der zudem die Macht hat, Sünden zu vergeben und Menschen zu verändern. Gott hat uns sein Wesen in Jesus Christus offenbart. Für Kranke zu beten und Jesus darum zu bitten, sich um belastete Menschen zu kümmern, ist unkompliziert und erfordert keine Rituale. Auch heute geschehen noch Heilungswunder.

Die Engel Gottes erscheinen häufig ganz schlicht und als unauffällige Helfer in der Not. Sicherlich hatten schon viele Christen Begegnungen mit Engeln, ohne es zu wissen. Gottes Engel sind von ihm geschaffen. Sie dienen und werden von ihm beauftragt, wenn sie zur Hilfe schreiten. Dies kann auf ganz verschiedene Weise geschehen, so wie es auch unterschiedliche Engel gibt. Heilen können sie nicht.

Wenn eine Macht im Universum angesprochen wird und gleichzeitig Engel eingeladen werden, muss man sich fragen, woher diese Engel stammen. Wer befugt sie? Warum gehören sie zu einem Heilungsprozess dazu? Die Energien fließen durch den Reiki-Behandler, wozu müssen dann die Engel gerufen werden? Es gibt einen guten Grund. Die von Reiki-Meistern gerufenen Engel sind finstere Mächte aus der Himmelswelt. Die Bibel spricht davon, dass manche Engel sich von Gott abgewandt haben, allen voran der Satan. Man nennt diese gefallenen Engel auch Dämonen. Sind sie es, die sich als Engel des Lichts verkleiden und von den Reiki-Meistern angerufen werden?

Der Ursprungsgedanke der Reiki-Heilkraft lässt die Frage aufkommen, ob hier dämonische Wesen eine Irrlehre verbreiten, die der biblischen Wahrheit ähnlich ist. Wenn man bereit ist, sich für kosmische Energien zur Verfügung zu stellen, oder deren Kräfte in Anspruch nimmt, wendet man sich unsichtbaren dunklen Wesen zu, die nicht mit dem Gott der Bibel zu vereinbaren sind.

Gott ist liebevoll und hat in seinem Wort festgehalten, was gut für die Menschen ist. Wenn wir in der Bibel lesen, an Jesus Christus als Erlöser glauben und in einer Beziehung mit ihm leben, sind wir in Harmonie mit unserem Vater im Himmel.

Uralt und modern – Ayurveda

> **Ayurveda** ist eine alte asiatische Heilmethode, bei der unter anderem viel Wert auf eine gesunde Lebensweise gelegt wird.

In unserer hoch technisierten modernen Zeit werden alte Bräuche und uralte Heilmethoden wieder neu propagiert. Die Entdeckung der Ganzheitlichkeit des Menschen wirkt fast wie eine Neuerscheinung, dabei ist bereits in der Bibel vieles über die Einheit von Körper, Seele und Geist zu lesen.

Eines der aktuell beliebten Verfahren ist Ayurveda, was so viel wie »Wissen vom Leben« bedeutet. Es gibt keine genauen Aufzeichnungen, aber die Ayurveda-Heilkunst soll es schon seit etwa 3000 Jahren geben. Damit wäre Ayurveda eines der ältesten Heilverfahren der Welt. Ayurveda stammt aus Indien und gehört ursprünglich zur Traditionellen Chinesischen Medizin. Das Heilverfahren erinnert an die buddhistische Lehre und an den Hinduismus. Das Karma und angebliche frühere Leben spielen eine wesentliche Rolle bei der individuellen medikamentösen Behandlung des Patienten.

> **Traditionelle Chinesische Medizin** (TCM) ist ein Oberbegriff für Heilverfahren, die sich seit etwa 3000 Jahren in China entwickelt haben.

In Indien ist Ayurveda ein anerkanntes Studienfach und wird zur Behandlung von Krankheiten eingesetzt. Durch den wachsenden Tourismus irgendwann ist der Wellness-Faktor hinzugekommen. Da sich diese Behandlungsweise großer Beliebtheit erfreut, wird sie inzwischen auch in vielen europäischen Hotels angeboten. Es gibt sogenannte Ayurveda-Kuren, die beispielsweise von gestressten Managern, Geschäftsleuten und Prominenten in Anspruch genommen werden. Aufgrund gezielter Massagen ist der Entspannungswert sehr hoch, außerdem werden reinigende Produkte und Ernährungsberatungen angeboten. Die Kosten für die Anwendungen werden nur in wenigen Fällen von Krankenkassen übernommen und sie sind recht hoch.

Obwohl das Ayurveda-Heilverfahren weder anerkannt noch wissenschaftlich gesichert ist, haben Ayurveda-Mediziner und -Therapeuten Hochsaison. Sie betonen, dass bei Ayurveda eine energetische Heilkraft eingesetzt wird, die auf einer spirituellen Grundlage basiert. Wissenschaftler und Ärzte kritisieren das Ayurveda-Heilverfahren mit der Begründung, es würde eher schaden als heilen. Die Ayurveda-Experten wenden ein, dass die Behandlungen meist deshalb scheitern würden, weil nicht im Frühstadium damit begonnen werde. Vor allem im Anfangsstadium einer Krankheit und bei chronischen Erkrankungen könne sich der allgemeine Gesundheitszustand durch Ayurveda bessern, was jedoch erst nach mehreren Wochen oder Monaten deutlich werde.

Ayurveda-Ärzte legen höchsten Wert auf eine auf die Patienten abgestimmte Ernährung und eine gesunde Lebensweise. Im Wesentlichen geht es darum, das harmonische Gleichgewicht beziehungsweise den gesunden Ursprungszustand wiederherzustellen, um im Einklang mit sich selbst zu sein. Die Regel ist, lieber selbst etwas für sich zu tun, als andere etwas für sich tun zu lassen. Nach diesem Prinzip wird eine Kombination verschiedener

Ayurveda-Anwendungen zusammengestellt und individuell auf den Patienten zugeschnitten.

Ayurveda kann auch prophylaktisch angewendet werden, wobei die Mitarbeit des Patienten sehr wichtig ist. Frische Luft, Sonnenlicht, Bewegungstherapien, bewusste Ernährung, körperliche und geistige Reinigung werden empfohlen. Abgesehen von der geistigen Reinigung finden sich diese Empfehlungen auch häufig in medizinischen Fachzeitschriften oder fallen im Gespräch mit dem Hausarzt.

Interessant ist, dass die Schulmedizin von Alternativärzten stärker kritisiert wird als umgekehrt. Dann wiederum wird von Ayurveda-Experten betont, dass es optimal wäre, zusammenzuarbeiten, um den größtmöglichen Heilerfolg zu erzielen. Der Angriff auf die Schulmedizin wendet sich vor allem gegen chemische Dauermedikationen, die letztendlich die Symptome lindern, aber eher kränker machen als zu heilen.

Sicherlich können viele Menschen diese Argumente nachvollziehen, und genau aus diesem Grund wird die Alternativ-Medizin oft bevorzugt. Ganz richtig ist die Behauptung allerdings nicht, denn auch die Schulmedizin forscht und entwickelt sich weiter. Es sind viele gute Medikamente auf dem Markt, die Patienten nicht nur Linderung, sondern auch Heilung verschaffen, jeweils abhängig von der Grunderkrankung. Natürlich muss im Pharmaziebereich vieles kritisch betrachtet werden, aber immerhin werden die Menschen heute älter als früher, und das ist unter anderem qualitativ hochwertigen Medikamenten zu verdanken.

Ich war einmal selbst eine Gegnerin der Schulmedizin und von deren Präparaten, bis ich die Nebenwirkungen der alternativen Medizin zu spüren bekam. Auch die Ayurveda-Medikamente haben angenehme und unangenehme Wirkungen. Da es bei diesem Heilverfahren um die Entgiftung und Reinigung des Körpers geht, werden tief sitzende Gifte aktiv. Diese Nebenwirkung kann sehr unangenehm und sogar lebensgefährlich sein. Ein Hamburger Arzt warnte vor einigen Jahren öffentlich davor, Ayurveda-Medikamente einzunehmen, weil in Studien Schwermetall nachgewiesen wurde. Er sagte, dass die Präparate nicht ausreichend geprüft würden und die Vergiftungsgefahr durch hohe Bleikonzentrationen sehr hoch sei.

Trotz dieser Warnung erfreut sich Ayurveda großer Beliebtheit. Es ist ein umfangreiches Gebiet und sicher gibt es enorme Unterschiede zwischen einer einfachen Massage und einer Behandlung mit Medikamenten. Ein Ayurveda-Arzt denkt jedoch immer ganzheitlich. Gern werden das Horoskop des Patienten sowie das dazugehörige Karma in der Therapie berücksichtigt. Dies macht klar, dass es sich hier nicht einfach um eine natürliche Heilmethode handelt.

> Der Begriff **Karma** stammt aus dem Buddhismus, Hinduismus und Jainismus. Er ähnelt im weitesten Sinne dem Begriff Schicksal, hängt jedoch mit der Lehre von der **Reinkarnation** zusammen.

Die Ursprünge von Ayurveda gehen auf magische Heilmittel und Zauberei zurück. Es werden dämonische Kräfte erwähnt, die Blinde sehend machen können und Lahme gehend. So weit mir bekannt ist, kann diese Heilungswunder nur Jesus Christus vollbringen. Doch selbst wenn Dämonen dies könnten, würde ich auf keinen Fall mein Glück mit ihnen versuchen, denn danach geht es einem langfristig in jedem Fall schlechter.

Bei der uralten Überlieferung der Ayurveda-Heilmethode gibt es jedoch auch einige interessante Parallelen zur Bibel. Durch Beobachtungen konnten Heiler vermutlich erkennen, dass bestimmte Verhaltensweisen oft die gleiche Wirkung haben. So legen Ayurveda-Ärzte höchsten Wert auf eine gesunde und reine Lebensweise, denn sie haben einen Zusammenhang von Sünde und Krankheit entdeckt.

In der Bibel wird deutlich, dass Krankheit die Folge von Schuld sein kann, aber nicht muss. Belege dafür gibt es sowohl im Alten Testament als auch im Neuen Testament (vergleiche zum Beispiel Johannes 9 mit Johannes 5,1-14). Auch nicht christliche Psychotherapeuten haben beispielsweise erkannt, dass mangelnde Vergebung bitter macht und eine kranke Seele körperliche Beschwerden verursachen kann. Dass man erntet, was man sät, ist keine neue Erkenntnis. Wir lesen davon schon in der Bibel (Galater 6,7).

Doch es gibt einen großen Unterschied zwischen der biblischen Lehre und Ayurveda. Die spirituelle Selbsterlösung, die Teil sehr vieler esoterischer Lehren ist, spielt auch bei Ayurveda eine Rolle. Jesus Christus wird höchstens als Prophet oder großer Heiler anerkannt, aber nicht als der Erlöser von Schuld und Sünde, Retter und Herr.

Auch in meinem Freundeskreis haben Menschen Erfahrungen mit Ayurveda gemacht. Siegfried war als Manager eines großen Unternehmens viel auf Reisen und ständig im Dauerstress. Seine Ehe war wegen des aufreibenden Jobs in die Brüche gegangen und nun war er mit meiner Freundin Nora zusammen. Die beiden wollten heiraten, aber es kam immer wieder etwas dazwischen. Meine Freundin war auch berufstätig und so bemühten sie sich, die Wochenenden mit gezielter Erholung zu verbinden. Vor ein paar Jahren fragte mich Nora, ob ich schon mal etwas von Ayurveda gehört hätte. Das Wort war mir ein Begriff, aber mit den speziellen Anwendungen war ich nicht vertraut. Für meine Begriffe hörte es sich esoterisch an und so erkundigte ich mich nach dem Ursprung dieses Heilverfahrens. Anhand der Informationen, die ich zu diesem Zeitpunkt hatte, schloss ich, dass Ayurveda nicht mit dem Gott der Bibel zu vereinbaren ist.

Ich teilte Nora dies mit und schlug ihr vor, ihrem Freund von der Ayurveda-Kur abzuraten. Da Siegfried das Wellnesshotel schon lange gebucht hatte, wollte er jedoch nicht zurücktreten, und meine Freundin fuhr mit. Die beiden kamen völlig begeistert aus dem verlängerten Wochenende zurück. Nora berichtete mir von angenehmen Massagen und wohlriechenden Bädern. Das überarbeitete Paar hatte das Gefühl, ein paar Wochen Urlaub hinter sich zu haben. Nach diesem positiven Bericht ging ich davon aus, dass der Name Ayurveda vermutlich auch für herkömmliche Bäderanwendungen verwendet wird, weil man damit einfach gut werben kann.

Einige Zeit später traf ich mich mit Nora zum Kaffeetrinken. Sie wirkte etwas bedrückt und vertraute mir an, dass ihre Beziehung zu Siegfried sehr schwierig geworden sei. Sein Sohn aus erster Ehe war mit ihrer Eheschließung nicht einverstanden und dieses Problem wurde für sie von Monat zu Monat größer. Es erschien Nora, als hätte sich Siegfrieds Persönlichkeit negativ verändert und damit auch ihre langjährige harmonische Beziehung.

Während unseres Gesprächs ging ich gedanklich die Berichte über Ayurveda-Behandlungen durch. Dabei fiel mir ein, dass die Medikamente auch einen Einfluss auf die geistige Haltung haben sollten, eine Ayurveda-Behandlung somit Körper *und* Geist verändern kann.

Konnte dieses Phänomen schon bei harmlosen Massageanwendungen zum Vorschein kommen oder hatte Siegfried auch medizinische Hilfe in Anspruch genommen? War seine Veränderung eventuell auf die Ayurveda-Kur zurückzuführen?

Die Anspannung und die Streitigkeiten nahmen stetig zu und das Paar machte mehrere Trennungsphasen durch, bis beide endgültig den Entschluss fassten, getrennte Wege zu gehen.

Statt eine gesunde Lebensweise zu führen, fing Siegfried wieder an zu rauchen und arbeitete mehr als je zuvor. Durch den Dauerstress bekam er nach und nach immer mehr gesundheitliche Probleme.

Inzwischen weiß ich, dass Siegfried häufig ein Wellness-Hotel besuchte, um sich dort gezielt behandeln zu lassen. Der Erfolg war bei ihm immer nur kurzfristig spürbar, obwohl Ayurveda mit einer beständigen Verbesserung für Körper, Seele und Geist wirbt.

Natürlich hat sich Siegfried weder an die Ernährungsvorschläge gehalten noch auf eine gesunde Lebensweise geachtet, sodass auch dies allein für seinen schlechten Gesundheitszustand verantwortlich sein könnte. Auffällig ist aber, dass in anderen esoterischen Heilbereichen ähnliche Verläufe zu beobachten sind.

Noras Eltern sind Christen und haben immer für ihre Tochter um Schutz gebetet. Sie ist jetzt glücklich verheiratet und hat eine kleine Tochter. Der Kontakt zu Siegfried ist abgerissen. Von Ayurveda will Nora nichts mehr wissen, denn ihr ist aufgefallen, dass mit der Kur eine negative Veränderung in ihrem Leben begonnen hatte.

In der heutigen Zeit sehnen sich viele Menschen nach Ursprünglichkeit. Sie bauen Lebensmittel selbst an, ernähren sich vegan, häkeln Mützen oder verbringen ihre Ferien fernab der Zivilisation. Einfachheit ist in und daran ist nichts Schlechtes. Doch es gibt auch Schattenseiten. Naturvölker werden idealisiert, weil sie angeblich immer im Einklang mit der Umwelt leben, uralte medizinische Verfahren boomen. Kaum jemand fragt nach der Herkunft oder nach dem Ursprungsgedanken dieser Heilmethoden. Asiatische Heilkünste und Massagetechniken sind in unseren westlichen Industrieländern gesellschaftsfähig geworden.

Von den chemischen Zusammensetzungen der ayurvedischen Medikamente verstehe ich nichts. Diesbezüglich kann ich nur die erwähnten Warnungen eines Facharztes weitergeben. Aber was die geistliche Seite uralter, traditioneller und spiritueller Medizin betrifft, möchte ich eine klare Warnung aussprechen: Hüten Sie sich davor, diese Praktiken in Anspruch zu nehmen. Suchen Sie lieber gute Ärzte auf, die mit den Mitteln der Schulmedizin arbeiten, und bitten Sie Jesus Christus um Heilung.

Akupunktur und Shiatsu – Was ist gut für uns?

> Bei der **Akupunktur** werden Nadeln in bestimmte Körperregionen gestochen, um einen therapeutischen Effekt zu erzielen.

Das Wort Heilung bedeutet Wiederherstellung der körperlichen und seelischen Verfassung. Völlig genesen und unversehrt bleiben – das sind für viele Menschen die höchsten Werte. Die Abwehrkräfte arbeiten normalerweise ohne Hilfe von außen und vieles regelt sich von selbst. Bakterien und Viren kann der Körper zum Teil ohne Hilfe von Medikamenten bekämpfen. Auch signalisiert er, dass er Ruhe braucht, um wiederhergestellt zu werden. In einigen Bereichen funktionieren die Selbstheilungskräfte hervorragend, zum Beispiel im Falle einer Schürfwunde. Erst bildet sich eine Kruste und darunter wächst neue Haut. Je nach Ausmaß und Tiefe der Wunde verbleibt entweder eine Narbe oder es ist keine Verletzung mehr sichtbar. Die Heilung geschieht in den meisten Fällen von selbst, ohne dass wir etwas tun müssen.

Aus meiner Sicht ist das ein großes Schöpfungswunder, auch wenn wir es als selbstverständlich empfinden, weil es schon immer so war. Bewusst wird es uns vor allem, wenn aufgrund einer Störung der Körper nicht so funktioniert, wie er sollte, wenn eine

Gerinnungsstörung die Krustenbildung bei einer Wunde verhindert oder bei einer Autoimmunerkrankung der Körper sich selbst angreift.

Leider können nicht alle Krankheiten nur durch Selbstheilungskräfte bekämpft werden, oft ist Hilfe von außen notwendig. Doch auch die moderne Medizin kann nicht jede Krankheit heilen. Wenn die Grenzen des Machbaren erreicht werden, entstehen Angst, Hilflosigkeit und Verzweiflung. Viele Menschen misstrauen der modernen Medizin auch generell und wenden sich lieber anderen Heilmethoden zu. Meiner Ansicht nach gibt es hierfür keine Ursache, denn in Europa haben wir viele gut ausgebildete Mediziner, die in Verantwortung handeln und denen man vertrauen kann.

Da es daneben aber eine bunte Palette an alternativen Heilungsangeboten gibt, sollte mit Vorsicht ausgewählt werden, worauf man sich genau einlässt. Wenn von Bewusstseinsreinigung die Rede ist, für universelle Heiler geworben wird oder Empfehlungen für energetische Blockadenlösung gegeben werden, sollten die Alarmglocken angehen.

Die chinesische Medizin wird in den europäischen Ländern immer bedeutender, weil sie eine Alternative zur herkömmlichen Schulmedizin bietet. Akupunktur wird inzwischen in vielen niedergelassenen Arztpraxen angeboten und ist längst nicht mehr nur ein Fachgebiet für Heilpraktiker. Unter anderem gibt es auch verschiedene chinesische Massagetechniken, die sich bewährt haben und sehr beliebt geworden sind. Selbst wenn keine okkulte Praktik sichtbar ist, ist es bei solchen Methoden gut, den Ursprung der jeweiligen Anwendung zu hinterfragen und abzuklären.

Die Akupunktur wurde vor vielen Jahrhunderten für die Befreiung von dämonischen Mächten eingesetzt. Die Annahme, dass Verstorbene und böse Geister Krankheiten bei den Lebenden verursachen, hat chinesische Mediziner zu den heute noch aktuellen medizinischen Anwendungen gebracht. Da stellt sich die Frage, ob man sich unter diesem Gesichtspunkt einer Akupunkturbehandlung oder einer speziellen asiatischen Massage unterziehen möchte.

Es muss nicht immer diesen mysteriösen Klang haben, denn es gibt chinesische Heilkräuter, die durchaus harmlos sind und Heilung bewirken können. Ebenso gibt es Praktiken, die akzeptabel sind und nicht schaden. Unter diesem Aspekt suchte ich eine Heilpraktikerin auf, die sich auf chinesische Medizin spezialisiert hatte. Es wurde mir viel Positives über sie berichtet und da ich zu dem Zeitpunkt nichts von dem Ursprung der heutigen Akupunktur wusste, ließ ich mich darauf ein.

Die Praxis wurde von drei Heilpraktikern gemeinsam genutzt und es gab, wie bei meinem Hausarzt auch, ein freundliches, helles Wartezimmer. Von einer gut aussehenden, netten Frau Mitte vierzig wurde ich ins Sprechzimmer gebeten. Es war sehr warm an dem Frühsommertag und die Heilpraktikerin trug ein Top mit schmalen Trägern. Daher konnte ich den übergroßen chinesischen Drachen, der auf ihren Rücken tätowiert war und die Flügel über ihre Arme hängen ließ, in seiner ganzen Größe erkennen.

Mein erster Gedanke war, wie sich eine attraktive Frau absichtlich derart zurichten lassen konnte. Der zweite Gedanke war, die Praxis auf der Stelle zu verlassen. Da mir dies peinlich gewesen wäre, blieb ich jedoch und schilderte der Heilpraktikerin mein Problem. Recht schnell schlug sie zehn Akupunkturbehandlungen vor und ich war froh, dass keine Diskussion über mir fremde Tropfen oder unbekannte Mittelchen notwendig war. So legte ich mich brav, aber trotzdem mit einem unguten Gefühl auf die Behandlungspritsche und ließ mir Nadeln in die Unterschenkel stechen. Bisher hatte ich diesbezüglich keine Erfahrungen und war daher erstaunt, dass der Einstich kaum zu spüren war.

Anschließend erhielt ich noch eine Shiatsu-Massage. Im 20. Jahrhundert wurde in Japan energetische Körperarbeit mit manuellen Massagepraktiken kombiniert, wodurch die heutige Shiatsu-Methode entstand. Für die Massage braucht der Masseur seine ganze Körperkraft, obwohl Shiatsu eigentlich »Fingerdruck« bedeutet. Die Behandlung findet auf dem Boden oder auf einer Matte statt. Vor der Anwendung legt der Masseur die Hände sanft auf den Körper des Patienten, um sich mit der Person energetisch zu verbinden. Dann werden sogenannte Meridiane oder Energiebahnen aktiviert, um wieder die gesunde Funktion zu erreichen.

Wenn man die Beschreibungen liest, klingt vieles plausibel, aber ich würde Shiatsu heute in dieselbe Kategorie einordnen wie alle anderen alternativen Heilmethoden, die mit energetischer Arbeit einhergehen.

Obwohl es keine wissenschaftlichen Belege für den Erfolg dieser speziellen Massagetechnik gibt und aus der Beschreibung hervorgeht, dass universelle Energien angezapft werden, wird in Hotels und Wellnessanlagen häufig Shiatsu als Entspannungsmöglichkeit angeboten.

Bei mir dauerte die gesamte Zeremonie etwa eine Stunde. Schon beim Verlassen der Praxis fühlte ich mich unwohl und fuhr sehr unkonzentriert von dort mit dem Auto nach Hause. Während der Fahrt kam mir der Gedanke, dass mir vermutlich die Frau einfach aufgrund ihrer Tätowierung unsympathisch war und ich mich deshalb etwas unruhig fühlte. Doch dann wurde mir klar, dass der christliche Glaube und diese Form der Medizin nicht im Einklang sein können.

Es ist nicht leicht zu beschreiben, denn selbstverständlich konnten auch andere Faktoren für mein Unwohlsein verantwortlich sein, aber so einen Zustand hatte ich bisher nie erlebt und ich bereute, nicht auf mein ungutes Gefühl gehört zu haben. Zu Hause angekommen, bat ich meinen Mann, für mich zu beten. Nach meiner Schilderung legte er mir die Hände auf den Kopf und sprach ein Gebet. Schlagartig ging es mir wieder gut und ich hatte das Gefühl, wieder klar denken zu können.

Später erkundigte ich mich über die Herkunft der Akupunkturnadeln und dieses Verfahrens sowie die Shiatsu-Massage. Nun gab es für mich keinen Zweifel mehr, dass sich hier zwei Welten gegenüberstanden, die nicht zueinanderpassen.

Mit der Shiatsu-Massage war ich schon einmal in Berührung gekommen, aber das war vor meiner Bekehrung gewesen. Eine anerkannte örtlich ansässige Heilpraktikerin hatte mehrere Shiatsu-Kurse absolviert und wollte mich behandeln. Aufgrund einer Zyste litt ich zu diesem Zeitpunkt unter Unterbauchbeschwerden. Die Therapeutin massierte mit der Shiatsu-Methode in der Tat die Zyste inklusive der Beschwerden weg. Ich war sehr erfreut darüber und ignorierte zunächst die unangenehmen Nebenwirkungen. Während der wochenlangen Therapie wurde ich immer schwächer und litt unter Missempfindungen, für die ich keine Erklärung hatte. Das deckt sich so sehr mit den Berichten anderer Patienten, dass ich deshalb von dieser Massagemethode abraten möchte.

Damals war mir gleichzeitig die Einnahme von Bachblüten empfohlen worden, die ganz klar einen spirituellen Hintergrund haben. Nachdem ich Christin geworden war und mich von allen esoterischen Praktiken abgewandt hatte, glaubte ich, dass meine damalige körperliche und seelische Verfassung mit der Verwendung dieser Mittel zusammenhing. Vermutlich ließ ich mich deshalb ein zweites Mal auf Shiatsu ein.

Diesmal wurde nur die körperliche Ebene durch die Shiatsu-Massage behandelt und ich beobachtete dasselbe Phänomen erneut. Mein geistliches Leben und Denken veränderten sich auf merkwürdige Art und Weise. Dadurch wurde mir klar, dass ich als ehemalige Heilerin keinerlei Alternativ-Methoden in Anspruch nehmen sollte. Gott hat mich völlig von den Mächten der Esoterik befreit und ich will der Finsternis nicht den geringsten Spielraum geben.

Generell möchte ich jedem Menschen davon abraten, sich auf diese Methoden einzulassen, aber ich denke, es ist ein Unterschied, ob die alten Mächte wieder aktiviert werden oder sich jemand unbewusst esoterischen Einflüssen aussetzt. Ängstlichkeit wäre fehl am Platz, aber mit unerklärlichen und nicht gängigen medizinischen Methoden sollte weise umgegangen werden und diese sollten auf jeden Fall im Licht der Bibel geprüft werden.

Damals las ich täglich in einem Andachtsbuch, auch freute ich mich beim Frühstück über die Losungen, die für jeden Tag einen Bibelvers aus dem Alten sowie dem Neuen Testament enthalten. Nun fiel mir auf, dass ich den Antrieb verlor, geistliche Schriften zu lesen, und überlegte, ob ich es mit dem Wahrheitsgehalt der Bibel übertrieben sehe. Meine Gedanken schweiften oft ab und ich begann, vieles lockerer zu sehen und die Philosophie zu entwickeln, dass Gott in erster Linie daran interessiert sei, dass wir glücklich sind. Ab und zu ließ ich sonntags die Gottesdienste ausfallen, denn es gab so viele andere Dinge, mit denen ich mich beschäftigen konnte. Mein geistliches Leben wurde zunehmend blasser und ich spürte einen gewissen Zwiespalt in mir. Meinem Mann fiel auf, dass ich mich seit dem Massage-Termin irgendwie verändert hatte, und das gab mir zu denken.

Zu dieser Zeit wurde in unserer Gemeinde ein Vortrag über Traditionelle Chinesische Medizin gehalten. Die Referenten, ein Ehepaar, waren Heilpraktiker mit esoterischem Hintergrund und Befürworter der Traditionellen Chinesischen Medizin gewesen. Nun waren sie Christen geworden und wiesen Gemeinden auf die Gefahren von Heilungsmethoden hin, die mit Jesus Christus nicht vereinbar sind. Auch Shiatsu und Akupunktur wurden von ihnen aus christlicher Sicht beleuchtet und wir waren dankbar für diesen fundierten und informativen Vortrag. Den folgenden Termin zur Shiatsu-Massage sagte ich am nächsten Tag ab.

Bachblüten und Homöopathie – Die Kraft des wenigen

Die Sorge um die Nebenwirkungen von Medikamenten trägt mit dazu bei, dass Menschen sich Arzneimittel mit möglichst geringer Dosierung wünschen. Auch ich war begeistert, als ich eine Möglichkeit fand, auf chemische Medikamente zu verzichten. Homöopathische Kügelchen und Bachblüten in Tropfenform sollten das Wunder der Heilung vollbringen, nach der ich mich so sehne. So suchte ich eine Heilpraktikerin auf, die etwas von chinesischer Medizin und Homöopathie verstand und zusätzlich ausgebildete Bach-Blüten-Therapeutin war.

> Zu den spirituellen Medikamenten zählen **Bachblüten** und **homöopathische Mittel**. Bei beiden Methoden werden Wirkstoffe so stark verdünnt, dass sie im Medikament kaum noch nachweisbar sind.

Dr. Edward Bach, nach dem die Blüten benannt sind, war ein Wissenschaftler und arbeitete, ähnlich wie Samuel Hahnemann, der Erfinder der Homöopathie, mit Substanzen, die nicht mehr nachweisbar sind. Er suchte in Wales Kräuter in der Natur und machte Essenzen daraus, um an sich selbst auszuprobieren, was heilen konnte. In erster Linie ging es Dr. Bach darum, das seelische Gleichgewicht wiederherzustellen, denn Körper, Seele und Geist hängen eng zusammen.

Dr. Bach wird als sehr feinfühliger, sensitiver Mann beschrieben. Er beschäftigte sich eingehend mit der Spiritualität des Menschen und sah diese Arbeit als seine Berufung an. Er probierte die

Essenzen der Blüten in Selbstversuchen aus. Um Gewissheit über ihre Wirksamkeit zu erlangen, betete er zum Kosmos und befragte spirituelle Wesen um Weisheit. Wie auch Samuel Hahnemann versetzte er sich teilweise in Trance, um Eingebungen von übernatürlichen Wesen zu erhalten. Demnach haben Homöopathie und Bach-Blüten-Therapie eindeutig einen geistigen Ursprung. Sie haben mit dem Gott der Bibel und Jesus Christus nichts gemeinsam und sind nicht mit ihm vereinbar.

Gegen Naturheilmittel ist nichts einzuwenden, denn Gott hat die heilenden Essenzen in die Kräuter gelegt. Für viele Beschwerden gibt es Heilkräuter oder Früchte, die für Linderung oder Heilung sorgen, wie Salbei- oder Johanniskrauttee, hochwertigen Honig oder Vitamin C in Obst und Gemüse. Auch Sport und Bewegung, Sonnenlicht oder Meeresluft können zum Wohlbefinden beitragen.

Bei den Bachblüten und den homöopathischen Mitteln handelt es sich aber nicht um ein reines Naturpräparat, sondern um eine spirituelle Form der Zubereitung.

Die Bach-Blüten-Therapie beruht auf der Annahme, dass jede Krankheit von einem Seelenzustand verursacht wird. Dementsprechend werden die Bachblüten eingenommen, um die Seele ins Gleichgewicht zu bringen. Beispielsweise wird Lärche bei Schüchternheit eingesetzt. Zur Herstellung werden die Pflanzenteile in Wasser gelegt oder erhitzt. Dem Wasser wird ein großer Anteil Alkohol hinzugefügt, wodurch die sogenannte Urtinktur entsteht. Diese wird nochmals mit einer großen Menge Flüssigkeit verdünnt. Letztlich entstehen aus einem Liter Blütenwasser 480 Liter Blütenessenz.

Die Homöopathie beruht auf einem Ähnlichkeitsprinzip – eine Krankheit wird mit Mitteln behandelt, die bei Gesunden ähnliche Symptome wie die Krankheit auslösen. Homöopathische Mittel werden auf ähnliche Art hergestellt wie Bachblüten. Es gibt sie als Kügelchen (Globuli) oder in Tropfenform. Die Heilpflanzen oder Substanzen werden zerkleinert und mit Wasser oder Ethanol verschüttelt oder mit Milchzucker verrieben. Durch wiederholtes Filtern und Schütteln entsteht ein Medikament, aus dem dann die Globuli oder Tropfen zubereitet werden. Homöopathische Mittel werden in unterschiedlichen Potenzen hergestellt und verabreicht.[2]

Nach Aussagen von Personen, die ich befragt habe, sowie nach meiner eigenen Erfahrung, hat man zunächst ein Gefühl der Erleichterung und einer positiven Wirkung, wenn man diese Medikamente verwendet. Man verzichtet auf chemische Substanzen und es werden kaum Nebenwirkungen beschrieben. Doch oft stellen sich nach der Verwendung seelische Probleme ein, die vorher nicht vorhanden waren. Körperliche Beschwerden bessern sich, aber stattdessen treten psychische Symptome auf.

Ein klassischer Homöopath berichtete mir von Selbstversuchen mit Kügelchen, die in seinem Fall extreme Wahrnehmungsstörungen auslösten. Auch erklärte er mir, dass es sich um geistige Mittel handle, mit denen überlegt und weise umgegangen werden müsse. Diese Aufklärung müsste eigentlich ausreichen, um die Finger davon zu lassen, aber sogar der Homöopath arbeitet weiterhin mit den Mittelchen, die ihm selbst geschadet haben. Seine Erklärung für seine Probleme? Eine falsche Dosierung und Mischung der Präparate.

In wissenschaftlichen Studien konnte die Wirksamkeit dieser Mittel nicht nachgewiesen werden. Dennoch sind homöopathische Mittel inzwischen so anerkannt, dass die Kosten für manche Medikamente von den Krankenkassen übernommen werden. Mögliche Heilerfolge kann man auf den Placebo-Effekt zurückführen oder

---

[2] Mehr zum Thema Bachblüten auch christlicher Sicht findet sich bei Horst Koch (www.horst-koch.de). Zum Thema alternative Medizin generell empfehle ich: Jörg Müller: alternative Heilverfahren – Therapeutischer Anspruch und Bewertung aus christlicher Sicht. Betulius 2004.

darauf, dass etwas anderes in den Medikamenten wirksam ist. Daher stellt sich die Frage: Soll man lieber etwas Unerforschtes einnehmen, auch wenn es wissenschaftlich nicht erklärbar ist, als sich den schulmedizinischen Arzneimitteln auszusetzen? Was wirkt in den Bachblüten oder den homöopathischen Mitteln?

Aus meiner Sicht wirken in beiden spirituelle Geistwesen, die den Pionieren der alternativen Medizin den Ursprungsgedanken eingegeben haben. Spirituelle Heilmittel können langfristig keine vollständige Heilung erbringen. Bei einem guten Mediziner sind Mensch und Tier besser aufgehoben. Die Kritik, dass meist nur die Symptome behandelt werden, mag in manchen Fällen richtig sein, aber immerhin ist eine Chance gegeben, gesund zu werden. Komplette Wiederherstellung ist nur durch den Schöpfer selbst möglich. Gott kann die Seele, den Geist und den Körper wieder miteinander in Einklang bringen.

Ich verstehe die Furcht vor chemisch hergestellten Medikamenten, aber eine nicht einschätzbare Substanz zu sich zu nehmen, die spirituelle Auswirkungen hat, ist keine ratsame Alternative.

Ein Junge in der Pubertät, der aufgrund ständiger Infekte über einen langen Zeitraum mit Bachblüten behandelt wurde, war danach zwar seltener erkältet, aber nach einiger Zeit litt er unter diffusen Angstzuständen. Diese Missempfindungen waren weitaus unangenehmer als eine Erkältung.

Eine Frau ließ sich wegen chronischer Kopfschmerzen mit homöopathischen Kügelchen behandeln und litt nach einiger Zeit unter massiver Schlaflosigkeit.

Diese Reihe könnte ich weiter fortsetzen. Auch ich habe die Erfahrung gemacht, dass sich körperliche Beschwerden erst mal verbessern können, die Seele aber aus dem Gleichgewicht gerät. Meine Heilpraktikerin behandelte mich mit unterschiedlich wirkenden Kügelchen und verordnete zusätzlich Bachblüten gegen die Zustände, die ich durch die homöopathische Behandlung bekam.

Diese geistlichen Rezepturen richteten ein völliges Chaos in meinem Körper, in meiner Seele und in meinem Geist an, genau das Gegenteil von dem, was erreicht werden sollte. Ich möchte dringend vor allem warnen, was sich kosmisch, spirituell oder energetisch nennt.

In meinem speziellen Fall war es sicher die Kombination von homöopathischen Kügelchen, Bachblüten und Shiatsu-Massage, die das Fass zum Überlaufen brachte. Jedoch bezeugen die Erfahrungen anderer Menschen, dass auch die Einnahme dieser Medikamente allein mit etwas für uns Unbekanntem, Unangenehmem und Merkwürdigem zu tun hat. Die Tatsache, dass die Urheber der Essenzen und Kügelchen bekennende Spiritisten waren, die sagten, dass sie ihre Anweisungen aus der unsichtbaren Welt erhalten haben, reicht aus, um einen großen Bogen um diese Behandlungsmethoden zu machen.

Wenn ich Leuten rate, lieber auf diese Medikamente zu verzichten, wird mir oft entgegnet, dass diese so stark verdünnt seien, dass eigentlich kein Wirkstoff mehr darin enthalten sein kann. Genau darum geht es! Deshalb ist Homöopathie als geistlich bedenklich einzustufen. Was soll denn da noch wirken? Woher kommt die heilende Kraft?

Häufig wird mir auch gesagt, dass es bei meiner esoterischen Vergangenheit sicherlich ratsam ist, auf Homöopathie und dergleichen zu verzichten, diese aber für unvoreingenommene Menschen unbedenklich sei. Zwar mag es sein, dass Menschen mit einer ähnlichen Vergangenheit wie ich sensibler für solche Methoden sind, aber meines Erachtens handelt es sich bei den beschriebenen Alternativmedikamenten um geistliches Gift. Aus welchem Grunde sollte es für Menschen, die keine esoterische Vergangenheit haben, günstige Ergebnisse bringen?

Auch wenn der Vergleich nicht ganz passt, möchte es mit einer Sucht vergleichen. Wer einmal drogensüchtig war, ist deutlich stärker gefährdet, erneut süchtig zu werden, wenn er wieder Drogen nimmt, als jemand, der zum ersten Mal Drogen nimmt. Doch keinem von beiden tun die Drogen gut.

Von allen geistlichen Bedenken einmal abgesehen, kommt es zudem häufig vor, dass ernstliche körperliche Erkrankungen über einen langen Zeitraum mit homöopathischen Kügelchen behandelt werden. Wenn sich die Symptome dann verschlimmern, ist es oft zu spät, um zu bewährten Maßnahmen zu greifen. Das ist sicher ein separates Thema, aber durchaus ernst zu nehmen.

Was ich allerdings auch betonen möchte, ist, dass es sehr gute christliche Heilpraktiker gibt, die mit den Mitteln der Natur arbeiten. Es spricht nichts dagegen, Naturheilmittel zu verwenden, die ohne geistliche Komponente aus den Pflanzen hergestellt werden, die uns umgeben. Ich möchte ausschließlich vor geistlichen Methoden und Praktiken warnen, weil diese uns von Gott entfernen, während es Heilung an Körper, Seele und Geist bewirkt, wenn wir uns an Jesus Christus wenden. Jesus heilt auch unser Herz von leidvollen Erfahrungen und Ereignissen. Die Bibel zeigt uns Möglichkeiten auf, wie wir zum Beispiel durch Vergebung körperliche Genesung erlangen können. Die Psalmen haben eine beruhigende Wirkung auf unsere Seele, und das Aufsuchen eines guten Schulmediziners muss nicht immer bedeuten, dass wir mit Medikamenten vollgepumpt werden. Es gibt viele pflanzliche Arzneien auf dem Markt, die auch von niedergelassenen Ärzten empfohlen werden.

Warnhinweis – Was ist gut für uns?

Aufgrund des großflächigen Angebots an esoterischen Praktiken kann man unbewusst in spirituelle Therapiemethoden hineingeraten. Um sicher zu sein, dass keine esoterische Quelle hinter einer Therapiemethode steht, ist zu empfehlen, alles geistlich Unbekannte an der Schrift zu prüfen. Sobald etwas komisch und merkwürdig erscheint, ist es besser, sich nicht darauf einzulassen. In geistlichen Stress sollte deswegen natürlich niemand geraten, denn Gott sieht, ob wir uns bewusst anderen Mächten zuwenden oder versehentlich hineinschlittern. Wenn Sie alternative Heilmethoden in Anspruch nehmen möchten, empfehle ich außerdem, vor dem Besuch einer Praxis zu prüfen, ob der Inhaber dem Verband christlicher Heilpraktiker angehört.

Bei Verunsicherung haben wir immer die Möglichkeit des Gebets oder des Gesprächs mit einem Pastor oder Seelsorger. Wir müssen nicht allein das Pro und Kontra abwägen, sondern sollten die Gemeinschaft suchen und uns mit anderen Christen austauschen.

Nicht nur in den Wartezimmern vieler Heilpraktiker wird auf Heilungsverfahren okkulten Ursprungs hingewiesen. Inzwischen gibt es auch Angebote von Physiotherapiepraxen, bei Ärzten, die offen sind für Alternativmedizin, in Psychotherapiepraxen und in Kosmetikstudios. Nicht selten stößt man heutzutage auf Flyer, auf denen eindeutig geistige Heilmethoden angeboten werden. Oft stehen Buddha-Statuen auf den Fensterbänken oder das Yin-Yang-Zeichen, Symbol der chinesischen Philosophie, ist als Bild an der Wand zu sehen. Wie schon erwähnt, ist nicht sofort erkennbar, dass es sich um übernatürliche Heilung handelt, darum ist es wichtig, diese Praktiken anhand der Bibel und des christlichen Verständnisses zu prüfen.

Bei Geistheilern und Besprechern ist eine Beurteilung einfacher, denn sie heben in ihren Angeboten meist hervor, dass sie mit Kräften aus dem Universum zusammenarbeiten. Tatsächlich kann man sogar in Bewertungen im Internet lesen, dass das ganze Vertrauen auf »Herrn oder Frau XY« gesetzt wird. XY hat einen Draht zu höheren Wesen im Universum und die werden gebeten beziehungsweise angezapft, um Heilungsenergien zu versenden.

Ganz offen und ohne jeden Zweifel wird öffentlich damit geworben, dass geistliche Kräfte Heilungen bewirken.

Ob nun Reiki, Geistheilung, Besprechen oder geistige Medikamente, die geschluckt werden, es handelt sich in jedem Fall um den Einlass von dämonischen Mächten, die ihren Preis verlangen. Es hat Konsequenzen, wenn man sich auf übernatürliche Heilungsformen einlässt. Häufig ist zu beobachten, dass sich der Charakter von Menschen negativ verändert oder sie plötzlich unter psychischen Störungen leiden. In einigen Fällen ist die Wesensveränderung so gravierend, dass es zur Trennung vom Partner kommt oder plötzlich ein emotionales Chaos in der Familie herrscht. Oft wird von Schlaflosigkeit berichtet und über unangenehme Träume. Manchmal stellen sich auch andere körperliche Erkrankungen ein, welche die Person vorher nicht hatte, allerdings meist eine längere Zeit nach dem Besuch bei einem Geistheiler oder einem mit okkulten Praktiken arbeitenden Berater.

Natürlich hat nicht jeder Angst- oder Zwangspatient eine Behandlung mit kosmischen Heilungsenergien hinter sich. Oft liegen ernsthafte psychische Erkrankungen zugrunde, die therapiert oder medikamentös behandelt werden müssen. Aber aus vielen Berichten von Christen geht hervor, dass sie seelische Verstimmungen hatten, nachdem sie sich auf esoterische Heilungsformen eingelassen hatten.

Ehemals praktizierende okkulte Heiler berichten von Befreiungsgebeten, die von Gläubigen an Jesus Christus gerichtet und erhört wurden. Da ich es selbst so erlebt habe und es sich exakt mit den Schilderungen anderer Christen deckt, die in Esoterik verstrickt waren, stelle ich dies nicht infrage. Im Gegenteil, es ist mutig, den eigenen Reinfall zu bezeugen und öffentlich diesen fatalen Fehler einzugestehen.

Den Christen, die frei über ihre negativen Erfahrungen mit Esoterik berichten, ist es wichtig, auf die Gefahren von alternativen

Heilmethoden hinzuweisen, denn im Endeffekt entsteht durch eine vermeintliche geistige Heilung ein viel größerer Schaden, als vorher vorhanden war. Hinzu kommt natürlich auch, dass in manchen Fällen keine Besserung der Symptome eintritt und die Behandlung eventuell ein kleines Vermögen kostet.

In jedem Fall ist davor zu warnen, das Vertrauen auf Heilverfahren zu setzen, die wissenschaftlich nicht nachweisbar sind, es sei denn, die Heilung geschieht durch ein göttliches Wunder. Allerdings würde ich dies nie als »Verfahren« bezeichnen, denn Gott heilt, wann er will und wen er will und verwendet dafür keine bestimmte Methode.

Leider wird der Name Jesus Christus oft missbraucht, auch von Geistheilern. Es gibt Heiler, die mit ihrem eigenen Namen werben und meinen, im Auftrag von Jesus zu heilen. Manchmal fällt es deshalb vielleicht schwer, zu entscheiden, was von Gott kommt.

Auch heute noch geschehen Heilungswunder durch Gebete im Namen von Jesus. In Berichten darüber erfährt man, dass die geheilten Menschen rundherum gesund werden und es ihnen auch im alltäglichen Leben gut geht. Es gibt christliche Zentren für Drogenrehabilitation, die »nur« mit Gebet arbeiten und bessere Erfolge erzielen als andere Kliniken. Doch hier wird nicht ein Mensch mit wie auch immer gearteten Heilungskräften in den Mittelpunkt gestellt, sondern der Gott der Bibel. Gott befreit von den Süchten und stellt Menschen wieder her.

Vollständige Heilung kann nur von Gott dem Schöpfer kommen. Gläubige Menschen erwarten kein Geld für ihr Gebet und werben nicht mit ihrem Namen. Das Neue Testament erlaubt es, im Namen von Jesus für Kranke zu bitten.

> Ist jemand unter euch krank, der rufe zu sich die Ältesten der Gemeinde, dass sie über ihm beten und ihn salben mit Öl in dem Namen des Herrn. Und das Gebet des Glaubens

wird dem Kranken helfen, und der Herr wird ihn aufrichten; und wenn er Sünden getan hat, wird ihm vergeben werden. Bekennt also einander eure Sünden und betet füreinander, dass ihr gesund werdet. Des Gerechten Gebet vermag viel, wenn es ernstlich ist.

Jakobus 5,14-16

Wer tatsächlich im Namen von Jesus Christus um Heilung bittet und sich nicht aus anderen Gründen auf ihn beruft, der wird nie verleugnen, dass Jesus auch von Sünde und Schuld rettet. Die Heilung von Krankheit ist nicht das Wichtigste, sondern geschieht im Kontext der gesamten Lehre der Bibel. Dieses Fundament für Heilung ist ein bleibendes und gesundes. Alle übernatürlichen Heilungsmethoden, die auf dem Markt angeboten werden, sind dagegen nicht von dem dreieinen Gott und deshalb eher schädlich als langfristig heilsam.

Kapitel 4

Im Jenseits – Was geschieht nach dem Tod?

Viele Philosophien und die meisten Religionen befassen sich mit dem Leben nach dem Tod. Einige Religionen, aber auch moderne Lehren und Pseudowissenschaften, gehen davon aus, dass die Seelen von Menschen nach ihrem Tod erneut als Lebewesen auf die Erde kommen. Andere Religionen glauben, dass die Geister der Ahnen unsichtbar in der Menschenwelt leben. Laut dem Volksglauben werden Kinder, die als Babys sterben, zu Engeln.

Einige esoterische Methoden befassen sich konkret mit dem Jenseits und versuchen, Kontakt zur Geisterwelt aufzunehmen. Dazu gehören die Totenbeschwörung und spiritistische Sitzungen. Manchmal werden die Wesen, zu denen Kontakt aufgenommen wird, zur Gegenwart, Zukunft oder Vergangenheit befragt, manchmal auch darüber, wie es ihnen persönlich geht.

Einige spiritistische Methoden oder die Totenbeschwörung haben zwar mit Wahrsagerei zu tun, ich widme ihnen aber trotzdem ein eigenes Kapitel, weil die Lehre von den Geistern und dem Jenseits hier im Vordergrund steht.

Zu den spiritistischen Praktiken zählen auch der Okkultismus oder die schwarze Magie, bei der böse Geister um ihre Mithilfe gebeten werden. Eine der bekanntesten Methoden ist Voodoo. Diese synkretistische Religion entwickelte sich in Westafrika und kam durch die Sklaverei auch in lateinamerikanische Länder. Besonders in Haiti hat sie heute viele Anhänger. Voodoo beinhaltet einen Totenkult und schwarze Magie. In Brasilien werden ähnliche Religionen praktiziert. Auch in asiatischen Völkern werden Flüche verwendet, die Feinde ins Unglück stürzen sollen.

Vielleicht klingt das weit weg, aber Voodoo wird auch in Europa praktiziert. Von den Ausmaßen wird in den Medien wenig berichtet, aber die Phänomene, die diese Praktiken mit sich bringen, sind real.

Da dieses Buch sich jedoch mit den vermeintlich positiven esoterischen Praktiken beschäftigt, gehe ich auf Themen wie dunkle Totenkulte, schwarze Magie oder Satanismus nicht weiter ein.

Philosophien und Irrlehren – Die Suche nach Wahrheit

Unsere Welt ist äußerst kreativ gestaltet, und je mehr man erforscht, desto mehr fällt einem auf, wie perfekt alles durchdacht sein muss. Das hat schon viele Menschen zum Nachdenken gebracht und sie haben versucht, die Zusammenhänge des menschlichen Lebens und der Natur zu erklären. So entstanden über die Jahrhunderte verschiedene Philosophien, Religionen und wissenschaftliche Erkenntnisse.

Die Evolutionstheorie ist die bekannteste und am meisten akzeptierte Lehre über die Entstehung des Weltalls. Der sogenannte Urknall soll für das Leben auf der Erde verantwortlich sein. Da müssten tatsächlich Billionen von Zufällen aufeinandergetroffen sein, um die Perfektion und das System der Planeten sowie des Weltraums entstehen zu lassen!

Ich stelle mir gern Folgendes vor: Was würde wohl geschehen, wenn wir eintausend Legosteine in die Luft werfen? Die Steine würden durch die Schwerkraft auf den Boden fallen und es würde ein völliges Chaos dabei herauskommen. Einen lauten Knall gäbe es beim Aufprall bestimmt, aber es würde dabei kein architektonisch durchdachter Gegenstand herauskommen und erst recht kein denkfähiges Individuum. Ich glaube, dass die Erde von einem Schöpfergott geschaffen wurde, wie es in der Bibel steht. Menschen sind kein Zukunftsprodukt. Wir sind Gott wichtig. Weil der Mensch eine Seele hat, spielt auch das Leben nach dem Tod eine Rolle.

In manchen aktuellen Theorien und Glaubensrichtungen kommen Elemente aus dem Buddhistischen und Hinduistischen vor, zum Beispiel in der anthroposophischen Lehre, die Rudolf Steiner bekannt gemacht hat. Teil dieser Lehre ist der Glaube an Seelenwanderung oder Reinkarnation. Die Reinkarnation geht davon aus, dass nach dem Tod nicht die Ewigkeit kommt, sondern ein neues Leben auf dieser Erde. Im Hinduismus und im Buddhismus geschieht dies, um Charaktereigenschaften zu optimieren oder zu verändern. Je nachdem, welche guten und schlechten Taten ein Mensch in seinem Leben vollbracht hat, kommt dieser eventuell auch als Tier wieder auf die Erde. Der Glaube an mehrere Leben in einem menschlichen Körper ist inzwischen gesellschaftsfähig und unabhängig von der Religionszugehörigkeit.

Die Lehre der Reinkarnation verbreitete sich schon im frühen Christentum, wo sie als Irrlehre bekämpft wurde. Seit dem 19. Jahrhundert wurde versucht, die Bibel mit diversen Philosophien kompatibel zu machen. Im 20. Jahrhundert setzten sich Sterbeforscher intensiv mit der Möglichkeit der Wiedergeburt auseinander und präsentierten Personen, die sich an frühere Leben erinnern konnten. Tatsächlich deckten sich manche Aussagen mit dem, was über einst existierende Menschen bekannt war, aber letztlich sind diese Belege sehr umstritten.

Auch die Bibel kennt den Begriff »Wiedergeburt«, jedoch ist damit etwas ganz anderes gemeint, nämlich die Tatsache, dass ein Mensch Jesus Christus in diesem Leben als Herrn und Retter anerkennt. Dabei stirbt sozusagen der alte Mensch, alles wird neu, weil er nun zu Jesus Christus gehört.

In der Bibel steht nichts von Seelenwanderungen oder Reinkarnation und auch nichts von der Überwindung negativer Eigenschaften durch diese. Trotzdem glauben viele Menschen an die Reinkarnationslehre und wiegen sich so in eine unsichere Sicherheit. Frei nach dem Motto: Was ich in diesem Leben nicht schaffe, erledige ich im nächsten. Den Gedanken, dann eventuell als Hund oder Katze wiedergeboren zu werden, halten manche Befürworter der Reinkarnation nicht für abwegig, sondern sogar für attraktiv. Man geht davon aus, dass auf diese Weise bestimmte Eigenschaften und Fähigkeiten neu erworben werden könnten.

Doch die Lehre von der Reinkarnation ist mit dem christlichen Glauben nicht vereinbar. Das Evangelium von Jesus Christus wäre nicht notwendig, wenn Menschen mehrmals die Möglichkeit hätten, ihren Charakter zu korrigieren. Die Gnade Gottes wäre hinfällig, wenn wir uns durch die Reinkarnation selbst erlösen könnten.

Jeder Mensch hinterfragt irgendwann in seinem Leben den Sinn seiner Existenz. Warum lebe ich und warum muss ich sterben? Der Wissensdurst des Menschen ist angeboren und somit ist die Neugier auf das, was visuell nicht wahrgenommen werden kann, ganz natürlich. Konkrete und sichere Antworten über das Leben nach dem Tod finden wir in der Bibel, also bei Gott selbst. Jede Aussage, die darüber hinausgeht oder der Bibel widerspricht, stammt von Menschen oder es sind Lügen, die durch Geistwesen weitergegeben wurden.

Es gibt anerkannte Sterbeforscher und wissenschaftlich orientierte Lektüre zu diesem Thema. In jahrelangen Studien wurde Material über den Sterbeprozess zusammengetragen. Menschen, die Nahtoderfahrungen hatten, wurden befragt und berichteten oft über einen dunklen Tunnel, an dessen Ende ein helles Licht wartete. Verschiedene Beschreibungen wurden verglichen. Der Zusammenhang zwischen dem plötzlichen Herztod und der Hormonausschüttung des Gehirns wurde untersucht.

Immer wieder wird das Thema Sterben und das Leben nach dem Tod in den Medien präsentiert, denn die Menschen suchen verständlicherweise die Hoffnung auf ein ewiges Leben. Die Bibel ist das einzige Buch, das konkrete und wahre Aussagen über das Leben und das Sterben enthält. In ihr finden wir auch die Aussicht auf ein Leben nach dem Tod.

In jeder Epoche der Weltgeschichte haben Menschen versucht, dem Geheimnis des Todes auf die Spur zu kommen, und haben sich Vorstellungen davon gemacht, wo die Menschen nach dem Verlassen ihres physischen Körpers hingehen. In der Bibel steht, dass Gott den Himmel und die Erde geschaffen hat und dass seine Weisheit unermesslich ist (1. Mose 1; Psalm 147,5). Selbst wenn jemand keine Bibelkenntnisse hat, kann er sich an denjenigen wenden, der alles erschaffen und erdacht hat. In der Natur und in seiner Schöpfung beweist Gott sich selbst. Jeder Mensch kann anhand der Schöpfung darauf kommen, dass es einen Schöpfergott gibt, und in der Bibel können wir mehr über ihn erfahren.

Durch die Freundschaft mit einer Astrologin kam ich in hochgradig esoterische Kreise. Unter anderem lernte ich einen Mann namens Robert kennen, der von sich behauptete, einer der Erleuchteten zu sein, die mehr wissen als andere natürliche Menschen. Er sagte, dass er schon häufiger auf der Erde gelebt habe und intensiven geistlichen Kontakt zu einem Freund hätte, der eine Reinkarnation von Rudolf Steiner sei.

Robert leitete eine Gruppe, die daran interessiert war, die unsichtbare Welt um sich herum wahrzunehmen. An zwei Abenden war ich als Gast dabei. Beim ersten Treffen saßen wir auf der Terrasse eines wunderschön angelegten Gartens. Wir tranken Traubensaft, aßen Kekse und freuten uns über die zwitschernden Vögel um uns herum. Nach einer Weile leitete Robert den Abend mit einer Art Gebet ein, mit dem ich persönlich nichts anzufangen wusste. Dann sollten wir alle ganz still sein und der Natur lauschen, die sich an dem Abend wirklich von ihrer schönsten Seite zeigte.

Anschließend erzählte Robert uns von vielen kleinen Kobolden, die sich hinter den Bäumen versteckten. Er berichtete, dass er oft beobachtet habe, wie die kleinen Männchen Leitern und Gartengeräte versteckten, um sich bemerkbar zu machen. Er erzählte von Elfen und Zwergen, als wäre es das Selbstverständlichste von der Welt. Er beschrieb uns die Wesen, die sich in dem wunderschön blühenden Garten aufhielten, und begrüßte sie freundlich. Dann erklärte er uns, dass er erleuchtet sei und wir diese Wesen nicht sehen könnten, weil wir geistlich noch nicht reif genug seien. Es kam die Frage auf, woher er wüsste, dass wir noch Zeit brauchen, um auch erleuchtet zu sein, aber darüber wollte Robert nicht diskutieren. Wir sollten uns darüber freuen, dass er uns etwas über die unsichtbare Welt mitteilte, und stille sein vor den Geschöpfen einer anderen Dimension.

Die Teilnehmer der Gruppe kamen regelmäßig und wussten, dass sie nichts Kritisches einbringen durften, aber ich hatte sehr viele offene Fragen zu Roberts Erzählungen und glaubte ihm nicht. Trotz dieser merkwürdigen Erfahrung lud ich die Gruppe zu mir nach Hause ein. Robert brachte für den Abend viele schöne Steine mit und drapierte sie auf dem Wohnzimmertisch, an dem wir saßen. Die Sitzung begann wieder mit einem mir unverständlichen Gebet.

Diesmal erzählte Robert uns, dass alte Seelen in mehrere verschiedene Menschen wandern können und dass zum Beispiel Rudolf Steiner sich in einem Dutzend Menschen reinkarniert habe. Meine Frage, wer dies denn bestimmen und wissen würde, ignorierte Robert und ging zum nächsten Thema des Abends über.

Nun sollten wir die Steine betrachten, die ausgebreitet auf dem Tisch lagen. Robert bat die Gruppe, unsere Gefühle den Steinen gegenüber wahrzunehmen. Nach einer Zeit der Stille teilte Robert uns mit, was die Steine angeblich für jeden Einzelnen bewirkten. In meinem Fall ging es um materielle Kürzungen. Der Geist der Steine wollte, dass ich mich von Gegenständen löse, die mir etwas bedeuten. Damit war ich zwar einverstanden, aber der Glaube daran, dass leblose Steine Botschaften übermitteln können, fehlte mir eindeutig.

Ich beobachtete die anderen Teilnehmer und mir fiel auf, dass ihre Augen nicht fröhlich waren. Das Wort irre möchte ich in diesem Zusammenhang nicht unbedingt verwenden, aber ihre Blicke waren erschreckend merkwürdig.

Von dieser Gruppe habe ich mich schnell distanziert, denn selbst als Esoterikerin war mir die Atmosphäre dort nicht angenehm. Erstaunlicherweise ergab sich ein paar Tage später ein materieller Verlust, der mich ins Grübeln brachte. Sollte an der Weisheit der Steine doch etwas dran sein? Nein, ganz sicher nicht! Nach vielen weiteren esoterischen Erfahrungen erkenne ich inzwischen, dass unsichtbare Mächte und die Bindung, die man eingegangen ist, hinter diesen Lügen stecken. Ich war mit den Vorgängen an jenem Abend einverstanden gewesen. Meine Teilnahme reichte aus, um die Aussage der Steine für mich wahr werden zu lassen.

Da ich ein Buch über die Kraft der Steine gelesen hatte, zog ich ernsthaft in Erwägung, dass die Wirkung, die von ihnen ausgeht, eventuell doch stärker sei, als ich vermutet hatte. Auf den Gedanken, dass es sich um unsichtbare Mächte handeln könnte, auf die ich mich eingelassen hatte, kam ich zu dem Zeitpunkt noch nicht. Gerade weil esoterische Praktiken funktionieren oder zu funktionieren scheinen, lassen sich viele Menschen davon verführen und in die Irre leiten. Wenn sie dann in einer Sackgasse landen, finden sie oftmals nicht wieder heraus, sondern geraten noch tiefer in die Fänge der esoterischen Gewalten.

Vor ein paar Jahren gingen wir zu dem Konzert eines sehr bekannten Künstlers der Intellektuellenszene. Nach seiner Darbietung verneigte der Sänger sich vor den unsichtbaren Wesen, die ihn begleiteten. Er bedankte sich bei den Feen und Elfen, die ihn beschützen. Unter tosendem Applaus beschrieb der beliebte Sänger seinen Fans die Gestalten, die ihm Kraft verleihen. Zu dem Zeitpunkt war ich schon gläubig an Jesus Christus und sehr traurig über diesen Irrglauben. Ein Schicksalsschlag hatte diesen hochbegabten Mann offensichtlich zu dem Glauben an eine unsichtbare Welt geführt und ich konnte seinen Irrtum nachvollziehen, weil es mir einmal selbst so ergangen war. Auch Menschen, die Schutz und Halt bei Fantasiegestalten suchen, sind auf der Suche nach Gott und wissen in ihren Herzen, dass es einen Schöpfer gibt.

Der dreieine Gott, den ich nach vielen Irrtümern kennengelernt habe, ist völlig anders als die dämonischen Kobolde, von denen Robert erzählt hat und die sich in der Esoterik manifestieren. Gott warnt uns in seinem Wort vor Engeln, die ein anderes Evangelium verkünden. Es gibt Menschen, die behaupten, dass Bibelstellen über die Reinkarnation bewusst bei der Übersetzung der Heiligen Schrift herausgenommen worden seien. Das ist Unsinn, denn es gibt nicht nur eine Übersetzung der Bibel, sondern Tausende in Hunderte von Sprachen. In keiner wird darüber berichtet, dass wir mehrere Leben auf der Erde haben.

Zudem stellt sich die Frage, warum beispielsweise Martin Luther bewusst Passagen aus der Bibel weggelassen haben sollte? Er hatte ja gerade erst die Lehre der Heiligen Schrift für sich entdeckt. Martin Luther sah sich vielen Schwierigkeiten gegenüber und hielt selbst bei Todesgefahr an seinem Glauben fest. Er hätte sein Lebenswerk nicht vollenden können, ohne die Kraft dafür von Gott selbst zu bekommen. Außerdem hätte Gott niemals zugelassen, dass wichtige geistliche Aussagen einfach ausgelöscht werden. Die Bibel ist verlässlich und wahr. Die Schreiber waren erfüllt vom Heiligen Geist und wurden von Gott inspiriert.

In jeder Philosophie stecken Halbwahrheiten. Selbst der Teufel zitierte die Bibel, als er Jesus in der Wüste versuchte (Matthäus 4,5). Geistlich interessierte Menschen beobachten Zusammenhänge und versuchen, logische Erklärungen dafür zu finden. Oftmals sind die geistlichen Lügen knapp an der Wahrheit vorbei, erscheinen den Suchenden aber logisch. Bei genauerem Hinsehen erkennt man jedoch, dass es sich um schlechte Kopien handelt und dass neben geistlichen Wahrheiten auch viele Unwahrheiten enthalten sind.

Es gibt in diesen Philosophien, Religionen und Sekten Endzeitprophezeiungen, die von dem großen Abfall des Glaubens handeln. In der Bibel wird darüber zwar auch berichtet, aber sie stellt immer Jesus Christus als Erlöser in den Mittelpunkt. Das tun die anderen nicht. Ein Gott oder mehrere Götter kommen in vielen Glaubensrichtungen vor, aber Jesus Christus als Retter und Heiland ist ihnen oft ein Ärgernis, denn in ihm ist alles erfüllt.

Darüber hinaus gibt es geistliche Strömungen, in denen Jesus eine Rolle spielt, die jedoch nicht dem entsprechen, was die Bibel lehrt: Jesus Christus ist Gottes Sohn. Er ist am Kreuz gestorben, um die Menschen zu retten. Gott existiert in drei Personen: Vater, Sohn und Heiliger Geist.

Die meisten Philosophien und Religionen erkennen die Bibel nicht als inspiriertes Wort Gottes an, andere tun dies zwar, haben aber weitere Bücher und Schriften, die sie für wichtiger halten. Man muss wirklich sehr aufpassen und alles prüfen, was gepredigt wird. Manchmal ist der Unterschied leicht zu erkennen, aber oftmals sind die Lügen etwas versteckt und wir müssen auf der Hut sein, um nicht darauf hereinzufallen. Vermutlich hat Gott in der Bibel betont, dass es falsche Propheten gibt, damit wir uns vor ihnen in Acht nehmen und alles genau prüfen.

So sprechen einige falsche Propheten davon, dass Lichtwesen unter uns auf der Erde leben, um die Frohe Botschaft zu verkündigen. Die erleuchteten Wesen sollen Mittler zu Gott sein und uns zu einem reinen Leben verhelfen. Diese Lichtwesen existieren angeblich in ganz gewöhnlich aussehenden Menschen, die den Auftrag haben, das Licht Gottes weiterzugeben. Von Jesus Christus, der am Kreuz für die Sünder gestorben ist, ist keine Rede. Es werden zwar Bibelstellen zitiert, aber das Neue Testament wird in vielen Botschaften komplett weggelassen. Dass Jesus das Werk der Erlösung schon vor über 2 000 Jahren vollbracht hat, wird nicht erwähnt.

Reinkarnation, Lichtwesen, Feen, Elfen und Kobolde sind geistliche Philosophien und Erfindungen von Menschen oder böse Geister. So plausibel sich manche Theorien und angebliche Geisteswissenschaften auch anhören mögen, es gibt nur einen Gott und es gibt nur dieses eine Leben. Die Erde ist rund und das Weltall ist unendlich, dies sind reale wissenschaftliche Tatsachen, die helfen und dienen. Aber das Erforschen der unsichtbaren Welt ist gefährlich und wir sollten die Finger davon lassen.

In Jesus Christus hat Gott seinen Charakter offenbart und in seinem Wort seinen Willen für uns Menschen dargelegt. Alles, was wir wissen müssen und dürfen, können wir in der Bibel nachlesen. Seit Adam und Eva sind wir sündige, unvollkommene Menschen, und das wird auch so bleiben. Es gibt keine besonders erleuchteten und würdigen Menschen. Außer Jesus selbst ist kein Mensch sündenfrei über diese Erde gegangen.

Gott hilft uns in unserem diesseitigen Leben, einen besseren Charakter zu bekommen, aber dies dient nicht der Erlösung, sondern ist die Folge davon. Durch seinen Heiligen Geist haben wir die Erkenntnis von Gut und Böse und verstehen die Aussagen der Bibel. Gottes Engel stehen uns zur Seite und manchmal begegnen wir ihnen sogar und sie sprechen mit uns.

Manche Menschen erzählen von Träumen und Visionen, in denen ihnen Jesus begegnet ist. Oft berichten Muslime darüber, dass Jesus im Traum zu ihnen gesprochen hat, und sie bekehren sich dadurch und lassen sich taufen. Auch der Apostel Paulus hat erlebt, dass Jesus übernatürlich zu ihm gesprochen hat. Das, was in Träumen, Visionen und Begegnungen gesagt wird, muss jedoch immer mit dem Wort Gottes übereinstimmen und darf das Werk Jesu nicht ersetzen wollen. Übernatürliche Begegnungen kommen auch von dem wahren Schöpfer-Gott und sind erlebbar. Aber wenn eine solche Begegnung von ihm ist, wird sie niemals der Bibel widersprechen, im Gegenteil, die Aussagen in Gottes Wort werden durch sie bestätigt.

Irrlehrer, falsche Propheten und Erleuchtete bewirken das Gegenteil von dem, was wir Menschen uns wünschen und wonach wir uns sehnen. Die Reinkarnationslehre weckt falsche Hoffnungen, weil sie uns auf ein späteres Leben vertröstet. Erleuchtete haben den Anschein von Weisheit, sind aber in der Realität Irrlehrer, die Menschen zu einem falschen Glauben verführen.

Jesus Christus hat uns befreit von Schuld und wir erfahren Gnade durch sein Werk am Kreuz. Diese frohe Botschaft ist die wichtigste Wahrheit zwischen Himmel und Erde. Sie gibt unserem Leben Sinn und Hoffnung.

Totenbeschwörung – Schwerwiegende Folgen

In frühgeschichtlichen Kulturen waren Grabbeigaben üblich, die dank archäologischer Arbeit heute gut erforscht werden können. Die Beigaben sollten dazu dienen, dass der Verstorbene genügend Mittel hat, um den Eintritt in das gute Totenreich zu bezahlen, oder eine Waffe, mit der er dort kämpfen kann. Auch wurden Verstorbenen persönliche Dinge, wie Schmuck und Tongefäße, mit ins Grab gelegt.

Seit der Christianisierung sind Grabbeigaben in unseren Breitengraden unüblich geworden. In Ländern außerhalb Europas ist es jedoch immer noch selbstverständlich, dass die Verstorbenen zum realen Leben dazugehören. Sie werden mit einbezogen und bei Problemen angesprochen, als würden sie unter den Lebenden weilen. In Mexiko erhalten die Toten beispielsweise am »Día de los Muertos« (Tag der Toten) eine Opfergabe, darunter Wasser und Essen, um die Geister der Toten im Diesseits willkommen zu heißen.

Eine der gefährlichsten okkulten Praktiken ist die Totenbeschwörung. Dabei unterhält man sich mit Verstorbenen oder ruft deren Gegenwart herbei. Es geht dabei nicht um Nahtoderfahrungen oder die Sehnsucht nach einem geliebten Menschen, der nicht mehr lebt, sondern darum, dass bestimmte Rituale angewendet werden, um mit dem Jenseits persönlichen Kontakt aufzunehmen.

Wenn ein geliebter Mensch stirbt, sind die Trauer und der Wunsch nach der Gemeinschaft mit ihm oft unermesslich hoch. Die Hoffnung darauf, dass dieser Mensch sich ganz in der Nähe aufhält und uns in irdischen Nöten zur Seite steht, bewirkt, dass viele Menschen zu Verstorbenen beten oder mit ihnen über ihre Probleme sprechen. In manchen Kulturkreisen werden Tote als Vermittler zu Gott anerkannt und verehrt. Es gibt Völker, die einen sogenannten Ahnenkult betreiben und durch bestimmte Rituale die Ahnengeister gnädig stimmen wollen.

Besonders in Krisenzeiten ist das Verlangen groß, Kontakt zu den Vorfahren aufzunehmen, und manche Menschen schildern tatsächlich Begegnungen mit Verstorbenen, bei denen ihnen klare Anweisungen gegeben wurden. Manchmal sprechen die Toten dann durch Pflanzen oder Tiere, manchmal erscheinen sie aber auch so, wie sie zu Lebzeiten ausgesehen haben. In der okkulten Szene sind außerdem sogenannte Medien bekannt und üblich, die sich als Sprachrohr zur Verfügung stellen, um den Kontakt zu Verstorbenen aufzunehmen.

> Ein **Medium** oder **Channel** bezeichnet eine Person, die Nachrichten von Engeln, Geistern oder Verstorbenen empfängt.

Aus meiner Sicht sind diese Phänomene einer der größten spirituellen Irrtümer der Weltgeschichte. Fremde Mächte des Universums sind wissender als wir Menschen und in der Lage, sich durch Gegenstände oder vorgetäuschte Lebewesen bemerkbar zu machen. Hierzu bedarf es einfach und allein die Bereitschaft der Menschen. Die Rituale selbst sind sicher zweitrangig oder wären eventuell gar nicht notwendig.

Bei spiritistischen Sitzungen ist das Ziel, in die Totenwelt einzudringen und mit Verstorbenen zu kommunizieren. Es wird versucht, eine Realität herzustellen zwischen Lebenden und schon Verstorbenen. Meist wird Hilfe und Informationsmaterial bei den Beschwörten gesucht.

Es gibt viele unterschiedliche Formen der jenseitigen Kontaktaufnahme, außerdem gelingt es manchen Menschen sogar, ohne jede Vorbereitung mit dem Außersinnlichen verbunden zu sein. Menschen mit familiären Vorbelastungen in die okkulte Richtung sind meiner Beobachtung nach anfälliger für Spiritismus als andere.

Als Jugendliche führte ich ein Gespräch mit einer Nachbarin, die in den Kriegsjahren als Medium gedient hatte. Gertrud war in der Lage, mit Verstorbenen zu sprechen, und stellte sich in jungen Jahren für sogenannte spiritistische Sitzungen zur Verfügung. Gott sei Dank habe ich dieses Thema schon damals als besonders gruselig und angsteinflößend empfunden und hatte selbst nie Berührung mit den Praktiken dieser dunklen Seite.

Gertrud erzählte mir, dass sie von einem Hypnotiseur in eine Art Trance versetzt wurde und in diesem Zustand den Zugang zum Totenreich hatte. Die Fragen an die verstorbenen Personen gab sie weiter und erhielt auch Antworten. Da es sich oft um Begebenheiten handelte, die nur der Fragesteller und der Verstorbene wissen konnten, erschien es Gertrud glaubwürdig und sinnvoll, sich für diese Arbeit zur Verfügung zu stellen.

Später hat sie dieser Form der Spiritualität vollkommen abgesagt und andere davor gewarnt. Sie beschrieb, dass sie viel Kraft in diesen Sitzungen verlor und dass sie eines Tages die Botschaft bekam, dass es keine positiven Auswirkungen hat, mit toten Personen zu sprechen, und zudem gefährlich sei. Man solle die Toten ruhen lassen, so lautete unter anderem die Nachricht. Fortan ging Gertrud den Menschen, die sich damit näher beschäftigen wollten, aus dem Weg und löste sich von allen spirituellen Praktiken, die sie aktiv betrieben hatte. Woher und von wem die Botschaft kam, konnte meine Nachbarin nie klären, aber sie reichte ihr aus, um dem Okkultismus abzusagen.

Im Internet bieten viele Medien ihre Dienste an und es scheint eine hohe Nachfrage vorhanden zu sein. Die Neugier des Menschen nach Wissen, die Sehnsucht nach einem geliebten Menschen, der real nicht mehr greifbar ist, und auch die Sterbeforschung treiben Leute dazu, das Phänomen »Leben nach dem Tod« näher zu ergründen.

Neben der Kontaktaufnahme mithilfe eines Mediums gibt es viele weitere okkulte Techniken, von denen manche schon sehr alt sind. Die alten Griechen und Römer haben beispielsweise bereits das Tischrücken angewandt, das auch heute noch eine gängige spirituelle Praktik ist.

Meine Nachbarin Gertrud hatte an solchen spiritistischen Sitzungen teilgenommen. Sie berichtete, dass dabei mehrere Personen an einem Tisch sitzen, bevorzugt hat dieser Tisch drei Tischbeine.

Die Menschen verbinden sich miteinander und einer spricht ein unverständliches Orakel aus. Alle legen ihre Hände auf den Tisch.

Nun gibt es zwei Varianten. Bei der ersten macht der Tisch eine Drehung oder er kippelt ein wenig. Bei der zweiten beginnt der Tisch ebenfalls mit leichten Bewegungen, diese steigern sich jedoch derart, dass der Tisch durch den ganzen Raum tanzt und die Rotationen immer schneller werden. Still für sich sucht jeder Teilnehmer in Gedanken dann den Kontakt zu den toten Seelen. Während der Tisch wortwörtlich von Geisterhand durch den Raum hüpft, werden Fragen gestellt und Gespräche mit Verstorbenen geführt.

Bekannter ist das sogenannte Gläserrücken, das ähnlich praktiziert wird. In diesem Fall werden Buchstaben zusammen mit einem Glas auf einem Tisch platziert und es werden für alle hörbar Fragen gestellt, die an Verstorbene gerichtet sind. Die Teilnehmer legen jeder einen Finger auf das Glas. Das Glas bewegt sich daraufhin zu den einzelnen Buchstaben, die aneinandergereiht die Antworten ergeben. Das gleiche Prinzip verwendet das Ouija oder Hexenbrett.

Auch hier gibt es mögliche naturwissenschaftliche Erklärungen, der bekannte Physiker Faraday konnte beispielsweise einen unbewussten Muskeldruck beim Tischrücken messen, der für kleine Bewegungen des Tisches sorgt. Doch die größeren Bewegungen oder korrekte Antworten des Glases sind dadurch nicht erklärbar. In vielen Fällen wird tatsächlich Kontakt zu unbekannten Wesen aufgenommen. Das schließe ich auch aus den negativen Folgen, die diese Sitzungen für die Teilnehmer haben.

Die unterschiedlichen Formen der spiritistischen Sitzungen haben alle gewisse Gemeinsamkeiten und dasselbe Ziel: Verstorbene sollen Fragen des Lebens beantworten und Ratschläge erteilen. Es soll Kontakt aufgenommen werden und so die Verbindung zu dem geliebten Menschen bestehen bleiben. Was für eine Belastung!

Angenommen, es wäre tatsächlich möglich, Unterhaltungen mit Toten zu führen, wie würde es den Gewesenen wohl damit ergehen? Da die armen Seelen überwiegend mit den Problemen der Ratsuchenden konfrontiert wären, wäre dies eine riesige Belastung für sie.

Es gibt Priester, die ihre verstorbenen Verwandten als Brücke zu Jesus Christus verstehen und dies öffentlich kundtun. Viele Menschen erzählen dem Verstorbenen beim Besuch eines Grabes ihre Nöte und Ängste, um dadurch Erleichterung sowie Hilfe zu finden. So verständlich dieser Gedanke auch ist, kann es doch auf keinen Fall unser Wunsch sein, dass ein geliebter Mensch immer zur Stelle ist, wenn es brennt. Es wäre furchtbar, wenn eine Person aus der Familie oder dem Freundeskreis dauerhaft mit Sorgen und Problemen überschüttet würde. Und selbst wenn es nur darum ginge, zu erfahren, wie es dem Verstorbenen geht, wäre die Frage, was die Person empfindet, wenn sie erfährt, wie sehr die geliebten Menschen unter ihrem Verlust leiden.

Viel wichtiger ist aber die Frage, ob dies mit dem Gott der Bibel vereinbar ist und warum wir mit dieser Form der Spiritualität nicht ganz natürlich aufwachsen. Totenkult, in welcher Form auch immer, hat etwas mystisch Unheimliches. Besonders Kinder beängstigt das Thema Sterben, wenn nicht natürlich und realistisch damit umgegangen wird.

In der Bibel warnt Gott: »dass nicht jemand unter dir gefunden werde, der ... Geisterbeschwörungen oder Zeichendeuterei vornimmt oder die Toten befragt« (5. Mose 18,10-11) und »Ihr sollt euch nicht den Totenbeschwörern und Wahrsagern zuwenden« (3. Mose 19,31).

Egal, ob beim Spiritismus Verstorbene oder Geister befragt werden, beides ist nicht von Gott gewollt und es ist schädlich für unsere Seele. Psychische Erkrankungen sind häufig die Folge von okkulten Praktiken. Bei Menschen, die sich auf dieses dünne Eis begeben, finden oft Brüche im Privatleben sowie negative Wesensveränderungen statt.

Wissenschaftler bemühen sich darum, außersinnliche Phänomene physikalisch zu erklären, aber es gibt letztlich keine überzeugenden Erklärungen dafür, dass ein Tisch durch das Zimmer tanzt oder das Glas starke Bewegungen ausübt. Es stecken gewaltige Energien dahinter, die sich über diese Praktiken in das Leben von Menschen einschleichen, die eigentlich auf der Suche nach Gott sind. Über diese Irrwege lässt sich der Schöpfer aber niemals finden, denn sie sind ihm ein Gräuel. Er wendet sich ab und lässt den Menschen ihren Willen.

Wenn ein Mensch diese Erde verlässt, sollten wir uns während der Trauerfeierlichkeiten von ihm verabschieden und ihn dann in Gottes Händen geborgen sein lassen. Trauer ist etwas Natürliches und Tränen sind heilsam. Es ist wichtig, dass wir die Trauer nicht verdrängen und den geliebten, verstorbenen Menschen als Erinnerung in unserem Herzen tragen. Die Trauer um einen geliebten Menschen darf jedoch nie dazu führen, dass ein Kontaktwunsch mit der unsichtbaren Welt entsteht. So schwer es auch ist, einen Menschen hier auf der Erde nicht mehr zu sehen, umso größer ist doch die Hoffnung darauf, eines Tages wieder mit ihm vereint zu sein. Durch Christus haben wir ewiges Leben geschenkt bekommen und damit ist die Zukunft ein für alle Mal gesichert. Er hat sein Leben am Kreuz für uns gegeben, damit wir in Ewigkeit mit ihm leben können.

Mit Jesus können wir über unsere Probleme und Sorgen sprechen, er tritt beim Vater für uns ein. In seinem Namen dürfen wir bitten, was wir wollen, und können sicher sein, dass er uns nie etwas Schlechtes gibt. Gott liebt uns, ja er ist die Liebe selbst (1. Johannes 4,8). Die Mächte und fremden Gewalten im Universum lieben uns nicht und wollen nie unser Bestes, auch wenn sie uns das vorgaukeln. Sie werden die Ewigkeit nicht an einem guten

Ort verbringen und sich mit ihnen einzulassen, ist lebensgefährlich. Doch Jesus Christus ist der Sieger über diese Dämonen und durch ihn erlangen wir Freiheit.

Wenn jemand einmal mit Esoterik und spirituellen Mächten in Berührung gekommen ist, kann Jesus ihm dort heraushelfen. Jesus Christus kann Befreiung von dunklen Mächten schenken und uns dabei helfen, ein Leben zu führen, das Gott gefällt und erfüllend ist.

Die Gefahr, sich an spirituelle Praktiken zu klammern und fremde, böse Geister anzusprechen und sie um Hilfe zu bitten, ist größer, als Menschen es sich ausmalen können. Ich kenne niemanden, der unbeschadet aus der Welt des Übersinnlichen herausgekommen ist. Vorerst geschieht nichts Auffälliges, aber nach und nach verändert sich die Persönlichkeit der Spiritisten zum Negativen und die Beschäftigung mit dem Jenseits hat Auswirkungen auf das vegetative Nervensystem.

Ich möchte das Wort Dämonisierung nicht an falscher Stelle verwenden, aber wenn man versucht, mit Verstorbenen Gespräche zu führen wie Gertrud, dann sind dies in Wirklichkeit Lügen, die vom Teufel vorgetäuscht werden. Die Mächte, die hier angerufen werden, werden in der Bibel unter anderem Dämonen oder unreine Geister genannt. Diese Tatsache allein lässt einen erschaudern und reicht aus, um sich dem lebendigen, gütigen Gott zuzuwenden und ihm zu vertrauen. Selbst wenn wir nicht all unsere Fragen beantwortet bekommen, wird er sich um unsere alltäglichen Sorgen kümmern und uns in der Not weiterhelfen. Wir müssen nicht alles wissen, denn nicht alles ist gut für uns.

Zudem kann niemand tatsächlich mit Verstorbenen sprechen, es sind finstere Mächte, die sich einmischen und bemerkbar machen, wenn Menschen sich für spiritistische Praktiken öffnen. Gott allein hat die Macht und die Kraft, uns Dinge zu offenbaren, die überirdisch sind und nicht erklärbar, und er tut dies, wie er es will.

Kapitel 5

Mentale Methoden – Spinnerei oder Wahrheit?

Es gibt unterschiedliche Methoden, mit den Gedanken in andere Bewusstseinsebenen einzutauchen oder den Körper zu verlassen.

In der heutigen schnelllebigen Zeit hat Entspannung einen hohen Stellenwert und viele entsprechende Praktiken schießen wie Pilze aus dem Boden. Eine harmlose Entspannungsübung ist von einer tiefen Meditation zu unterscheiden. Es tut nicht gut, wenn unsere Fantasie zu weit nach außen vordringt, um körperliche Entspannung zu erreichen.

Heilende Kräfte werden als kosmische Energien bezeichnet und in vielen Heilpraktiken eingebaut. Die spirituelle Welt wird als realistisch und wahrnehmbar beschrieben. Häufig wird vermittelt, dass der Zugang und die positive Einstellung dazu lebensbereichernd sind. Die Wahrheit über die unsichtbare Welt wird ausgeblendet, ignoriert oder geleugnet.

Eine ganze Pseudowissenschaft beschäftigt sich mit übersinnlichen Phänomenen: die Parapsychologie. Unter anderem verwendet sie die Hypnose, um in Kontakt mit dem Paranormalen zu treten.

Der Mensch besteht nicht nur aus einem Körper, sondern er hat auch Gefühle, einen Geist und eine Seele. Das wichtigste Gebot lautet: »Du sollst den Herrn, deinen Gott, lieben von ganzem Herzen, von ganzer Seele und von ganzem Gemüt« (Matthäus 22,37). Körper, Geist und Seele sind eine Einheit. Doch in manchen esoterischen Praktiken wird versucht, diese zu trennen. Dies ist zum Beispiel bei Astralreisen der Fall, wo die Seele angeblich den Körper verlässt, um andere Orte oder Zeiten zu besuchen.

Parapsychologische Phänomene – Mystische Welten

> Die **Parapsychologie** beschäftigt sich mit Phänomenen, die rational nicht erklärbar sind. Dabei werden Menschen als Medien eingesetzt, um Verstorbenen als Sprachrohr zu dienen.

Die Parapsychologie existiert seit dem 19. Jahrhundert. Das Wort Parapsychologie bedeutet »Neben-Psychologie« beziehungsweise »Neben-Seelenkunde«. Das Forschungsfeld der Parapsychologie sind unerklärliche Phänomene wie Hellsichtigkeit, Nahtoderlebnisse und Reinkarnation, sie ist aber keine anerkannte Wissenschaft.

An der Freiburger Universität wurde im 20. Jahrhundert ein Lehrstuhl gegründet, der von Professor Dr. Hans Bender geleitet wurde. Fünfzig Jahre lang wurden dort Spukerscheinungen und alle Arten von außersinnlichen Wahrnehmungen erforscht. Allerdings ist das Ziel von Parapsychologen gerade nicht, eine natürliche Ursache für Spukfälle oder Geistererscheinungen zu finden, wie es bei den Naturwissenschaften der Fall wäre. Von Wissenschaftlern anderer Fachbereiche wurde diese Art der Forschung weder akzeptiert noch anerkannt und so wurde der Lehrstuhl im Jahre 2001 aufgelöst.

Zu unterscheiden ist zwischen Phänomenen, von denen man Aufzeichnungen anfertigen kann, wie seltsamen Geräuschen oder Bewegungen, die einem Spuk zugeschrieben werden, und übersinnlichen Wahrnehmungen wie der Kontakt eines Mediums mit dem Jenseits. Letztere kann man nicht visuell darstellen und daher sind diese Phänomene auch nicht nachweisbar. Dennoch arbeiten weltweit Forscher an verschiedenen privaten Instituten für Parapsychologie daran, einen Weg zu finden, Paranormales zu beweisen. Private Institutionen und Projekte werden zum Teil von angesehenen Persönlichkeiten der Gesellschaft unterstützt. In den Vereinigten Staaten sollten außersinnliche Wahrnehmungen früher sogar für Spionagezwecke eingesetzt werden.

In England existiert seit 1862 ein Ghost Club, dem es ein Anliegen ist, Geistererscheinungen zu untersuchen und der Öffentlichkeit zugänglich zu machen. Die Mitglieder dieser privaten Initiativen sind Philosophen, Gelehrte, Wissenschaftler und Pädagogen. 1886 erschien eine Publikation unter dem Titel »Erscheinungen Lebender«, die auch heute noch aktuell ist, weil die Befürworter von einer realen Lebendigkeit des Unsichtbaren ausgehen.

Die Unterstützer und Parapsychologieexperten sind davon überzeugt, dass jeder den Zugang zu anderen Dimensionen haben kann. Sie glauben, dass die Menschen den Sinn dafür nur noch nicht aktiviert haben beziehungsweise das noch nicht können. Ihr Ziel ist nicht nur, den Beweis für die Existenz einer übernatürlichen Welt zu erbringen, sondern den Sinn für ein höher entwickeltes Leben zu entdecken.

Interessant für dieses Buch ist vor allem die Verbindung der Parapsychologie mit der Hypnose, die für die Untersuchung parapsychologischer Vorgänge und als Heilmethode verwendet wird. Hypnotiseure und Parapsychologen werden häufig aufgesucht, wenn alle anderen Therapien nicht geholfen haben. Es sind körperliche und auch psychische Probleme, die Menschen zu einem Therapeuten gehen lassen, der nicht mit den üblichen, erklärbaren Methoden arbeitet. Die Gründe reichen von Raucherentwöhnung, Schlafproblemen, Gewichtsreduktion bis hin zu Blockadelösungen.

Bei der Hypnose wird mit Trancezuständen gearbeitet, in denen Patienten zu ihrem Unterbewusstsein geführt werden. Es gibt dabei ein breites Spektrum der Anwendungsmöglichkeiten und

Methoden. Ich habe keine persönlichen Erfahrungen mit Hypnose, weiß aber von Freunden, dass ihnen Suggestionstexte ins Ohr gesprochen wurden und sie in eine Art Wachschlaf gefallen sind. In den mir bekannten Fällen konnten die Teilnehmer sich anschließend an den Vorgang erinnern. Manchmal entstehen auch Erinnerungslücken, aber da es um das gewünschte Ergebnis geht, spielt diese Tatsache für den Behandelten keine große Rolle. Es gibt sicherlich Qualitätsunterschiede und hängt unter anderem von den Betroffenen selbst ab, wie die Behandlung letztlich verläuft.

Ob die leichten Formen der Hypnose harmlos sind, wage ich zu bezweifeln, denn sie haben denselben Ursprung wie die Tiefenhypnose und die Rückführungstechniken in frühere Leben. Es gibt eine Form der Hypnose, die zwischendurch mit reger Kommunikation unterbrochen wird, um anschließend noch tiefer in das Unterbewusstsein eindringen zu können. Auch wenn es schwer vorstellbar ist, soll der Trancezustand noch intensiver werden und die Hypnotisierten werden angeblich in die Lage versetzt, mit ihrem Geist an Orte zu reisen, wo sie vorher noch nie gewesen sind. Da die Plätze anschließend bis ins kleinste Detail beschrieben werden können, scheint die Methode gut zu funktionieren. Diese Aktivität des Geistes kommt den Astralreisen sehr nahe, was für mich beweist, dass es sich um dieselben Energien, Mächte, Gewalten und Einflüsse handeln muss.

Ein junges Ehepaar aus meiner Nachbarschaft schaffte es nicht, sich das Rauchen abzugewöhnen. Deshalb suchten die beiden einen Parapsychologen auf, der auch Hypnosetherapien anbot. Weil ich das Thema sehr spannend fand, erkundigte ich mich, wie es ihnen während der Hypnose ergangen sei. Elli und Klaus hatten schon früher Erfahrungen im übersinnlichen Bereich gesammelt und hatten keine Bedenken, sich in Trance versetzen zu lassen.

Elli berichtete, dass der Hypnotiseur zunächst ein allgemeines ruhiges Gespräch mit ihr führte und dann langsam dazu überging, leise Formeln zu sprechen. Dann fiel Elli in eine Art Schlaf. Ob dies schon als eine Form von Trance bezeichnet werden kann, weiß ich nicht zu beurteilen. Auf jeden Fall erinnerte sich Elli an bestimmte Ereignisse aus ihrer Kindheit und es wurde ein Zusammenhang festgestellt zwischen einigen Defiziten ihrer Jugend und dem Festhalten an der Zigarette. Ähnlich wie bei einem herkömmlichen Psychologen wurden Themen zur Sprache gebracht und Elli Tipps mit auf den Weg gegeben.

In diesem Fall handelte es sich um eine eher harmlose Sitzung, und tatsächlich hörte Elli mit dem Rauchen auf und Klaus ebenso. Häufig lässt sich beobachten, dass sich in so einem Fall eine andere Sucht einstellt, aber so war es bei ihnen nicht. Ich war begeistert von diesem positiven Effekt, doch nach einiger Zeit, fingen Elli und Klaus wieder an, zu rauchen. Es mag ihr eigenes Verschulden gewesen sein, denn der eigene Wille spielt bei jeder Therapieform eine wichtige Rolle, aber bei Elli stellten sich außerdem diffuse Ängste ein, die sie sich nicht erklären konnte. Klaus ging es weiterhin gut, aber er litt mit unter den Zuständen seiner Frau.

Die Hypnose gilt als Forschungswerkzeug der Parapsychologie, und an dieser Stelle setzt meine Kritik an. Das Gehirn wird durch Suggestion beeinflusst und löst dadurch Mechanismen aus, über die keine Kontrolle besteht. Die Bereitschaft, in unbekannte Sphären vorzudringen, und die Gefahr, mit übersinnlichen Kräften in Kontakt zu treten, ist bei der Parapsychologie eindeutig gegeben.

Es werden Fantasiereisen unternommen und diese bilden die Grundlage für Meditationen. Reinkarnationstherapien beginnen oft mit Fantasiereisen. Damit sind nicht Erinnerungen an schöne Erlebnisse gemeint oder Vorstellungen von blühenden Blumenwiesen, die einen entspannenden Effekt mit sich bringen, sondern bewusst eingesetzte geistliche Instrumente, um zu anderen Dimensionen vorzudringen. Man muss fein abwägen, wie weit eine Fantasiereise gehen sollte. Muss eine zweite Person Hilfestellungen geben, um das Unterbewusstsein und noch mehr zu erreichen? Wie weit darf man die Beeinflussung von außen zulassen?

Rückführungen unter Hypnose finden meist mit Hintergrundmusik statt, die einen Einfluss auf das Gehirn hat. Es soll ein positives Ergebnis erzielt werden, Heilung des Körpers, der Seele und des Geistes sollen das Resultat sein, aber tatsächlich geschieht das Gegenteil: die völlige geistliche Verblendung und die Entfernung von einem real existierenden Gott, der uns alles mitgegeben hat, was wir zum Leben brauchen.

Ein Effekt von Hypnose ist, dass Menschen plötzlich aus früheren Leben berichten. Dies ist für Parapsychologen der Beweis, dass Menschen wiedergeboren werden. Wissenschaftlich gesehen könnten die scheinbaren Erinnerungen auch auf andere Weise hervorgebracht worden sein, es könnte sich beispielsweise um reine Fantasien handeln.

1886 wurde in München eine Gesellschaft zur Untersuchung von Grenzgebieten in der Psychologie gegründet. Ähnlich wie in den USA sollten durch Medien mit parapsychologischen Fähigkeiten nicht geklärte Kriminalfälle aufgedeckt werden. Es wurden zahlreiche Versuche durchgeführt, bei denen tatsächlich unerklärliche Phänomene auftraten. Bei einem dieser Versuche war der bekannte Schriftsteller Thomas Mann anwesend. Es sollen Taschentücher durch die Luft geflogen sein, Möbel wurden wie von Geisterhand verrückt und Poltergeister traten auf. Um diese okkulten Ereignisse zu verarbeiten, schrieb Thomas Mann später den Roman »Der Zauberberg«.

In den 1970er-Jahren wurden parapsychologische Erlebnisse sehr populär und wurden entsprechend vermarktet. Man bediente sich sogar der öffentlich-rechtlichen Medien, um die Spukereignisse vorzuführen. Durch solche Shows wurde der Magier Uri Geller, der angab, übersinnliche Fähigkeiten zu besitzen, weltberühmt. Durch bloßes Anstarren war Geller in der Lage, Gabeln, Löffel und

Messer zu verbiegen. In einer bekannten Fernsehsendung forderte er das Publikum dazu, auf sich ebenfalls auf ein Besteckteil zu konzentrieren und es zu verbiegen. Tatsächlich gab es Fälle, wo dieses Experiment funktionierte.

Weil diese übersinnlichen Phänomene nicht geklärt sind, entstehen weitere Forschungsinstitute, die von Anhängern privat finanziert werden. In Freiburg wurde eine Beratungsstelle eingerichtet, an die sich Menschen mit übersinnlichen Erlebnissen wenden können. Weitere bekannte Forschungszentren gibt es in England, den USA, den Niederlanden und Russland.

Da es keine wissenschaftlichen Beweise gegen die Behauptungen der Parapsychologen gibt, wird die Theorie aufrechterhalten, übersinnliche Wahrnehmungen wären natürlich und würden zum normalen Alltag der Menschen gehören.

Kritiker behaupten, das alles wäre geistiger Irrsinn und pure Einbildung, aber leider hat in diesem Fall der gesunde Menschenverstand nicht recht. Sicherlich steht nicht hinter jedem Spuk Okkultismus, oft gibt es natürliche Erklärungen, wie beim Zauberer im Zirkus, der nicht mit Magie, sondern mit Tricks arbeitet. Holz knackt nachts, auch ohne dass jemand darübergeht. Lichtreflexe oder Windstöße verursachen, dass wir Bewegungen wahrnehmen. Ebenso können psychische Störungen dafür sorgen, dass jemand Stimmen hört. Doch ich bin davon überzeugt, dass es tatsächlich Phänomene gibt, die mit den Naturwissenschaften nicht erklärbar sind. Es geschieht etwas Unerklärliches, wenn Menschen es darauf anlegen. Es gibt ganz real eine unsichtbare Welt.

Die Welt Gottes ist auch unsichtbar, aber wenn wir mit ihm leben, besteht kein Interesse an Phänomenen außerhalb unserer visuellen Wahrnehmung. Die Neugier auf das, was wir nicht kennen, ist befriedigt, weil wir Jesus kennen und durch die Bibel alles wissen, was für unser Leben nötig ist. In den Bereichen Parapsychologie, Tiefenhypnose, Geistheilung, Wahrsagerei, Okkultismus etc. werden Bilder und Wahrheiten suggeriert, die keine sind. Nicht die Verstorbenen, sondern finstere Gewalten führen die Gespräche mit den Medien und dämonische Welten erschließen sich den Forschern des Übersinnlichen.

Ich mag mir nicht vorstellen, wie es wäre, wenn alle Menschen einen Einfluss auf die unsichtbare Welt hätten und auf die Materie, die damit verbunden ist. Selbst wenn es positive natürliche Energien wären, hätte es doch fatale Auswirkungen. Jeder würde sich nach seinen Bedürfnissen Veränderungen wünschen und die wären nicht immer positiv für alle Menschen. Ein narzisstisches Durcheinander würde dabei herauskommen. Durch negative Einflüsse in der sichtbaren und unsichtbaren Welt gibt es genug Elend und Not in dieser Welt. Satanisten gebrauchen übernatürliche Kräfte für ihre grausamen Rituale. Die Freimaurer verbinden sich mit spirituellen Mächten aus einer finsteren, unbekannten Welt, auch wenn ihnen das sicher nicht immer bewusst ist. In Naturvölkern werden Flüche verwendet, um anderen Menschen zu schaden, Menschen verlieren allen Lebensmut oder werden schwer krank.

Mit den Geistern ist nicht zu spaßen und ich halte es für gefährlich, dass Menschen trotz heutiger Aufklärung weiterhin daran interessiert sind, Tische zu rücken oder sich in ihr voriges Leben hineinzudenken. Poltergeister und Spukgespenster gibt es nicht nur im Gruselfilm, sondern es passiert wirklich etwas, wenn man diese Geister herbeiruft.

Vor über dreißig Jahren übernachteten mein Mann und ich in Österreich auf einem alten Schloss in einem der vier Gästezimmer. Das Mobiliar war aus dem 17. Jahrhundert und wirkte ein wenig angestaubt. Auf mich machte die Umgebung keinen guten Eindruck, aber die Übernachtung in so einem alten Gebäude war ein Erlebnis für sich.

Leider machte ich die erste Nacht kein Auge zu und bildete mir ein, wir wären nicht allein in dem Zimmer. Zu dem Zeitpunkt war ich noch nicht so tief mit der Esoterik verbunden, hatte aber durchaus schon Erfahrungen mit dem Übersinnlichen. Über Stunden hatte ich mit Übelkeit zu kämpfen und nicht einmal mit meiner angeschalteten Nachttischleuchte kam ich zur Ruhe. So etwas hatte ich bisher noch nie erlebt. Ich wusste, dass sich böse Wesen in unserem Zimmer aufhielten, und hatte ein ganz übles Gefühl.

Am nächsten Morgen beim Frühstück fragte uns der Wirt wie selbstverständlich, was wir denn in der Nacht so erlebt hätten. Mich machte das stutzig, denn so eine Frage war bisher in keinem Hotel an uns gerichtet worden. Dann erzählte er uns von verschiedenen Geistern, die sich in dem Schloss aufhielten, und von vielen Gästen schon gehört oder sogar gesehen worden seien. Mir blieb fast das Frühstück im Halse stecken und mein erster Gedanke war, auf der Stelle abzureisen. Ein Spukschloss hatte mir gerade noch gefehlt! Doch wir blieben.

Die Landschaft in Oberösterreich ist wunderschön und der Tag machte wieder gut, dass so eine unruhige Nacht hinter uns lag. Meinen Mann wollte ich mit meinen Sorgen nicht belasten, denn wir hatten die vier Tage im Schlosshotel schon bezahlt. Die darauffolgende Nacht sollte dennoch die letzte auf dem altertümlichen Schloss werden. Ich ließ die ganze Nacht das Licht brennen, was meinen Mann natürlich störte.

Als wir von draußen leise Geräusche vernahmen, traute ich mich erst nicht, zum Fenster zu gehen, um nachzusehen. Mein Mann hörte die Geräusche ebenfalls und ich erinnerte ihn an das, was der Wirt gesagt hatte. Wir schlichen zum Fenster, denn wir wollten wissen, ob eventuell Gäste in der Nacht umherwanderten, um Geistern zu begegnen. Wir konnten nichts entdecken, doch bis in die tiefe Nacht hinein waren undefinierbare Geräusche wahrzunehmen. Mir reichte das aus, um nach dem Frühstück aus dem unheimlichen Schloss auszuchecken.

Der Wirt lachte, als ich ihm den Grund für unsere Abreise mitteilte. Er antwortete, dass es sich doch nur um die weiße Frau handeln würde, die jede Nacht um das Schloss herumwandle, um auf sich aufmerksam zu machen. Die meisten Touristen würden sogar extra wegen der Gespenster anreisen. Das reichte mir als Bestätigung, dass wir die richtige Entscheidung getroffen hatten. Zwar überlegte ich, ob die Hotelbetreiber vielleicht extra für ihre Gäste ein Tonband laufen ließen, dennoch wollten wir keine weitere Nacht dort bleiben.

In unserem neuen, deutlich einfacheren Zimmer fühlten wir uns sehr wohl und verbrachten noch zwei wunderschöne Tage in den Bergen, allerdings ohne die weiße Frau.

In der Ersatz-Unterkunft wurde uns erzählt, dass die meisten Gäste im Schlosshotel nur wegen der weißen Frau anreisen und sogar versuchen, sie nachts zu fotografieren. War es ein echtes Spukschloss oder geschickte Werbung für den Hotelbetrieb? Dies lässt sich nicht mit Bestimmtheit sagen, doch ich bin mir sicher, dass dort tatsächlich Geister am Werk sind. Das gesamte Personal des alten Schlosses glaubte an die weiße Frau, die nachts in einem weiten Gewand durch den Innenhof des Schlosses spazierte, und darüber hinaus glaubte dies auch das ganze Dorf. Angeblich hat sie in einem früheren Jahrhundert auf dem Schloss gelebt und möchte ihr Zuhause nicht verlassen. Es wäre mir aufgefallen, wenn mich so viele Menschen angelogen hätten.

Natürlich kann es sich dennoch um einen geschickten Marketingzug des Betreibers handeln oder um eine alte Sage, die sich über die Jahrhunderte gehalten hat. Doch ich weiß, dass Geister sich rufen lassen, wenn man sich darauf einlässt.

Unwissende Menschen gruseln sich entweder vor derartigen Phänomenen oder sie sind brennend daran interessiert, einem Geistwesen zu begegnen. Woher diese Wahrnehmungen kommen, scheint zweitrangig zu sein.

Letztlich haben die parapsychologischen Erlebnisse alle dieselbe Quelle. Sobald Menschen den Versuch starten, außerkörperliche Wahrnehmungen oder übersinnliche Erlebnisse zu haben, werden sie Schiffbruch erleiden. Dies geschieht meist nicht sofort, aber zu einem späteren Zeitpunkt stellen sich negative Veränderungen oder Krankheiten ein. Parapsychologische Phänomene sind ganz klar okkulter Herkunft. Der Wunsch, sich weiter zu orientieren und geistliche Erfahrungen zu machen, kann zudem zu seiner Sucht ausarten, die mit Wissensdurst nichts mehr zu tun hat.

Jesus kann von allen Süchten und schlechten Einflüssen befreien. Gott erfrischt das Herz und wir können ihm auf ganz einfache Weise begegnen. Welche höhere geistliche Ebene könnte es geben, als mit dem Schöpfer selbst über das Gebet zu kommunizieren?

Jesus Christus hat viele spektakuläre Wunder vollbracht, als er unter den Menschen lebte. Die Übernatürlichkeit Gottes ist jedoch von ganz anderer Qualität als die paranormalen Vorgänge. Sie bringt Frieden, Freude und heilt Beziehungen.

Wir brauchen keine Parapsychologie oder das Eindringen in fremde Dimensionen. Jesus allein ist genug. Er ist die Quelle des Lebens, aus der wir Tag für Tag schöpfen können. Alles andere ist ein großer Irrtum und eine geistliche Lüge. Der Widersacher Gottes will die Menschen durcheinanderbringen und in die Irre führen. Gott sagt: »Wenn ihr mich von ganzem Herzen suchen werdet, so will ich mich von euch finden lassen« (Jeremia 29,13).

Meditation – Die Reise zu einer höheren Ebene

Wir leben in einer Zeit, in der die meisten Menschen hohen Stressfaktoren ausgesetzt sind. Besonders in Berufen der freien Wirtschaft und im pädagogischen und pflegerischen Bereich fühlen sich viele Arbeitnehmer überfordert. Aber auch in der Freizeit werden die Anforderungen und Ansprüche immer höher. Durch die Technisierung scheint die Zeit schneller zu laufen und die Menschen kommen kaum noch hinterher. Der Druck, mehrere Dinge gleichzeitig erledigen zu müssen, nimmt zu, ständig erreichbar und medial vernetzt zu sein, bringt uns an unsere Grenzen. Gesundheitliche Probleme wie Herz-Kreislauf-Erkrankungen sind die Folgen.

Ein Burn-out kann jeden treffen, der permanentem Stress ausgeliefert ist. Zur Vorbeugung wird nicht selten auf altbewährte Methoden zurückgegriffen. Eine davon ist die Meditation, die es seit vielen Jahrhunderten in unterschiedlichen Kulturen gibt. Es gibt verschiedene Formen der Meditation, die nicht alle in die Rubrik Esoterik gehören.

Das Wort »Meditieren« wird heute schnell ausgesprochen, aber oft ist damit nur das intensive Betrachten eines Bildes oder einer Naturerscheinung gemeint. Laut Duden online ist Meditation eine sinnende Betrachtung oder eine mystische, kontemplative Versenkung. Das Wort stammt aus dem Lateinischen und bedeutet »Nachdenken«.

Meditation wird immer mit Stille in Verbindung gebracht und in vielen Kulturen und Religionen wird diese Praxis aus spirituellen Gründen angewendet. Dabei muss fein differenziert werden, um welche Art der Meditation es sich handelt. Ist das sinnende Betrachten eines geistlichen Textes gemeint – zum Beispiel eines Bibeltextes –, geht es darum, einen entspannten Zustand zu erreichen, oder soll das Einswerden mit dem Kosmos angestrebt werden? Das eine hat mit dem anderen wenig zu tun, auch wenn es häufig in einen Topf geworfen wird.

Die Ziele und Motive der Meditierenden sind völlig verschieden. Beispielsweise schaut sich eine Gruppe von Menschen ein wunderschönes Ölgemälde an und meditiert darüber, um zu ergründen, was der Maler mit diesem Kunstwerk darstellen wollte. Eine andere Gruppe zieht sich in die Stille zurück, um das eigene Bewusstsein zu erweitern. Manche Menschen suchen einfach einen ruhigen Platz und sinnen ihren Gedanken nach. Gläubige suchen die Entspannung im Gebet und fühlen sich Gott in diesen Momenten näher. Auch andere Rückzüge in die Stille werden Meditation genannt, weil sie etwas damit zu tun haben, sich für eine Zeit aus der hektischen Welt herauszunehmen.

In den 1970er-Jahren wurde die Transzendentale Meditation populär. Bewusstseinserweiterung war in, und da es gesünder ist, sich zu entspannen als Drogen zu konsumieren, fühlte sich ein großer Teil der jungen Bevölkerung schnell zu dieser Lehre hingezogen. So nahm ich dieses Phänomen damals wahr und staunte, dass an jeder Werbewand Kursangebote für Transzendentale Meditation (TM) hingen. Es wurde propagiert, dass durch TM ein höheres Bewusstsein erreicht werden könne und die Leistungskraft verbessert werde.

Die Transzendentale Meditation hat ihren Ursprung in Indien und ist hinduistisch geprägt. Der Inder Maharishi Mahesh Yogi hat die geistliche Erneuerungsbewegung 1957 ins Leben gerufen und ist der Urvater der Transzendentalen Meditation. Die Methode ist eng verbunden mit dem traditionellen Yoga. Die Abkürzung TM ist markenrechtlich geschützt und darf nicht für andere Zwecke verwendet werden. Die Ayurveda-Artikel und -Praktiken sind aus der TM-Bewegung heraus entstanden und gehören zu diesem großen Imperium.

Die TM-Organisation ist auch politisch sehr engagiert und hat es sich zum Ziel gesetzt, dass der Einfluss der TM von den Regierungen aller Länder anerkannt und unterstützt wird. Die Verfechter dieser Lehre sind davon überzeugt, dass dies global sehr positive Auswirkungen hätte, und gehen zum Teil sogar gerichtlich vor, weil sie nicht genug Beachtung finden.

Zur TM gibt es sehr unterschiedliche Meinungen. Die Befürworter sehen die positiven Aspekte unter ihren Anwendern, wie Rückgang der Kriminalitätsrate und die Dezimierung von Gewalttaten. Die Gegner sind der Ansicht, dass TM religiös zu verstehen sei, und beobachten negative Auswirkungen wie die Zunahme von Angstzuständen oder plötzliche Aggressionsanfälle. Die FAZ kritisierte die breit gefächerte Veröffentlichung mangelhafter Studien in renommierten Fachzeitschriften. Die evangelische Kirche spricht sich sowohl gegen die Organisation als auch gegen das Praktizieren von TM aus, zum einen, weil die hinduistische Lehre die Grundlage der Meditationsmethode ist, zum anderen, weil die TM-Organisation gegen demokratische Staatsformen ist.

Unabhängig von dieser speziellen Quelle der Meditationslehre halte ich es für wichtig, dass der Ursprung sowie das Ziel der Methode erkannt werden. Durch TM sollen Gesundheit, Glückseligkeit und Stressfreiheit erreicht werden, es geht sozusagen um Selbsterlösung. Auch der hinduistische Hintergrund widerspricht dem christlichen Glauben.

Bei TM wird zum professionellen Meditieren ein ruhiger Ort aufgesucht und in aufrechter Haltung sitzend die Stille um einen herum wahrgenommen. Die Augen sollen geschlossen sein und die Gedanken sollen auf ein einziges Wort reduziert werden.

Mir wurde damals gesagt, dass ich mir selbst überlegen dürfe, was ich gedanklich wiederhole, aber in den TM-Kursen wird ein Wort vorgegeben, das aus dem Hinduistischen stammt und vom Alter und Geschlecht abhängt. Jede Gedankenaktivität muss gestoppt werden, um das eigene Bewusstsein intensiv zu erleben. Hohe Konzentration ist dabei nicht erforderlich, sondern lediglich Ruhe und Stille, die dabei helfen, alle Gedanken loszulassen.

Um noch weiter in das Bewusstsein einzudringen, werden weiterführende Kurse angeboten, in denen das yogische Fliegen erlernt werden soll. Der Körper wird dabei in einen Schwebezustand versetzt und erlebt so das völlige Einssein mit dem Kosmos. Um dieses höhere, erleuchtete Bewusstsein zu erreichen, werden gedanklich verschiedene Formeln aufgesagt, die aus altindischen Traditionen übernommen wurden. Die Kurse, um diese Praktiken zu erlernen, sind sehr kostspielig, obwohl es eines der Ziele von TM ist, dass diese bewusstseinsfördernden Praktiken verbreitet werden, um den Weltfrieden zu erreichen.

Tatsächlich ist zu beobachten, dass Menschen sich friedvoller verhalten, wenn sie regelmäßig meditieren. Doch man muss sich die Frage stellen, womit dies zusammenhängt, schließlich gilt dies auch für Menschen, die unter Beruhigungsmitteln stehen. Die Auswirkung allein kann daher nie eine Rechtfertigung der Mittel bedeuten, auch sind die langfristigen Konsequenzen von Bedeutung.

Auch ich machte mich damals auf den Weg der Meditation, um zu einem höheren Bewusstsein zu gelangen. Zwar besuchte ich keinen Kurs, aber ich befragte Menschen, die darin erfahren waren, und besorgte mir entsprechende Lektüre. Anfangs schlief ich während einer Meditation meist ein und überlegte anschließend, ob ich vielleicht den Aha-Effekt verpasst hatte.

Tiefenentspannung hat auf alle Fälle positive Auswirkungen auf den Körper und die Seele. Durch die Stille kann man zur Ruhe kommen und sich selbst wieder »erden«. Bei allem, was darüber hinausgeht, bin ich jedoch skeptisch. Zu den Zielen der Meditation gehören die Bewusstseinserweiterung und die Selbstfindung sowie die Vereinigung mit dem Universum. Letzteres war auch mein Bestreben. Warum ich das wollte, kann ich heute nicht mehr sagen, und wenn es nicht so ein ernstes Thema wäre, müsste ich im Nachhinein herzhaft darüber lachen.

Wenn ich meditierte, legte ich mich zunächst auf eine bequeme Unterlage und schloss die Augen. Das Telefon wurde auf stumm gestellt und ich bemühte mich, alle Gedanken aus meinem Kopf zu verbannen. Schon vor der Übung überlegte ich mir ein bestimmtes Wort und hielt krampfhaft daran fest, auch wirklich nur dieses eine Wort gedanklich aufzurufen. Ähnlich wie beim autogenen Training wurden meine Arme und Beine schwer, nach einer Weile wurde meine Atmung langsamer und eine Welle der Ruhe überflutete mein Innerstes. Da mir empfohlen wurde, diese Übung zweimal täglich zu wiederholen, trainierte ich regelrecht, wie man sich schnell und optimal entspannt. Bis dahin ist alles in Ordnung und es ist nichts Esoterisches zu erkennen.

Wie schon erwähnt, schlief ich in diesem Stadium meist ein, aber nicht immer. Nach längerer Zeit des Trainings gelang es mir immer besser, mich gedanklich auf ein bestimmtes Wort zu konzentrieren. Ich spürte, dass der Entspannungszustand intensiver wurde und ich trotzdem nicht einschlief. Irgendwann erreichte ich, dass ich meinen Körper nicht mehr spürte und mich in einer Art Schwebezustand befand. Nun nahm ich nichts mehr wahr als eine große Leere, die mich aber nicht deprimierte, sondern mir das Gefühl vermittelte, mit dem Kosmos eins zu sein. Ich hatte es geschafft, das Ziel war erreicht, und ich fühlte mich innerlich völlig ruhig, als hätte ich ein Beruhigungsmittel eingenommen.

Nun konnte ich es jeden Tag kaum erwarten, bis ich erneut die Möglichkeit und die Zeit hatte, dieses enorm friedliche Gefühl zu erleben. Inzwischen wiederholte ich täglich dasselbe Wort in meinem Geist und kam immer schneller in den gewünschten Zustand. Beunruhigend wurde es an den Tagen, wo ich nicht dazu kam, meine Meditationsübungen zu praktizieren. Dann blickte ich immer wieder nervös auf die Uhr und nahm mir vor, die Übung vor dem Einschlafen zu versuchen. Obwohl das ein Alarmzeichen hätte sein sollen, dachte ich nicht weiter über diese Empfindungen nach.

Über einen längeren Zeitraum hatte ich optimale Meditationserlebnisse, dennoch überkam mich oft eine beklemmende Unruhe. Es stiegen Angstgefühle in mir hoch und ich hatte keine Ahnung, womit das zusammenhing. Ich hatte mich doch bisher immer tiefenentspannt gefühlt und vereinte mich mit dem Universum! Da die unangenehmen Gefühle irgendwann anfingen, zu dominieren, hörte ich mit der Meditation auf. Das abrupte Unterlassen dieser hochgradig esoterischen Praktik verursachte Symptome wie bei einem Entzug.

Ähnliche Berichte habe ich auch von anderen Christen gehört, die früher meditiert und Gott in der buddhistisch-hinduistischen Lehre gesucht haben. Tatsächlich überkam mich während der Übungen immer das Gefühl, Kontakt zu etwas Höherem aufgenommen zu haben. Ich kann nicht behaupten, dass es mir angenehm war, trotzdem meditierte ich zweimal täglich, um optimal zu entspannen. Eventuell ist das Wort zwanghaft etwas überzogen, aber ich fühlte mich nicht mehr so frei darin. Es hatte längst nicht mehr die Qualität wie am Anfang.

Meiner Überzeugung nach verbindet man sich mit universellen Mächten, wenn man sich darauf konzentriert, mit dem Kosmos eins zu sein, und gedanklich bestimmte Formeln aufsagt. Es muss natürlich differenziert werden zwischen harmloser Tiefenentspannung und geistlicher Meditation. Es gibt einen großen Unterschied zwischen einem entspannten Spaziergang oder der Erholung auf einem bequemen Ohrensessel und der Bindung an kosmische Gewalten. Warum Meditation auf hoher Ebene keine dauerhafte Lösung für den Körper und die Seele ist, hängt sicherlich damit zusammen, dass universelle Mächte die Herrschaft übernehmen.

Wenn wir uns ein ruhiges, angenehmes Plätzchen suchen, um uns von dem Stress des Alltags zu erholen, ist das viel effektiver und entspannender, als geistlich in die Irre führende Praktiken anzuwenden. Die Einheit mit dem Kosmos und die Verbindung mit entsprechenden Energien ist gefährlich und kann das Gegenteil von dem bewirken, was bezweckt werden soll. Zudem stellt sich die Frage, warum es zur Entspannung beitragen sollte, mit dem Universum eins zu werden.

Wenn wir mit dem Pensum im Beruf und in der Freizeit überfordert sind, können wir dieses reduzieren oder uns einen Ausgleich suchen. Es spricht auch nichts dagegen, die Hilfe eines Coachs oder Beraters in Anspruch zu nehmen. Darüber hinaus hilft es, Gott unsere Nöte zu sagen und mit ihm über die Sorgen des Alltags zu sprechen. Auf diese Weise kommen wir zu einer gesunden Ruhe, die alle anderen gut gemeinten Techniken bei Weitem übertrifft.

Der Meditation habe ich vollkommen abgesagt. Heute wende ich herkömmliche Entspannungstechniken an und verlasse mich auf meinen Gott Jesus Christus. Die dunkle Macht hinter mancher Meditationsübung bringt keine langfristige Ruhe für die Seele. Die liebende Macht Gottes ist jedoch eine sichere Quelle der Ruhe für Körper, Geist und Seele. Gern stimme ich das bekannte Lied von Dietrich Bonhoeffer an mit dem Refrain: »Von guten Mächten treu und still umgeben, behütet und getröstet wunderbar, so will ich diese Tage mit euch leben und mit euch gehen in ein neues Jahr.«

Jesus sagt: »Kommt her zu mir, alle, die ihr mühselig und beladen seid; ich will euch erquicken« (Matthäus 11,28). Bei Gott kommen wir zur Ruhe und zur Entspannung. Ganz ohne Formeln und Sprüche dürfen wir uns ihm nähern und darauf vertrauen, dass er es wohl macht.

Astralreisen – Körperlos unterwegs

> **Astralreise**, auch **Out-of-Body-Experience (OBE)**, bezeichnet eine Erfahrung, bei der man laut eigenen Aussagen seinen Körper verlässt, um in andere Bewusstseinsebenen einzutauchen. Der Geist dringt in Sphären vor und betritt Orte, die im Natürlichen verschlossen sind. Wände, Mauern, Zeit und Raum können durchbrochen werden.

Harry war Heilpraktiker und praktizierte in einem kleinen Dorf vor den Toren Hamburgs. Gemeinsam mit seiner Frau und seinen Kindern betrieb er zusätzlich eine kleine Landwirtschaft für den Eigenbedarf. Die Familie lebte zurückgezogen von allem Stress und jeder Hektik des normalen Alltags auf einem alten Bauernhof, der zum Träumen einlud. Ringsherum wucherten wilde Rosen und auf der Koppel vor dem Haupthaus weideten vier Pferde. Idylle pur! Harry war ein stiller, in sich ruhender Mensch, zumindest hatte man zunächst diesen Eindruck. Begleitet von seinem Schäferhund, wanderte er oft durch die nahe gelegenen Wälder und dachte über das Leben nach.

Als Kind der 1930er-Jahre musste Harry schwere und finstere Zeiten durchleben. Mit zwölf Jahren verlor er seine Eltern und neun Geschwister. Seine Familie waren Sudetendeutsche und sie versuchten wie viele andere, sich gegen das Naziregime aufzulehnen. Er selbst überlebte wie durch ein Wunder ein Massaker von solchen Ausmaßen, wie man sich kaum vorzustellen vermag. Wie sinnlos und grauenvoll sind Kriege! Zu welchen Taten sind Menschen in der Lage? Wer oder was treibt sie dazu, eine derartige

Zerstörung anzurichten? Wie können Menschen solche Überforderungen überstehen?

Harry schlug sich als Jugendlicher mit verschiedenen Arbeiten auf Bauernhöfen durch. Er war sehr geschickt und so gelang es ihm immer, eine Arbeit und ein Quartier zu finden. Mit zwanzig Jahren lernte er seine spätere Frau kennen und das Leben bekam für ihn wieder einen Sinn. Das Paar zog nach Hamburg, wo Harry zunächst in einem größeren Betrieb als Schlosser arbeitete. Da er sich sehr für natürliche und alternative Medizin interessierte, beschloss er, eine Ausbildung zum Heilpraktiker zu absolvieren, die er erfolgreich abschloss. Er eröffnete in Hamburg eine kleine Naturheilpraxis, die schon nach kurzer Zeit gut lief. Um das Angebot für seine Patienten zu erweitern, bildete er sich ständig weiter und orientiere sich verstärkt in die spirituelle Richtung.

Das Ehepaar bekam drei Kinder und die Wohnung wurde zu klein. Harry und seine Frau träumten schon lange von einem kleinen Bauernhof am Rande der Stadt und als sie nach einer längeren Suche fündig wurden, kündigten sie zügig ihre Wohnung und die Praxisräume.

Um ihren Traum auf dem Land zu verwirklichen, bauten sie sich ein kleines Paradies auf umrahmt von altem Baumbestand, Wiesen und Feldern. Die Pferde und ein Wachhund wurden angeschafft und sie lebten sich schnell ein.

Harry eröffnete erneut eine Heilpraktiker-Praxis, die allerdings in dieser idyllischen Gegend zunächst keinen großen Ertrag brachte. Am Tag kamen manchmal nur zwei Patienten und das Honorar reichte nicht zum Leben. Die Ersparnisse waren schnell verbraucht und Harry machte sich Gedanken, wie er die Praxis so ausbauen könnte, dass sie für Ratsuchende attraktiver würde. Er las Bücher über Psychotherapie und bildete sich in diesem Bereich weiter. Tatsächlich kamen nun mehr Patienten, einige von ihnen hatten schon an anderen Stellen Hilfe gesucht.

Manchmal wusste Harry nicht weiter, hatte aber den Anspruch, die Menschen mit ihren körperlichen und seelischen Leiden langfristig erfolgreich zu behandeln. Bei einem seiner langen Spaziergänge dachte er darüber nach, ob es eventuell höhere Wesen geben könnte, Geister, die weiser waren als er und Kräfte haben, um Krankheiten zu heilen. Er las Bücher über übersinnliche Wahrnehmungen und über Heilung durch Geistwesen. Langsam tastete er sich voran und probierte verschiedene Praktiken aus, erst an sich selbst, dann an seiner Frau.

Das größte Interesse in ihm weckten Astralreisen. In den Büchern stand, dass man bei einer Astralreise seinen irdischen Körper verlässt und eins mit dem Universum wird. Dazu bedürfe es jedoch einer gewissen spirituellen Reife, daher wartete er darauf, dass es endlich Zeit wäre, aus seinem Körper herauszugehen. Er hoffte, damit in die Zukunft und in die Vergangenheit reisen zu können und Ratsuchenden einen großen Dienst zu erweisen. Über diese Grenze hinauszutreten, physikalische Gesetze zu durchbrechen, sich mit dem großen Ganzen zu verbinden, mit dem Kosmos eins zu werden, das war es, wonach Harry strebte.

In der Fachliteratur und auch in manchen Internetquellen steht zwar, dass Astralreisen völlig ungefährlich seien, aber die Erfahrung vieler Menschen beweist das Gegenteil. Mit dem Entschluss, aus seinem Körper herauszutreten, begibt man sich auf die Reise in eine unbekannte Welt. Es gibt unterschiedliche Praktiken, die fast einer Betriebsanleitung gleichen, wie zum Beispiel, dass man den Melatonin- und Serotoninspiegel berücksichtigen sollte, eine entspannte Atmosphäre hilfreich ist und eventuell auch eine brennende Kerze. Eine gute Konzentration und das Wegschieben aller Gedanken, die einem durch den Kopf gehen, sind eine der obersten Voraussetzungen für das Gelingen.

Alle Tipps und Ratschläge machen deutlich, dass eine große Bereitschaft gegeben sein muss, ohne Angst und ohne Ungeduld zu diesem vermeintlichen Abenteuer durchzudringen. Harry war bereit dazu. Er hatte schon häufig meditiert und wusste, wie sein Körper optimal entspannte. Von nun an zog er sich immer mehr zurück und suchte die außerkörperlichen Wahrnehmungen mehr als die Realität.

Während meiner Zeit als Geistheilerin bekam ich aus unterschiedlichen esoterischen Bereichen den Rat, aus meinem Körper herauszutreten. Mir wurde vermittelt, dass dies der letzte Schritt sei, um mit dem Kosmos eins zu werden.

Tatsächlich gibt es eine unsichtbare Welt um uns herum, die für uns nicht sichtbar ist, davon berichtet auch die Bibel. Aber Gott warnt, dass wir uns vor den Mächten und Gewalten in der Himmelswelt in Acht nehmen sollen. Das Wort Gottes sagt sehr deutlich, dass wir uns nicht auf einen anderen Geist als seinen Heiligen Geist einlassen sollen. Als ich noch ohne Jesus lebte, sah ich häufig große farbige Bälle und die unterschiedlichsten Gestalten, wenn ich nachts die Augen öffnete und nur halb wach war. Da ich mich davor fürchtete und meine Neugier darauf nicht groß genug war, gelang es mir nie, zu diesen Welten vorzudringen, wofür ich inzwischen sehr dankbar bin.

Manche Spiritisten sind der Ansicht, dass die unsichtbare spirituelle Welt beweisen würde, dass Jesus nicht existiert und die Bibel nur ein Märchenbuch ist. Doch das ist Unsinn, denn die Bibel berichtet ja von der unsichtbaren Welt. Beispielsweise warnt Paulus, dass wir nicht einmal dann an ein anderes Evangelium glauben sollen, wenn Engel es verkündigen würden (Galater 1,8). Das macht deutlich, dass es Engel gibt, die nicht vom Gott der Bibel gesandt werden. Außerdem besagt es, dass es eine andere Dimension gibt als die sichtbare oder vielleicht sogar mehrere solche Dimensionen. Die Tatsache, dass es eine unsichtbare Welt gibt, beweist also gerade, dass Gottes Wort die Wahrheit sagt und dass wir gut daran tun, darauf zu hören und zu achten.

Wie erkennen wir aber, ob außersinnliche Wahrnehmungen von Gott sind und ob die Wesen gute Engel sind, die der Herr uns schickt? Wir erkennen es daran, dass das Reden Gottes sich niemals gegen die Bibel richten würde. In 1. Korinther 12,3 steht: »Darum tue ich euch kund, dass niemand, der durch den Geist Gottes redet, sagt: Verflucht sei Jesus. Und niemand kann sagen: Jesus ist der Herr, außer durch den Heiligen Geist.« Eine Vision oder die Botschaft eines Engels wird immer mit dem Wort Gottes übereinstimmen. Vor Engeln, die Gott dienen, werden wir keine Angst haben. Wenn die Bibel von Engeln berichtet ist die erste Aussage der himmlischen Wesen oft: Hab keine Angst. Auch als die Engel den Hirten auf dem Feld die Geburt von Jesus ankündigten, sagten sie zuerst: »Fürchtet euch nicht!« (Lukas 2,10). Sobald wir uns fürchten, können wir Jesus um Hilfe bitten.

Uns sollte bewusst sein, dass unsichtbare Welten und Wesen real sind und dass es geistige Strömungen gibt, die sich nicht positiv auf uns auswirken. Darum ist es sehr wichtig, in der Bibel zu lesen und im Gebet mit Gott zu sprechen.

Harrys Angebot der spirituellen Heilung zog auch Patienten an, die von weiter her kamen. Daher bot er bald Übernachtungen mit Frühstück an. So führten seine Frau und er erfolgreich eine kleine Frühstückspension inklusive spiritueller Erfahrungen für ihre Gäste. Unter diesen waren Arbeiter, Angestellte, Beamte, Akademiker, Ehepaare, Hausfrauen, Manager und Studenten, eine sehr große Bandbreite der unterschiedlichsten Menschentypen und Problematiken. Eines jedoch hatten sie alle gemeinsam: Sie sehnten sich nach Genesung, sie wollten eine komplette, dauerhafte Heilung für ihren Körper und ihre Seele. Der kleine Hof am Rande der Stadt war zu einer Hoffnung für Menschen mit Dauerproblemen und chronischen sowie unheilbaren Erkrankungen geworden.

Harry verstand es, sich den Patienten zuzuwenden, und erkannte schnell den Zusammenhang zwischen körperlichen und seelischen Verstimmungen. Er nutzte von nun an seine außerkörperlichen Wahrnehmungen für Behandlungen unterschiedlichster Art. Im Falle einer Frau, die an sexueller Lustlosigkeit litt, trat er in mehreren Personen aus seinem Körper heraus und war – wie verstehe ich selbst nicht – in der Lage, ihr zu vermitteln, warum sie nicht mit ihrem Mann intim sein konnte und wie sie wieder eine harmonische Ehe führen konnte. Diese Frau erzählte mir später persönlich von dieser Begebenheit und dass sie tatsächlich zunächst von dieser Last befreit war. Auch ihr Mann ließ sich von Harry behandeln und die beiden wurden in ihrem Glauben bestätigt, dass unsichtbare Mächte heilen und helfen können.

In einem anderen Fall wollte sich eine Patientin das Rauchen abgewöhnen. Als die beiden sich gegenübersaßen, bekam Harry plötzlich eine andere Augenfarbe und eine fremde, deutlich tiefere Stimme. Er sprach undeutliche Worte und drückte eine brennende Zigarette auf einem Stück Stoff aus. Die Frau erzählte mir später, dass sie eine enorme Angst befallen hatte, allerdings auch vor dem Rauchen. Sie verließ zwar den Raum völlig konfus, rührte aber nie wieder eine Zigarette an. Auch diese Ratsuchende wurde somit darin bestätigt, dass spirituelle Verbindungen Wunder bewirken können.

Dieser Schein trügt allerdings, denn langfristig werden sich dafür andere Problematiken in den Leben der Menschen bemerkbar machen. So war es auch bei Harry.

Der Heilpraktiker ging völlig in seiner Arbeit auf und bemerkte zu spät, dass bei all dem Erfolg auf dem Hof seine Ehe auf der Strecke geblieben war. Seine Frau hatte sich verändert und wollte den »Rummel«, wie sie es inzwischen nannte, auf ihrem Privatgelände nicht mehr ertragen. Außerdem verbrachten sie zu wenig Zeit zusammen, denn wenn Harry nicht arbeitete, kümmerte er sich um seine Pferde oder bildete sich medizinisch weiter. Die Ehe zerbrach und seine Frau zog mit den Kindern zurück in die Stadt.

Seine Kinder gingen auf Distanz, doch Harry merkte nicht, wie sein Leben aus den Fugen geriet. Laut den Kindern hatte sich ihr Vater negativ verändert.

Harry arbeitete erfolgreich weiter. Noch während der Trennungszeit lernte er seine zweite Frau kennen, meine Freundin Hanna. Die beiden gingen schon nach kurzer Zeit eine Beziehung miteinander ein. Hanna vertraute mir an, mit welchen Heilungspraktiken ihr neuer Freund arbeitete, und ich wies sie eindringlich auf die Gefahren der Esoterik hin. Sie wusste, dass ich Christin geworden war, und schob meine Einwände auf meine negativen spirituellen Erfahrungen. Harry würde nur mit positiven Energien arbeiten und daher bräuchte sie sich keine Gedanken zu machen, so dachte sie. Ich bete schon lange für Hanna. Jetzt machte ich mir zusätzlich große Sorgen um sie, denn mir war klar, dass sie auf einem gefährlichen Weg war.

Der Versuch, die beiden zu uns einzuladen, war sehr umkämpft. Immer wieder wurden die Besuchstermine abgesagt und verschoben. Es gab immer neue Gründe, um uns aus dem Weg zu gehen. Entweder ging es Hanna nicht gut oder Harry war zu involviert in seiner Praxis. Irgendwann fragte mich Hanna jedoch am Telefon, wie ich zu Gott stehe und was sich in meinem Leben verändert hat, seit ich Christin geworden bin. Ich erzählte ihr von meinen persönlichen Erfahrungen und bestätigte ihre Aussage, dass Geistheilung und andere esoterische Praktiken tatsächlich oft funktionieren. Ich wies sie aber darauf hin, dass der Erfolg nicht bedeutet, dass diese Praktiken keine negativen Konsequenzen haben. Der Preis, den man dafür bezahlen muss, ist äußerst hoch.

Inzwischen kamen deutlich weniger Patienten auf den Hof. Harry ging es seelisch nicht gut und Hanna war in Hamburg berufstätig und wollte nicht auf dem Land leben. So verkaufte er zunächst die Pferde und dann schweren Herzens seinen geliebten Hof.

Endlich meldeten sich die beiden für ein verlängertes Wochenende bei uns an. Hanna wollte gern alles über Gott wissen. Ich war etwas aufgeregt, denn mein Ziel war, beide für Jesus zu gewinnen. Im Vorfeld erlebten mein Mann und ich sehr merkwürdige Dinge. Wir hatten enorme Anfechtungen und ich ahnte warum. Es ging so weit, dass ich unseren Besuch absagen wollte, aber dann schenkte Gott mir ein Bibelwort, das mich darin bestärkte, durchzuhalten. Er ist bei uns in jeder Situation und hilft, wenn wir in Anfechtung sind.

Die Tage bevor Hanna und Harry kamen, wurde mein Mann mit extremen Drehschwindelattacken in eine Klinik eingewiesen, wo er drei Tage stationär behandelt wurde. Als ich den Besuchstermin der beiden in meinem Terminkalender notierte, flossen auf unerklärliche Weise plötzlich kleine Blutstropfen aus einem meiner Finger. Ich warf den Kuli weg und sagte zu meinem Mann, dass Hanna und ihr Freund nicht kommen könnten, denn mit diesen Mächten wollte ich absolut nichts mehr zu tun haben. Als ich dies sagte, stand ich neben dem Schreibtisch meines Mannes und mein Blick fiel auf ein hochkant gestelltes Kärtchen mit folgendem Bibelvers:

> Fürchte dich nicht, ich bin mit dir; weiche nicht, denn ich bin dein Gott. Ich stärke dich, ich helfe dir auch, ich halte dich durch die rechte Hand meiner Gerechtigkeit.
>
> *Jesaja 41,10*

Jetzt waren wir sicher, dass der Besuch von Hanna und Harry zu Gottes Plan gehörte.

Selbst für mich hört sich das alles übertrieben und unrealistisch an, aber genau so hat es sich zugetragen. Wir erlebten Angriffe, doch letztlich stützten wir uns auf Gottes Wort. Uns war klar, dass nur Jesus selbst die beiden zur Umkehr leiten konnte. Wir sind die Werkzeuge Gottes und absolut nicht perfekt, denn ich selbst hätte die Verabredung ja beinah abgesagt.

Mit ihrem Schäferhund im Gepäck reisten Hanna und Harry an einem Freitagnachmittag an. Nun saßen wir gemütlich beim Kaffeetrinken und sprachen über unterschiedliche Themen. Irgendwann traute ich mich, zu fragen, ob sie Lust hätten, am Abend mit uns einen christlichen Hauskreis zu besuchen. Hanna zeigte sich sofort interessiert, aber Harry wollte lieber mit seinem Hund daheim bleiben, und so betete ich still, dass er sich noch umentscheiden würde.

Wir sprachen dann über Gott, Jesus und die Bibel. Hanna stellte viele Fragen, die wir ihr gern beantworteten. Unser Gespräch rückte zu einer Tiefe vor, die ich mir nicht zu erträumen gewagt hätte. Durch die Diskussion verschiedener Glaubensfragen waren wir nach kurzer Zeit bei der Kreuzigung Jesu angelangt. Plötzlich meldete sich Harry zu Wort. Er sagte, dass er sich als Astralreisender die Kreuzigung Jesu jederzeit ansehen könne, wenn er das wollte. So könne er prüfen, ob es tatsächlich so gewesen sei, wie es in der Bibel steht. Er berichtete uns von vielen historischen Ereignissen, die er näher betrachtet hatte, und betonte, dass es kein Problem für ihn wäre, nachzusehen, ob es sich wirklich so ereignet hatte, wie wir es glauben.

Puuuhhh!!! Das waren starke Aussagen, die mit Mächten der Finsternis zusammenhängen. Ich musste tief durchatmen und bat Jesus im Stillen, mir die richtigen Worte in den Mund zu legen. Dann antwortete ich Harry, dass die geschichtlichen Ereignisse, die er gesehen haben will, nur vom Teufel vorgegaukelt worden seien. Doch selbst wenn er wie ein Zeitreisender an historischen Geschehnissen teilnehmen könnte, würde Gott es ganz sicher nicht zulassen, dass der Teufel ihm die Kreuzigung zeigt. Die hatte er nämlich ganz bestimmt nicht gesehen und würde sie auch nie sehen.

Mein Herz pochte und ich war sicher, dass der Zeitpunkt der Abreise unserer Gäste gekommen war, aber Harry wurde ganz still. Es war eine besondere Ruhe im Raum und niemand sagte etwas, bis Harry selbst das Schweigen mit der Frage brach, wann der Hauskreis beginnen würde.

Liebevoll von Gott geführt, fuhren wir zu viert zum Hauskreis. Harry und Hanna wurden herzlich empfangen. Da sie keiner Kirche angehörten, war ihnen so ein Treffen, wo gesungen, gebetet und in der Bibel gelesen wird, völlig unbekannt. Die beiden waren sehr aufmerksam, beteiligten sich aber kaum an den Gesprächen über den Bibeltext. Ich war etwas nervös, machte mir jedoch gedanklich klar, dass der Herr Jesus alles im Blick hatte. Es war ein wunderbarer und gehaltvoller Abend. Zum Abschluss beteten wir für verschiedene Anliegen, aber auch jetzt waren Hanna und Harry sehr zurückhaltend und ruhig. Auf der Fahrt nach Hause traute ich mich nicht, zu fragen, wie es ihnen gefallen hatte. Es war spät geworden, daher wünschten wir uns gleich eine gute Nacht, als wir zu Hause ankamen.

Nach einer etwas unruhigen Nacht stand ich auf und bereitete das Frühstück vor. Hanna kam als Erste in die Küche und berichtete mir, dass Harry die halbe Nacht mit dem Hund spazieren gegangen sei und über den gestrigen Abend nachgedacht habe. Ich ließ fast die Tasse fallen, die ich gerade in der Hand hielt, denn damit hatte ich nicht gerechnet. Während wir gemeinsam den Tisch deckten, fragte ich Hanna, wie es ihr mit den Gesprächsinhalten des Hauskreisabends ergangen sei. Sie antwortete, dass Harry gern mit uns reden wollte und ein paar Fragen hätte.

Bald kamen die beiden Männer herein und setzten sich zu uns. Ich versuchte, Ruhe und Gelassenheit auszustrahlen. Plötzlich sagte Harry, dass er in der Nacht eine Begegnung mit Gott gehabt hatte und sich für Jesus Christus entscheiden wolle. Er fragte, was er tun müsse, um zu Gott zu gehören. Mir stockte der Atem und ich schaffte es nicht, die Tränen zu unterdrücken. Preis dem Herrn!

Hanna sagte sofort, dass auch sie sich entschieden habe, mit Jesus zu leben. Ohne auch nur einmal vom Brötchen abzubeißen, gingen wir ins Wohnzimmer und knieten uns auf den Boden. Mein Mann betete für die beiden. Hanna und Harry übergaben dem Herrn Jesus ihr Leben und aus vollem Herzen sprachen sie das erste Mal in ihrem Leben ein Gebet zu Gott. Wir waren überwältigt und dankbar. Nie werde ich das Strahlen in ihren Augen vergessen, als sie aufblickten. Es schien, als würde die Sonne geradewegs in unser Wohnzimmer strahlen und den Raum erhellen. Die beiden sahen überglücklich aus, wie ein Brautpaar nach der Trauung.

Ich hatte schon viel darüber gelesen, wie es ist, wenn sich Menschen mit einer solchen Vergangenheit wie Harry bekehren, aber nun durfte ich es mit eigenen Augen sehen. Harry wirkte deutlich entspannter und er bekam weichere, liebevollere Gesichtszüge. So etwas hatte ich bisher noch nie erlebt.

Trotz der Gefahr, dass es unglaubwürdig klingt, möchte ich erwähnen, dass Harry sieben Stunden lang weinte und sich kaum auf den Beinen halten konnte. Ich bin kein Christ, der diese Phänomene sucht, aber es gibt sie und anscheinend besonders dann, wenn der Heilige Geist eine große Befreiung vollbracht hat. Harry weinte sich seinen ganzen Seelenschmerz aus dem Herzen, er hatte sehr viel durchlitten und war nun voller Dank darüber, aus der Finsternis in das wunderbare Licht getreten zu sein. Aus Liebe, Gnade und Barmherzigkeit hat Gott Hanna und Harry gerufen und nun fing für sie ein ganz neues Leben an.

Wir fragten Harry, was ihn letztlich dazu bewogen hatte, Jesus als Erlöser anzunehmen. Er erzählte, dass ihn das mit der Kreuzigung von Jesus stutzig gemacht hatte. Tatsächlich hatte er einmal versucht, in einer Astralreise Jesus am Kreuz zu sehen, aber es hatte nicht funktioniert, obwohl er außerkörperlich schon viele andere Reisen unternommen hatte. Zudem hatte Harry empfunden, dass alle Hauskreisteilnehmer eine gewisse Helligkeit ausstrahlten, außer Hanna und er. Sich selbst hatte er als ganz besonders dunkel empfunden.

Weil er sich dieses Gefühl nicht erklären konnte, war er die halbe Nacht mit seinem Hund spazieren gegangen. Irgendwann sagte Gott zu ihm: »Harry, warum läufst du vor mir weg?« Seit den Hauskreisgebeten spürte er eine große Unruhe in sich und fühlte sich wie ein Getriebener. Plötzlich war ihm bewusst, dass er auf der falschen Seite stand. Er ahnte, in was er sich hineinbegeben und worauf er bisher vertraut hatte. Ein Unbehagen überkam ihn und er wollte am liebsten davonlaufen. Aber die Liebe Gottes und die Sehnsucht nach ihm holten Harry ein.

In den nächsten Tagen und Wochen telefonierten wir täglich miteinander, denn es waren noch viele Fragen offen. Wir gaben den beiden die Empfehlung, sich einer Gemeinde anzuschließen. Hanna erzählte, dass Harry in den ersten Tagen nach seiner Entscheidung für Jesus oft auf dem Fußboden lag und seine Hände sich zu Krallen verbogen. Sie fühlte sich geistlich überfordert damit und so beteten wir gemeinsam, bis diese Phänomene verschwunden waren. So wie es in der Bibel steht, waren Hanna und Harry neue Menschen geworden. Jesus nennt das in der Bibel, von Neuem geboren sein (Johannes 3,1-21). Genau so erlebten sie es. Es war eine große Freude! Lob, Preis und Ehre unserem Gott!

Wieder auf dem Boden des Alltags angekommen, hatte Harry ein Problem. So wie er seine Praxis bisher geführt hatte, konnte es nicht weitergehen. Die Angebote waren hochgradig esoterisch und mit seinen neuen Erkenntnissen absolut nicht mehr vereinbar. Hinzu kam, dass Harry ein Buch über Astralreisen geschrieben hatte und ein Termin mit dem Lektor eines großen Verlages bevorstand. Harry hatte sich gefreut, mit seinem Buch auf solches Interesse gestoßen zu sein. Tag und Nacht hatte er an diesem Werk gearbeitet, doch nun hatte sich alles verändert. Das Manuskript landete im Kamin. Harry wollte ganz sicher sein, dass es niemand mehr lesen konnte. Er kehrte um in die richtige Richtung, zu dem Gott der Bibel.

Kurze Zeit später heirateten Hanna und Harry. Sie besuchten eine Hamburger Gemeinde und gründeten einen Hausbibelkreis, zu dem sie Menschen einluden, die in keine Kirche gingen. Unter anderem kamen auch Esoteriker in ihren Hauskreis. Ein junger Mann besuchte den Hauskreis regelmäßig. Er konnte hellsehen und kannte viele Hilfe suchenden Menschen, denen er die Zukunft voraussagte. Er selbst litt unter chronischen Schmerzen und hatte keine Erklärung dafür. Da Harry wusste, wovon er befreit worden war, nahm der junge Mann ihn sehr ernst und nach einigen intensiven Gesprächen vertraute auch er Jesus Christus sein Leben an.

Hanna und Harry wurden zum Segen für viele Menschen, die mit Esoterik oder Okkultismus zu tun hatten. Harry fand eine Stelle bei einem Hamburger Sportverein. Er verdiente wesentlich weniger Geld als früher mit seiner gut gehenden Praxis, aber er hatte Frieden mit Gott und das war ihm viel mehr wert. Er hatte nie wieder etwas mit irgendeiner Form des Übersinnlichen zu tun, außer mit Jesus selbst.

Harry war früher ein starker Raucher gewesen und leider wurde bei ihm kurz nach seinem 68. Geburtstag Lungenkrebs diagnostiziert. Er reagierte erstaunlich gelassen auf die schlechte Prognose des Arztes. Bald fiel es Harry zunehmend schwerer, den Tag durchzustehen. Ein langer Weg des Leidens, Hoffens und Gebets begann. Schließlich starb er in seinem 70. Lebensjahr.

Warum Harry schon heimgehen musste, kann niemand beantworten, doch wir wissen, dass er jetzt bei Jesus lebt. Hanna pflegte ihn bis zum Schluss und erlebte mit, wie friedlich und voller Freude Harry ins Himmelreich eingehen durfte. An dem Morgen, bevor er heimging, hatte er Hanna noch mit strahlenden Augen erzählt, dass er den Herrn Jesus gesehen habe. Er hatte an seinem Bett gestanden und gesagt, dass er ihm helfen würde.

Die Hilfe war in diesem Fall eine andere als die, die wir erhofft hatten. Harry ging im Schlaf, ohne Angst und voller Frieden in die Herrlichkeit ein. In seinem Gesicht war eine tiefe Zufriedenheit zu sehen, dies bestätigte auch der behandelnde Arzt.

Alle Schuld war Harry vergeben durch den Glauben an das, was Jesus am Kreuz für ihn getan hatte. Harry hatte Befreiung von esoterischen Praktiken und Okkultismus erfahren und war ein Segen für weitere Menschen, die auf einem gefährlichen Irrweg waren. Gottes Plan hatte sich mit Harrys Leben erfüllt. Keine okkulte Bindung konnte ihn festhalten.

Kapitel 6

Esoterik im Kinderzimmer – Fremde Mächte nehmen Einfluss

Eltern haben bis zu einem gewissen Alter die Autorität über ihre Kinder und es hat geistliche Auswirkungen, wenn Eltern ihren Kindern esoterische Werte als etwas Positives vermitteln. Wenn Traumfänger im Kinderzimmer hängen und das Kind einen Schutzgnom bei sich trägt, ebnet dies den Weg für andere esoterische Praktiken.

Auch im aufgeklärten Europa nimmt die esoterische Welle Einfluss auf unsere Kinder. Bewusst oder unbewusst können sich fremde Mächte aus der unsichtbaren Welt in das Leben von Kindern und Jugendlichen schleichen. Es beginnt mit der Inneneinrichtung des Kinderzimmers nach der Feng-Shui-Lehre. Im Kindergarten werden Mandalas ausgemalt und Fantasiereisen unternommen. Längst hat die Konsumbranche Halloween als neue Einnahmequelle für sich entdeckt.

Was geschieht in den Köpfen der Kinder, wenn sie um sich herum diese Praktiken sehen und erleben? Wie reagieren sie auf die geistlichen Angebote? Sicher individuell unterschiedlich, aber klar ist, dass diese Dinge nicht so harmlos sind, wie sie sich vorerst anhören. Subtil und unauffällig schleichen sich unbekannte Mächte in das Leben unserer Kinder. Es mag sich übertrieben anhören, doch das ist es nicht. Vorsicht ist geboten, sobald es um Reisen außerhalb des Körpers geht und um okkulte Gegenstände, die das Kind beschützen sollen. Ein Leuchtkreuz an der Wand oder Leuchtsterne an der Zimmerdecke können dem Kind Sicherheit vermitteln, aber sobald ein Gegenstand selbst das Kind beschützen soll, betritt man den Bereich von Glücksbringern und Talismanen. Dabei werden auch offensichtlich bedenkliche Gegenstände mit tieferer Bedeutung für Kinder oder Jugendliche hergestellt. Beispielsweise erfreuen sich kleine Voodoopuppen zunehmender Beliebtheit. Deshalb sollte darauf geachtet werden, was den Kindern durch solche Dinge vermittelt wird. Gott wird meist außen vor gelassen und somit werden Tür und Tor für das Interesse an dem ungesunden Übernatürlichen geöffnet.

Kinder sind ein Segen Gottes (Psalm 127,3) und die meisten Eltern wollen das Beste für ihre Kinder. Natürlich kann man seine Kinder nicht vor allem Negativen bewahren, auch müssen sie lernen mit Frust umzugehen. Eltern haben nicht die Kontrolle über alle Umwelteinflüsse, aber niemand hat so viel Einfluss und Autorität über ein Kind wie Mutter und Vater. Ebenso tragen Lehrer und Erzieher eine hohe Verantwortung und einen großen Teil zur Entwicklung der Kinder bei. Eltern, Großeltern, Tanten, Onkel, Geschwister, Erzieher, Lehrer und Freunde begleiten das Aufwachsen von Kindern und prägen deren Lebenseinstellung. Leider beherzigen Erwachsene oftmals aus reiner Unwissenheit Empfehlungen, die nicht zum Wohle des Kindes sind.

Massenmedien – Magie und Fabelwesen haben Hochsaison

Auch die Medien haben einen großen Einfluss auf das Weltbild der Kinder. Es ist wichtig, zu wissen, mit welchen Themen sich die eigenen Kinder auseinandersetzen und womit sie im Alltag konfrontiert werden. Fernsehsendungen, Kinofilme und Computerspiele sollten mit Bedacht ausgesucht und darüber hinaus auch aus gesundheitlichen Gründen fein dosiert werden.

Vor zwanzig Jahren eroberte die Romanserie »Harry Potter« die Herzen von Erwachsenen und Kindern im Sturm, die Verfilmungen wurden ein großer Kinohit. Die Bände waren der größte weltweite Bucherfolg der 2000er-Jahre. Als ehemalige Esoterikerin hatte ich persönlich kein Interesse an den Büchern und war verwundert über diesen enormen Erfolg. Die Spielzeugindustrie war wachsam und hat entsprechendes Material hergestellt. Zauberstäbe erfreuen sich großer Beliebtheit und große schwarze Hüte im Stil von Harry Potter werden gern zum Fasching getragen. Im Internet habe ich mir Kinderzimmergestaltungen nach Harry Potter angesehen. Ich frage mich, wie sich ein Kind mit Zaubersprüchen an der Wand geborgen fühlen kann. Meint es, es wäre damit langfristig beschützt?

Was in dem Film wie ein Märchen dargestellt wird, kann den Wunsch nach dem Übersinnlichen wecken. Zudem werden esoterische Praktiken und Glaubensinhalte vorgestellt, die Macht des Zauberns, der Wahrsagerei und der Magie. Viele Begriffe in den Romanen stellen biblische Wahrheiten dar, allerdings verdreht und weit ab von jeder geistlichen Realität. Beispielsweise könnte der Stein der Weisen meiner Meinung nach Gott darstellen. Es kommen Poltergeister vor, sprechende Gemälde, Kobolde und Elfen. Auch von gruseligen alten Wahrsagern, Drachen und Zaubergetränken ist zu lesen. Schließlich gibt es noch Lord Voldemort, das personifizierte Böse, und sein Gefolge, die Todesser, die ein dunkles Mal tragen. Die ganze dämonische Welt ist vertreten und in einen Märchenroman verpackt. Diese Kammer des Schreckens halte ich für nicht kindgerecht. Jeder Kriminalfilm solcher Art wäre erst ab 16 Jahren freigegeben, die Harry-Potter-Filme werden dagegen meist ab 12, die beiden ersten schon ab 6 Jahren empfohlen.

Was an tanzenden Skeletten schön und faszinierend ist, will sich mir nicht so recht erschließen. Tatsächlich denke ich, dass die Sehnsucht nach dem Unsichtbaren, Übernatürlichen und nicht Erreichbaren eine große Rolle spielt. Die Menschen sehnen sich nach Gott und seiner Liebe, nach übernatürlichem Eingreifen und nach Erlösung. Nicht nur bei dem Phänomen Harry Potter fällt auf, dass Gut und Böse miteinander kämpfen, bei fast jedem Märchen ist dies der Fall. Kinder fühlen sich angezogen von erzählten Geschichten, die sich in der Fabel- und Fantasiewelt abspielen.

Häufig werden neben der Faszination aber auch Ängste geschürt. Viele Kinder fürchten sich im dunklen Zimmer, wenn die Nachttischlampe ausgemacht wird. Die Bedenken, nachts könnte etwas geschehen, was sie nicht beeinflussen können, verstärken sich häufig nach Geistergeschichten und Märchen. In vielen Kinderbüchern werden spirituelle Vorgänge verniedlicht. Hexen gelten schon lange als etwas Positives, von Bibi Blocksberg gibt es unzählige Hörspiele, mehrere Fernsehserien und Bücher. Seit wenigen Jahren erleben auch Geschichten um Vampire und Werwölfe einen Hype.

Den hohen Wahrheitsgehalt hinter den Fantasieromanen und -filmen erkennt man vielleicht nur, wenn man schon einmal mit dem Unsichtbaren konfrontiert wurde. Nichtsahnend schauen Eltern und Kinder Filme an, in denen eventuell der Wunsch nach ungesunder Spiritualität geweckt werden könnte. Vermeintlich niedliche Kinderfilme haben es in sich, wie zum Beispiel »Lauras Stern«. Laura spricht mit einem Stern, der ihr geheimer Berater ist, ihr Bruder hat einen Beschützmichhund. Bei einigen Kinderserien gibt es spezielle gruselige Folgen, die an Halloween gezeigt werden.

Was okkulte Kindersendungen im Fernsehen anrichten können, ist mir nicht bekannt, aber der gesunde Menschenverstand sagt mir, dass Praktiken wie Hexerei durch eine Trickfigur wie die Hexe Bibi Blocksberg verharmlost werden. Zauberei und Magie werden als normal und erstrebenswert dargestellt und das hat sicher eine Wirkung auf das zuschauende Kind.

Hier möchte ich raten, sich gut zu informieren, was die Kinder lesen, hören und sehen. Bei kleinen Kindern kann man dies noch gut lenken, bei größeren können kindgemäße Gespräche dafür sorgen, dass sie den Unterschied erkennen. Prinzipiell sollten die Eltern das letzte Wort haben, solange die Kinder noch nicht reif genug sind, um gute eigene Entscheidungen zu treffen. Wenn ein Kind zum Geburtstag ein Geschenk bekommt, das fragwürdig ist, kann man ihm einen Ersatz dafür anbieten. Dann wird das Buch von der kleinen Hexe beispielsweise gegen ein gutes christliches Kinderbuch ausgetauscht.

Eine gute Kinderbibel bietet viele spannende Geschichten. Mit einer altersgemäßen Auswahl kann man den Kindern zeigen, dass sowohl das Böse als auch das Gute real sind und dass Gott das letzte Wort hat. Manche Passagen aus dem Alten Testament sind grausam und nicht alles ist für Kinder geeignet. Kinderbibeln berücksichtigen dies jedoch normalerweise und zeigen in ihren Geschichten immer wieder den liebenden, lebendigen und gerechten Gott. Im Neuen Testament bewirkt Jesus große Wunder. Er heilt Kranke und erweckt Tote zum Leben. Jesus treibt böse Geister aus und herrscht über sie. Er lehrt die Jünger zu beten und lässt niemanden im Unklaren darüber, wer er ist und woher er kommt. Wichtig ist es auch, ältere Kinder dazu anzuleiten, selbst in der Bibel zu lesen. Das Wort Gottes ist wie ein scharfes Schwert, das die Wahrheit von der Lüge trennt.

Gott warnt vor Wahrsagern und Sterndeutern. In der Bibel wird Steinen keine heilende Kraft zugeordnet. Kein Zaubertrank, der die Wirkung von Drogen hat, wird angepriesen. Die Bibel umfasst eine gesunde, heilsame Lehre und tut Kindern gut.

Meditation und Yoga –
Entspannung im Alltagsstress?

Meditation und Fantasiereisen sollen für Entspannung sorgen, wenn ein Kind unkonzentriert und hibbelig ist. Es werden Reisen ins Elfenland und Ballonfahrten fantasiert, die eventuell einen bleibenden Eindruck bei dem Kind hinterlassen. Diese Eindrücke entsprechen aber nicht der Realität, sondern können das Kind in eine Form von Trancezustand versetzen.

Über Kinderyoga, das ebenfalls eine beruhigende Wirkung erzielen soll, wird oftmals der Weg zu den Chakren, die auch bei der Geistheilung eine Rolle spielen, geöffnet. Eine ganz gewöhnliche Muskelentspannung und die Klänge beruhigender, harmonischer Musik sind meiner Meinung nach eine sinnvollere Variante.

Großer Beliebtheit erfreuen sich seit einigen Jahren auch Mandalas. Die meist runden Ausmalbilder mit wiederkehrenden Mustern sind angelehnt an die kunstvollen Mandalas aus dem Buddhismus und dem Hinduismus. Dabei handelt es sich um Bilder, denen eine magische Bedeutung zugeschrieben wird. Die kleinen Ausmalbilder sehen anders aus und enthalten vor allem geometrische Formen. Möglicherweise ist das Ausmalen dieser Mandalas völlig harmlos und ohne Folgen. Mir reicht jedoch der Ursprung dieser Meditationsmethode, um vom Ausmalen der Mandalas mit Kindern abzuraten. Ein Bild, welches von einem fremden Menschen entworfen und nach buddhistischen Maßstäben gezeichnet wurde, möchte ich selbst auch nicht ausmalen müssen. Mir ist klar, wie übertrieben sich das anhört, aber fest steht, dass Mandalas in ihrer ursprünglichen Form einen tiefen Sinn haben und dieser spiritueller Natur ist.

In der Pädagogik soll das Ausmalen eine bessere Konzentration bewirken und zur Entspannung des Kindes beitragen. Die Mitte soll gefunden werden, wie die buddhistische Lehre es vorgibt. Würde eine Lehrkraft an einer staatlichen Schule ihrer Klasse vorschlagen, gemeinsam zu beten und stille zu sein vor Gott, um zur Ruhe zu kommen, müsste man mit Beschwerden einiger Eltern rechnen, die nicht wollen, dass ihr Kind religiös manipuliert wird. Meditative Mandalas auszumalen, ist in unserem Land eine völlig neue Methode, wird aber akzeptiert und für gut befunden, ohne Konsequenzen und Hintergründe zu hinterfragen.

Auch auf die Gefahr hin, dass man als altmodisch oder überängstlich verschrien wird: Eltern sollten sich einmischen, wenn im Kindergarten oder in der Grundschule Praktiken angewendet werden, die ihnen seltsam vorkommen. Dafür gilt es, sich gut zu informieren und sich entsprechende Argumente zu überlegen. Besonders in kirchlichen Kindergärten sollte das pädagogische Personal offen für begründete Bedenken sein.

Ist wirklich jede Methode gut?

Leider werden Kinder auch im frühen Alter schon mit geistiger Heilung konfrontiert. In der Schwangerschaft bieten manche Hebammen esoterische Methoden an, Kinderärzte verschreiben homöopathische Mittel und im Elterntreff für Kleinkindeltern hält eine nette Ärztin, selbst Mutter, einen Vortrag über die Vorteile dieser Methode. Bernsteinketten werden speziell für zahnende Babys verkauft und beinhalten neben der Gefahr, dass fremde Mächte Einfluss nehmen, die Gefahr des Erstickens.

Hauterkrankungen wie Neurodermitis und allergische Reaktionen auf Lebensmittel veranlassen manche Eltern dazu, einen geistlichen Heiler aufzusuchen. Später treten bei den Kindern häufig Erscheinungen wie Zwänge und Angstneurosen auf, werden aber nicht in einen Zusammenhang mit dem spirituellen Heiler gebracht. So sucht dann das Kind im Erwachsenenalter oft selbst

Heilung im Spiritismus. Der Fluss der Spiritualität soll auch für Kinder da sein, dabei wird der Gott der Bibel völlig außer Acht gelassen.

In meiner Nachbarschaft erlebte ich zu meinem großen Bedauern eine Tragödie in einer Familie, in der geistige Heilmethoden angewendet wurden. Ein Junge im Kindergartenalter litt unter nächtlichen Panikattacken. Weil die Mutter gegen eine Psychotherapie war, suchte sie einen Alternativmediziner auf, der dem Kind Bachblüten verordnete. Tatsächlich gingen die Ängste zunächst zurück und die Mutter war begeistert von der Behandlung. Zu dem Zeitpunkt hatte ich ihr schon von geistigen Behandlungen in jeglicher Form abgeraten, doch leider hörte sie nicht auf mich.

Nach einer Behandlungspause stellten sich bei dem Jungen erneut unreale Ängste ein, die sich nun auch tagsüber bemerkbar machten. Eine Psychotherapie war unumgänglich. Inzwischen ging der Junge zur Schule und die Ängste begleiteten ihn weiterhin. Es wurde so schlimm, dass sogar ein Klinikaufenthalt nötig war. Die Mutter hatte sich selbst auch mit Bachblüten behandeln lassen. Ihre Lebenseinstellung und ihr Wesen veränderten sich. Sie begann eine Affäre und heiratete später ihren Liebhaber. Der Vater des Jungen litt so sehr unter der Zerrüttung seiner Ehe, dass er sich das Leben nahm. Der hochsensible, ängstliche Junge fand den Vater erhängt auf dem Dachboden und ist bis heute traumatisiert. Die Mutter ist mittlerweile von ihrem damaligen Freund geschieden und lebt mehr oder weniger in einem sozialen Chaos.

Dieser Fall ist hoch dramatisch und sicherlich kann nicht bewiesen werden, dass diese Tragödie auf spirituelle Heilmittel zurückzuführen ist. Aber mir persönlich ist kein einziger positiver Verlauf bekannt, der mit geistlichen Medikamenten zusammenhängt. Besonders wenn Kinder von den Eltern dazu gebracht werden, sich dem Spirituellen zu öffnen, sind sehr oft Zerstörung und seelische Verstimmungen zu beobachten.

Traumfänger und Steine –
Beschützen magische Gegenstände das Kind?

> **Traumfänger** gibt es in verschiedenen indianischen Kulturen. Es handelt sich um ein Netz, das mit persönlichen oder heiligen Gegenständen dekoriert wird. In Deutschland sind es meist Federn.

Vermutlich gibt es drei Hauptgründe, warum Eltern bei Kindern Glücksbringer oder Talismane einsetzen. Möglicherweise glauben sie an die Wirkung und wollen ihr Kind unter einen besonderen Schutz stellen. Vielleicht wollen sie damit auch nur erreichen, dass ihr Kind sich beschützt fühlt und mutiger ist. Oder sie finden die kleinen Gegenstände einfach niedlich. Dies ist sicherlich bei Traumfängern der Fall, die an Autospiegeln hängen, was ihrer Verwendung völlig entgegensteht, denn sie sollen eigentlich in der Nähe des Betts aufgehängt werden.

In meinem Bekanntenkreis bekam ein Kind schon im Babyalter Traumfänger und stärkende Steine ins Bettchen gelegt. Das Zimmer war voller Federn, die böse Geister abschrecken sollten. Das Kind entwickelte sich normal, war aber auffällig ruhig. Der Vater äußerte mir gegenüber einmal, dass er nichts mit seinem Kind anfangen könne, weil es sich kaum äußern würde. Es hatte wenig soziale Kontakte und Schwierigkeiten, sich mit gleichaltrigen Kindern auseinanderzusetzen. Im Jugendalter kämpfte dieses Kind dann mit diffusen Ängsten. Sicher kommt so etwas auch in nicht esoterischen Familien vor, aber ich denke, dass diese Entwicklung mit daran lag, dass die Familie den esoterischen Kräften vertraute. Es war traurig, ihren Abstieg mitzuerleben.

Der Vater des Kindes konfrontierte die Familie irgendwann mit einer Freundin, die er neben seiner Ehe hatte, und forderte, dass diese Frau mit bei der Familie wohnen solle. Diese völlig absurde Bitte wurde natürlich nicht erfüllt. Die Ehe zerbrach und die Mutter war nun alleinerziehend. Der Mann wurde später Alkoholiker.

Als junges Ehepaar hatte das Paar glücklich begonnen, seine Zukunft zu planen. Zur gelungenen Selbstständigkeit kam bald darauf das Wunschkind. Welch eine Zerstörung nahm dann ihren Lauf? Wie konnte es zu diesem Drama kommen?

Es mag Zufall sein oder Schicksal, wie es manche Menschen nennen. Aus meiner Sicht lag es jedoch daran, dass die Eltern sich intensiv der Esoterik gewidmet und ihre Philosophie zudem noch auf ihr Kind übertragen haben. Wüsste ich auch nur einen Fall, wo die Inanspruchnahme übersinnlicher Kräfte einen positiven Verlauf genommen hat, wäre ich zurückhaltender mit dem, was ich darüber weitergebe. Aber meine langjährigen Beobachtungen und Zeugenberichte ergeben, dass die Zuwendung zu unbekannten Mächten oder übersinnlichen Medikamenten früher oder später immer negative Folgen hat.

Rituale können natürlich beim Einschlafen helfen, aber dafür sind keine esoterischen Mittel notwendig. Ein Gebet am Bett eines Kindes wirkt beruhigend und erzeugt eine friedvolle Atmosphäre. Um den Schutz von Gottes Engeln zu bitten, ist sinnvoller als gebastelte Figuren zum Schutz aufzustellen oder Traumfänger aufzuhängen. Anstelle von guten Träumen können diese übrigens auch furchtbare Albträume bewirken. Esoteriker meinen, dass dies geschieht, wenn negative Energien darin gespeichert sind, weil beispielsweise der Schenker nicht an die Macht des Traumfängers glaubt. Viel wahrscheinlicher ist als Ursache jedoch die Verbindung zu spirituellen Praktiken.

Halloween – Fröhlicher Geisterspaß?

Im Laufe der 90er-Jahre erreichte Halloween unser christlich geprägtes Mitteleuropa. Die okkulten Bräuche dieses Fests stammen ursprünglich von den Britischen Inseln. Inzwischen vergeht kein Jahr, ohne dass als Geister oder Hexen verkleidete Kinder und Jugendliche am 31. Oktober auf die Straße gehen, Partys feiern oder an Wohnungstüren klingeln. Je mehr Geister, umso besser, und einer ist hässlicher als der andere. Welche ernsthaften Riten hinter diesem Verkleidungsfest stehen, machen sich nur wenige Menschen bewusst.

Halloween findet einen Tag vor dem Feiertag Allerheiligen statt. Durch die traditionellen Kürbisse sollen böse Geister vertrieben werden. Dieser Brauch ist eine heidnische Tradition. Woher genau die Tradition der Verkleidung kommt, ist nicht bekannt. Vermutlich, weil zu diesem heidnischen Fest einfach finstere Geister gehören.

Ich gehe davon aus, dass die meisten Eltern nichts von den okkulten Hintergründen wissen und ihre Kinder ahnungslos von Tür zu Tür gehen lassen, um Süßigkeiten zu sammeln. Die Industrie hat auch hier nicht geschlafen und entsprechende Dekorationen, Süßigkeiten und Kostüme hergestellt. In Gesprächen über diese Bräuche und die hässlichen Kostümierungen fällt immer wieder der Satz, dass es doch nur Spaß sei. Nein, Spaß ist es ganz sicher nicht. Es ist unbequem, sich gegen die Einstellung der Mehrheit zur Wehr zu setzen und gegen etwas zu sein, was sich etabliert hat. Aber man muss nicht alles mitmachen und darf Hintergründe aufdecken. Halloween und Kürbisse, bei denen eine Fratze herausgeschnitten wird, werden zur Tradition gemacht, heidnische Riten werden durchgeführt und Gott tritt immer mehr in den Hintergrund.

Es gibt nur eine Möglichkeit, böse Geister zu vertreiben, und die liegt im Namen von Jesus Christus. Er hat Vollmacht über alle Mächte und Gewalten in der Himmelswelt. Es ist viel sinnvoller und entspannter, wenn wir unsere Kinder diesem wunderbaren und mächtigen Gott anvertrauen, statt heidnischen Traditionen zu folgen.

An jeder Ecke lauert heute der Okkultismus und er wird von vielen Menschen nicht ernst genommen. Kinder sind gefährdet, weil sie unterschwellig an den Spiritismus herangeführt werden. Betroffene Kinder werden sich im Erwachsenenalter eher für die unsichtbare Welt und das Universum öffnen als Kinder, deren Eltern fein gefiltert und sie ihrem Alter entsprechend auf die Gefahren hingewiesen haben. Es ist lohnenswert, nicht alles mitzumachen, was modern und angesagt ist. Buddha ist gerade sehr in und verziert so manches Haus. Häufig öffnen sich die Menschen ungewollt und unbewusst anderen Göttern, aber Auswirkungen hat dies trotzdem.

Kindern von den Engeln Gottes zu erzählen, die sie in seinem Auftrag behüten, schenkt ihnen Freude und Frieden. Wenn wir sie unter Gottes besonderen Schutz stellen wollen, dann dürfen wir für sie beten und ihnen die Wahrheit über das Leben auf der Erde und das übernatürliche Eingreifen Gottes vermitteln. Wir haben allen Grund, die Auferstehung von Jesus Christus bewusst zu feiern und den Kindern zu sagen, dass er lebt.

Es gibt etwas Übernatürliches, das wunderbar und heilend ist, aber es hat nichts mit Geistwesen oder Riten zu tun.

Der Gott der Bibel ist in der Gestalt von Jesus Christus auf die Erde gekommen und er hat die Kinder besonders lieb: »Lasset die Kinder zu mir kommen und wehret ihnen nicht, denn solchen gehört das Reich Gottes« (Lukas 18,16).

Kinder schützen

Es ist sicher nicht immer einfach, aber ich rate Eltern, ganz klar Stellung zu beziehen, wenn ihnen im Kindergarten oder in der

Schule Praktiken auffallen, die einen spirituellen Hintergrund haben. Am besten ist es, sich gut zu einem Thema zu informieren, damit man alle nötigen Argumente an der Hand hat.

Wenn sich Erzieherinnen im evangelischen Kindergarten an Fasching als Teufel oder Hexe verkleiden, dann kann man das ansprechen. Wenn dort plötzlich Halloween gefeiert werden soll, kann man sein Veto einlegen. Wir müssen es nicht hinnehmen, dass im Kindergarten oder im Schülerhort Traumfänger gebastelt oder Mandalas ausgemalt werden, wenn christliche Symbole verboten sind.

An den weiterführenden Schulen ist es sicher schwieriger, beispielsweise bei Lektüren Einwände zu erheben. Manches gehört zum Lehrplan. Trotzdem lässt sich vielleicht auch mal ein Lehrer umstimmen, wenn die Mehrheit der Eltern dagegen ist, dass im Deutschunterricht »Krabat« gelesen wird, ein Buch, in dem es um schwarze Magie und finstere Mächte geht.

In Thüringen veranstalteten Eltern am Reformationstag einen Laternen-Umzug, bei dem sie und die Kinder christliche Lieder sangen und den Menschen etwas schenkten. Dies bildete einen schönen Kontrast zu den Skeletten und Zombies, die sonst auf der Straße unterwegs waren.

Das Wichtigste, was wir tun können, ist, für und mit unseren Kindern zu beten und sie dem Schutz Gottes anzubefehlen. Wir können nicht immer bei ihnen sein, aber Gott kann es.

Kapitel 7

Lösung von spirituellen Bindungen –
Der Weg in die Freiheit

Johann Wolfgang von Goethe schrieb 1797 das bekannte Gedicht vom Zauberlehrling, das 1827 erstmals veröffentlicht wurde. Es beschreibt sehr gut, was geschieht, wenn wir uns auf dunkle Mächte einlassen, daher möchte ich es hier wiedergeben.

Der Zauberlehrling

Hat der alte Hexenmeister
sich doch einmal wegbegeben!
Und nun sollen seine Geister
auch nach meinem Willen leben.
Seine Wort und Werke
merkt ich und den Brauch,
und mit Geistesstärke
tu ich Wunder auch.

Walle! walle
Manche Strecke,
daß, zum Zwecke,
Wasser fließe
und mit reichem, vollem Schwalle
zu dem Bade sich ergieße.

Und nun komm, du alter Besen!
Nimm die schlechten Lumpenhüllen;
bist schon lange Knecht gewesen:
nun erfülle meinen Willen!
Auf zwei Beinen stehe,
oben sei ein Kopf,
eile nun und gehe
mit dem Wassertopf!

Walle! walle
manche Strecke,
daß, zum Zwecke,
Wasser fließe
und mit reichem, vollem Schwalle
zu dem Bade sich ergieße.

Seht, er läuft zum Ufer nieder,
Wahrlich! ist schon an dem Flusse,
und mit Blitzesschnelle wieder
ist er hier mit raschem Gusse.
Schon zum zweiten Male!
Wie das Becken schwillt!
Wie sich jede Schale
voll mit Wasser füllt!

Stehe! stehe!
denn wir haben
deiner Gaben
vollgemessen! –
Ach, ich merk es! Wehe! wehe!
Hab ich doch das Wort vergessen!

Ach, das Wort, worauf am Ende
er das wird, was er gewesen.
Ach, er läuft und bringt behende!
Wärst du doch der alte Besen!
Immer neue Güsse
bringt er schnell herein,
Ach! und hundert Flüsse
stürzen auf mich ein.

Nein, nicht länger
kann ichs lassen;
will ihn fassen.
Das ist Tücke!
Ach! nun wird mir immer bänger!
Welche Miene! welche Blicke!

O du Ausgeburt der Hölle!
Soll das ganze Haus ersaufen?
Seh ich über jede Schwelle
doch schon Wasserströme laufen.
Ein verruchter Besen,
der nicht hören will!
Stock, der du gewesen,
steh doch wieder still!

Willst am Ende
gar nicht lassen?
Will dich fassen,
will dich halten
und das alte Holz behende
mit dem scharfen Beile spalten.

Seht da kommt er schleppend wieder!
Wie ich mich nur auf dich werfe,
gleich, o Kobold, liegst du nieder;
krachend trifft die glatte Schärfe.
Wahrlich, brav getroffen!
Seht, er ist entzwei!
Und nun kann ich hoffen,
und ich atme frei!

Wehe! wehe!
Beide Teile
stehn in Eile
schon als Knechte
völlig fertig in die Höhe!
Helft mir, ach! ihr hohen Mächte!

Und sie laufen! Naß und nässer
wirds im Saal und auf den Stufen.
Welch entsetzliches Gewässer!
Herr und Meister! hör mich rufen! –
Ach, da kommt der Meister!
Herr, die Not ist groß!
Die ich rief, die Geister
werd ich nun nicht los.

»In die Ecke,
Besen, Besen!
Seids gewesen.
Denn als Geister
ruft euch nur zu seinem Zwecke,
erst hervor der alte Meister.«

Nachdem der Zauberlehrling den Besen verwandelt hat, dient dieser ihm anfangs wie gewünscht und der Lehrling ist begeistert. Doch dann laufen die Dinge völlig aus dem Ruder. Der Zauberlehrling hat weder Macht noch Autorität über die Geister, die er gerufen hat. Er hat sich zu weit aus dem Fenster gelehnt und eine Ebene betreten, der er nicht gewachsen ist. Nun ist die Not groß und der Lehrling ist froh, als der Meister zurückkehrt. Verzweifelt bittet er ihn um Hilfe. Nur der Lehrer selbst kann den Spuk beenden, weil ihm die Geister untertan sind. Der Meister spricht und die Geister ordnen sich ihm auf der Stelle unter.

Ebenso verhält es sich in der sichtbaren und unsichtbaren Welt. Menschen, die bereit dazu sind, in andere Dimensionen vorzudringen und diese Energien für ihre Zwecke wirken zu lassen, können diese Kraft nicht nach ihrem Belieben stoppen, wenn sie es wollen. Wenn ein Mensch denkt, er hätte einen Einfluss auf die Mächte des Universums, wird er irgendwann zu spüren bekommen, dass dem nicht so ist. Die Geister lassen sich wohl rufen, aber befehlen lassen sie sich nichts. Man wird sie nicht wieder los. Nur Jesus selbst oder ein Mensch, der in seiner Autorität betet, hat einen Einfluss auf diese Gewalten und kann dafür sorgen, dass die Geister wieder verstummen. Hier endet die Parallele zum Gedicht, denn der Meister ist bei Goethe ebenfalls in okkulte Machenschaften verstrickt.

Bei dem alten Meister handelt es sich um einen Hexer. Zu Goethes Zeit hatten Wahrsagerei und Okkultismus Hochkonjunktur. Goethe glaubte an Reinkarnation und hatte eventuell Zugang zur unsichtbaren Welt. Er war ein prominenter Freimaurer und die Suche nach Spiritualität ist beim Lesen seiner Biografie unübersehbar. Zur damaligen Zeit waren viele Intellektuelle in den Freimaurerlogen zu finden. Heute sind es Geschäftsleute, Manager großer Unternehmen und Prominente, die sich dieser spirituellen Vereinigung anschließen.

Mich wundert nicht, dass das bekannte Werk vom Zauberlehrling in dieser Zeit entstanden ist. Was sicherlich zur Belustigung der Mitmenschen beitragen sollte, zeigt eine nicht zu unterschätzende geistliche Tatsache. Das Gedicht hat einen so hohen Wahrheitsgehalt, dass es mich nicht wundern würde, wenn Johann Wolfgang von Goethe auch selbst in Berührung mit spiritistischen Sitzungen gekommen wäre. Geister lassen sich in der Tat rufen! Wie es der berühmte Dichter für den Zauberlehrling beschreibt, sind diese Wesen den Menschen nicht untertan. Allerdings sind sie auch den menschlichen Hexenmeistern, Gurus und spirituellen Leitern nicht untertan, obwohl diese das glauben mögen.

Wer einmal Kontakt zu der universellen Welt hatte und wissentlich oder unwissentlich die Geister gerufen hat, weiß, dass der Rückweg nicht ohne den wahren Meister möglich ist. Ob sie nun bewusst oder unbewusst gerufen werden, spielt keine Rolle, denn hat man sich einmal auf sie eingelassen, wird man sie nicht mehr los. Die Geister der Zauberei, der Magie, des Okkultismus, der Wahrsagerei, der Geistheilung etc. kommen alle aus ein und derselben Richtung.

Wie man die Gewalten aus der unsichtbaren Welt bezeichnet, spielt eine viel geringere Rolle, als von den meisten Menschen angenommen wird. Schlussendlich sind diese Mächte darauf aus, die Menschen zu beherrschen und sie zu führen beziehungsweise sie zu *ver*führen. Sie richten Zerstörung an und verpacken diese glanzvoll in wundervolle Seidentücher, sodass man es nicht sofort merkt.

In der Bibel steht, dass der Teufel sich als Engel des Lichts verkleidet (2. Korinther 11,14). Zutreffender kann es nicht ausgedrückt werden und leider ist es so auch erlebbar. Bis in die christlichen Gemeinden hinein versucht der Widersacher, Schaden anzurichten. An einigen Stellen steht im Neuen Testament, dass wir uns vor falschen Propheten und falschen Lehren hüten sollen. Doch oft unterschätzen auch Christen die tückischen Verführungen und Angebote der dunklen Seite. Die geistlichen Feinde kommen nicht mit hässlichem Pferdefuß und Hörnern auf der Stirn daher, sondern erscheinen attraktiv und lohnend. Deshalb ist es so wichtig, das Wort Gottes zu lesen. Die Bibel rückt uns nicht nur zurecht, sondern zeigt uns auch klare Wege für unser Leben auf. Diese Hinweise von Gott sind immer gut und wirken sich positiv auf uns und unsere Mitmenschen aus.

Natürlich steht nicht hinter jeder Ecke ein finsterer Dämon und lauert uns auf. Wenn man erst einmal beginnt, sich mit diesem Thema auseinanderzusetzen, muss man aufpassen, nicht überall die Mächte der Finsternis zu vermuten. Auf der anderen Seite vom Pferd zu fallen, ist nicht erstrebenswert.

Gott kann uns vor den finsteren Mächten schützen. In der Bibel heißt es: »Widersteht dem Teufel, so flieht er von euch« (Jakobus 4,7). Ängstlich brauchen wir also nicht zu sein, aber ungewöhnliche Phänomene umsichtig zu prüfen, ist auf jeden Fall besser, als sich in etwas hineinzubegeben, wo uns später der Überblick verloren geht.

Wir Menschen haben unseren eigenen Willen und den wird Gott uns auch lassen. Wir sind frei, eigene Entscheidungen zu treffen, doch es ist sehr hilfreich, eine Anleitung für das Leben zu haben und zu befolgen. Ein Freund von mir sagte immer, dass er erst einmal in die Bedienungsanleitung schaut, bevor er besondere Entscheidungen trifft. Mit dieser Anleitung meinte er die Bibel, das Wort Gottes. Wenn wir Jesus Christus unser Leben anvertrauen, wird er uns durch seinen Heiligen Geist in aller Wahrheit leiten (Johannes 16,13). Aufgrund dieser Gewissheit können wir uns sicher begleitet fühlen auf dem Weg des Lebens. Einen besseren Berater und Bodyguard als Gott selbst werden wir nirgends auf dieser Welt finden.

Die Geister, die ich rief – Bewusst und unbewusst

Bevor ich Jesus Christus kannte, habe ich mich von unsichtbaren Mächten verführen lassen. Ähnlich wie dem Zauberlehrling erging es auch mir. Zunächst spielte Neugier eine große Rolle. Ich setzte um, was ich für meine Berufung hielt, und heilte Menschen von den unterschiedlichsten Krankheiten. Heute würde ich das als überheblich und anmaßend bezeichnen.

Der Aktivität folgte so etwas wie ein Rausch, denn die spirituellen Praktiken versprachen Erfolg und funktionierten hervorragend. Doch irgendwann entstand in meinem Inneren ein gesundes Gespür und ich begann, meine geistigen Tätigkeiten zu hinterfragen. Hatte ich mich viel zu weit in ein Gebiet hineingewagt, von dem ich eigentlich gar nichts wusste?

Täglich meditierte ich und wartete auf neue Anweisungen und Botschaften. Gedanklich betete ich, aber mit Jesus Christus und dem Gott der Bibel hatte dieses Zwiegespräch nichts zu tun. Während ich Kranken die Hände auflegte, konzentrierte ich mich auf kosmische Energien und spürte die Kraft in meinen Händen. Die intensive Meditation würde ich heute unter anderem als Trainingszeit bezeichnen, denn nach vielen Übungsstunden brauchte ich nur noch kurze Zeit, um mich »mit dem Universum zu verbinden« und Kranke zu heilen. Ich rief leise und meist nur gedanklich, aber der Effekt war derselbe wie bei den Reiki-Meistern.

Bei den meisten spirituellen Praktiken werden die Mächte direkt angerufen. Es gibt Namen, Anreden und Bezeichnungen, die ausgesprochen werden. Ich habe gewusst und gefühlt, dass ich nicht allein heile, aber ich hätte mich nicht getraut, die geistigen Wesen selbst anzusprechen. Allerdings war dies, wie schon erwähnt, völlig nebensächlich, denn die Bindung und der Kontakt zum Übersinnlichen waren auch durch die Gedanken hergestellt.

Als ich die Geister gern loswerden wollte, war die Verbindung schon so tief, dass es kein Entrinnen mehr gab.

Eine weitere Parallele zum Gedicht ist die Angst, die entsteht, wenn man die Mächte wieder aus seinem Leben verbannen möchte. Ich hatte sie selbst gerufen und meinte, sie auch selbst wieder hinausweisen zu können, aber so einfach ist es nicht. Wie in dem Gedicht kamen bei mir Verwirrung und Panik auf. Hilflosigkeit und Verzweiflung folgten. Nachdem ich mich verlaufen hatte und nicht mehr zurückfand, rief ich nach dem Meister Jesus Christus und er erhörte mein Flehen. Er rettete mich aus aller Not und schenkte mir neues Leben. Preis und Ehre dem großen und wunderbaren Gott!

Als der Zauberlehrling merkt, dass die Geister nicht mehr auf ihn hören, versucht er, den Besen zu zerstören. Doch dies macht die böse Macht nur noch stärker. Ihm wird klar, dass er keine Chance gegen die Geister hat. Hilflos muss er mit ansehen, wie sie das Haus verwüsten. Nun besinnt sich der Lehrling auf den, dem die Geister untertan sind. Der Meister kommt sofort nach seinem verzweifelten Ruf und befiehlt den Geistern in absoluter Vollmacht. Die Besen stehen still und es tritt wieder Ruhe ein.

Im echten Leben entsteht häufig ein größerer Schaden als der, der in Goethes Gedicht beschrieben wird. Oft wird Gott erst in letzter Minute gerufen, wenn nichts mehr geht, Menschen krank und Beziehungen zerstört sind.

Manche Menschen geben vor, die Kraft zu besitzen, dämonische Mächte zu bekämpfen. Es ist wichtig, zu überprüfen, an was diese Personen glauben und wer ihr Herr ist. Einen Austreibungshokuspokus zu veranstalten, bringt allenfalls, dass sich noch andere Mächte dazugesellen. Eine Freisetzung von Dämonen kann nur im Namen von Jesus Christus geschehen. Ein ernsthaftes Gebet von Menschen, die an ihn glauben, kann ausreichen, um die Geister zu entmachten und auszutreiben. Die Voraussetzung dafür ist natürlich, dass derjenige, der um Hilfe bittet, dies auch tatsächlich will (mehr dazu im folgenden Kapitel).

Als Kind habe ich mich über das Gedicht vom Zauberlehrling amüsiert, denn ich ahnte noch nicht, dass ich in eine ähnliche Situation kommen würde. Die Geister wurden nicht von mir direkt gerufen, aber ich wusste unausgesprochen, dass höhere unsichtbare Mächte mir bei der Heilungsarbeit helfen. Von vielen anderen Geistheilern wird der Gott des Universums bewusst angesprochen und Engel werden um Hilfe gebeten.

Meine damalige Beraterin erzählte mir einmal von einer Reiki-Meisterin, die den ganzen Tag mit Engeln kommuniziert und diese Wesen auch visuell wahrnimmt. Vor solchen Ausmaßen hatte ich zu viel Angst und Respekt, aber die Mächte waren trotzdem aus derselben Kategorie. Es gibt da keine großen Unterscheidungen, auch wenn die esoterischen Heiler dies glauben. Eventuell gibt es Hierarchien, aber wenn es darum geht, Unordnung in das Leben von Menschen zu bringen, werden alle Register gezogen und es kommt nicht darauf an, ob eine Rangordnung besteht oder nicht. Die universellen Mächte richten immer Zerstörung an und bringen Gottes Ordnungen durcheinander.

Es muss nicht immer offensichtlicher Schaden entstehen, aber es gibt ihn. Ehescheidungen, seelische Erkrankungen, Burn-out, Alkohol- und Drogenkonsum sind heute gängige Alltagserscheinungen und werden nicht groß beachtet, doch sie können die Folge von »den Geistern, die man ruft« sein.

Gott ist um Wiederherstellung und Heilung bemüht und daran interessiert, dass es den Menschen gut geht. Die Geister, die man ruft oder unbewusst in sein Leben einlädt, haben das gegenteilige Ziel, und deshalb ist es wichtig, zu erfahren, wie gemein und hinterhältig diese Mächte sind. Sie verkaufen Mist für Gold und Trauer für Glück.

Selbst kann man »die Geister, die man ruft« nicht mehr loswerden, aber Gott kann es. Durch die Beschäftigung mit esoterischen Lehren und Geistheilung hatte ich mich völlig von dem Gott meiner Kindheit entfernt. Jahrelang stand die Luther-Übersetzung nur im Regal und war ein Staubfänger, aber plötzlich änderte sich das. Ich begann, in der Bibel zu lesen, und sie wurde mein persönlicher Ratgeber. Jetzt war ich geistlich in der richtigen Richtung unterwegs. In der Bibel steht, dass Gottes Wort nicht leer zurückkommt (Jesaja 55,11), und so war es auch in meinem Fall.

Mein Sohn Alex war mit dem Sohn einer Pastorin befreundet und fing an, sich für den christlichen Glauben zu interessieren. Dann bekam er in der Schule eine Bibel geschenkt und begann, darin zu lesen. In der kleinen Taschenbibel meines Sohnes war ein Entscheidungsgebet und so wurde er als Erster in der Familie überzeugter Christ. Zu meinem Geburtstag schenkte Alex mir ein kleines Losungsbüchlein in Form eines Terminkalenders. Für jeden Tag standen zwei Bibelverse in dem Büchlein, einer aus dem Neuen und einer aus dem Alten Testament. Wie viele Christen lasen wir nun jeden Morgen die Bibelverse aus dem Losungsbuch und beteten vor jeder Mahlzeit.

Zu dem Zeitpunkt war ich zwar körperlich schon sehr erschöpft, aber noch fit genug, um weiterhin esoterischen Praktiken nachzugehen. Mein Sohn warnte mich, ähnlich wie meine Großeltern es früher getan hatten, aber ich war davon überzeugt, dass es mehrere Wege zu Gott geben müsse und Jesus Christus nur einer davon sei.

Damals tippte Alex das Vaterunser ab, druckte es aus und hängte das Blatt in unsere Küche. Ich war ungehalten darüber und sagte, dass er mich fragen müsse, bevor er etwas aufhängt. Nach einer langen Diskussion wollte ich das Blatt mit dem Vaterunser entfernen, aber es gelang mir nicht. Eine behutsame, liebevolle Kraft ging von dem Gebet aus und verhinderte, dass ich es von der Wand nahm. Das machte mich nachdenklich und mir fiel ein, dass ich dieses Gebet früher jeden Abend gebetet hatte.

An einem kühlen Wintermorgen besuchte mich die Astrologin, mit der ich mich regelmäßig austauschte. Alex kam an diesem Tag früher aus der Schule und begann, der älteren Dame aus der Bibel vorzulesen. Mir war das unangenehm und ich bat ihn, uns in Ruhe weitersprechen zu lassen. Aber Alex hörte nicht auf. Er sagte der Astrologin, dass Sternendeuter für Gott ein Gräuel sind und wir mit dem ganzen Zauber endlich aufhören sollen. Dann las er vor:

> ... dass nicht jemand unter dir gefunden werde, der seinen Sohn oder seine Tochter durchs Feuer gehen lässt oder Wahrsagerei, Hellseherei, geheime Künste oder Zauberei treibt oder Bannungen oder Geisterbeschwörungen oder Zeichendeuterei vornimmt oder die Toten befragt. Denn wer das tut, der ist dem HERRN ein Gräuel, und um solcher Gräuel willen vertreibt der HERR, dein Gott, die Völker vor dir.
>
> 5. Mose 18,10-12

Die Astrologin war eigentlich eine sehr besonnene und eher ruhige Frau, aber nachdem Alex den Vers vorgelesen hatte, sprang sie wütend auf und tobte wie ein Stier im Zimmer herum. Mein Sohn und ich hielten den Atem an und konnten zunächst nicht nachvollziehen, warum die ältere Dame sich plötzlich von dieser völlig anderen Seite präsentierte. Mehrere Jahre war sie meine Beraterin gewesen und nun verließ sie wutschnaubend unser Haus. Da Alex nicht unhöflich mit ihr gesprochen hatte und ich eher auf ihrer Seite gewesen war, bestand aus meiner Sicht kein Grund, derartig die Fassung zu verlieren.

Heute denke ich, dass Gottes Wahrheit mit den Mächten um sie herum nicht vereinbar war. Ich habe die Astrologin nie wiedergesehen. Auf einen Brief von mir hat sie nicht geantwortet.

Der nächste Schritt von Gott auf mich zu kam in Form einer netten Mutter, die ich im Kindergarten unserer jüngeren Kinder kennenlernte. An einem Nachmittag tranken wir bei mir zusammen Kaffee und Monika sah das Vaterunser an der Küchenwand hängen. Sie sprach mich auf den Glauben an Jesus Christus an, erkannte aber schnell, dass wir unterschiedliche Gottesvorstellungen hatten. Deshalb warnte Monika mich vor esoterischen Phänomenen und falschen Göttern.

Der Glaube an nur einen Gott erschien mir nach wie vor etwas engstirnig und einseitig, aber durch das Erlebnis mit der Astrologin und das kraftvolle biblische Gebet an der Wand fing mein Herz an, das Evangelium aufzunehmen. Ab diesem Zeitpunkt zeigten die finstern Mächte, denen ich mich unwissentlich verschrieben hatte, sich von ihrer schlimmsten Seite. Ich spürte, wie sie mir das Leben schwer machten, und vermutete, dass sie vorhatten, mich zu vernichten.

Den Tag überstand ich immer sehr gut, aber nachts, wenn es im Zimmer dunkel war, flüsterten sie mir unschöne Dinge ins Ohr. Ich konnte nicht mehr richtig schlafen und verlor dramatisch an Gewicht. Unser damaliger Hausarzt wusste keinen anderen Rat, als mir Vitamin-B-Spritzen zu verabreichen. Die Blutuntersuchungen waren ergebnislos, ein Burn-out wurde diagnostiziert.

Ich wusste natürlich, dass die körperlichen und seelischen Symptome nicht mit einem Burn-out zusammenhingen, und nahm Kontakt zu Monika auf. Sie hatte mir erzählt, dass sich durch die Esoterik fremde Mächte in das Leben einschleichen, die dann nicht mehr verschwinden wollen. Außerdem hatte sie erwähnt, dass Jesus Christus der Einzige ist, der Macht über Dämonisierungen hat und davon befreien kann. Von ehemaligen Esoterikern hatte sie ähnliche Berichte gehört wie von mir.

Mit letzter Kraft fuhr ich zu ihr und war froh, dass sie gerade Zeit hatte, um mit mir zu beten. Ich hatte das Gefühl, dass Gott diesen Tag schon lange geplant hatte. Monika begann zu beten und ich begriff währenddessen das Evangelium von Jesus Christus. Ich verstand auf einmal, dass Gott selbst für die Menschen am Kreuz gestorben ist, und entschied mich ganz bewusst für ein Leben mit ihm. Ich nahm die Sündenvergebung an und dankte Jesus für seine Errettung. Es schien, als wäre das Zimmer hell erleuchtet und die Sonne würde direkt in mein Herz scheinen – und so in etwa ist es ja auch, wenn ein Mensch umkehrt.

Die Freude und Dankbarkeit, die ich an diesem Tag empfand, kann ich mit Worten nicht ausdrücken. Ich war vom Tod zum Leben gerettet worden und das habe ich hautnah gespürt. Monika und ich beteten, lachten und weinten gemeinsam. Noch heute sind wir miteinander befreundet und erinnern uns gern an diese gesegneten Stunden.

Ich fuhr als neuer Mensch nach Hause und steckte mit meiner Fröhlichkeit unsere ganze Familie an. Mein Mann und unsere kleinen Töchter entschieden sich vierzehn Tage nach mir für Jesus Christus. Unser Sohn ist heute Pastor einer Gemeinde in Nordrhein-Westfalen.

Mein Weg zu Gott war steinig und beschwerlich, aber das Wichtigste ist, dass ich ihn rechtzeitig gefunden habe. Dies verdanke ich Jesus Christus, dem Sohn Gottes, und mein Dank an ihn wird mein Leben lang in meinem Herzen sein!

Jeder kann frei werden

Es gibt noch viele weitere esoterische Praktiken, die in diesem Buch nicht erwähnt werden, aber das Prinzip ist in allen Fällen dasselbe. Es werden unsichtbare Geister gerufen, um Menschen, Tieren und Pflanzen zu helfen oder etwas über die Vergangenheit, Gegenwart und Zukunft zu erfahren. Einige übersinnliche Methoden werden auch für Gebäude und Flächen angewendet. So ist es in Bolivien üblich, beim Hausbau Lama-Embryos zu vergraben, weil man glaubt, dass dies Glück bringt.

Ich denke, dass die meisten Menschen schon einmal mit Esoterik in Berührung gekommen sind. Manche fühlen sich regelrecht zu universellen Kräften hingezogen, andere wiederum haben für dieses Thema nur ein mildes Lächeln übrig und nehmen es nicht ernst. Manche Menschen fühlen sich berufen zum Heilen und vermuten hinter den übernatürlichen Phänomenen reine positive Energien. Diese Kraft wollen sie für sich und andere Menschen nutzen, ahnen jedoch nicht, auf was für einen gefährlichen Irrweg sie sich begeben. Heiler, Seher und Astrologen sind von ihrer Tätigkeit überzeugt und investieren sehr viel Zeit und Arbeit. Häufig scheitern sie und suchen die nächste esoterische Welle, um endlich an das ersehnte Ufer zu gelangen.

Egal ob man sich mit Aberglauben, Wahrsagerei, übersinnlichen Heilmethoden, Spiritismus, Okkultismus oder Möglichkeiten der mentalen Kontaktaufnahme mit dem Übersinnlichen befasst, sei es aktiv oder passiv: Die Geister, die man ruft, wird man ohne Hilfe nicht mehr los.

Der Titel zu diesem Buch ist erst recht spät entstanden, denn ich war bis vor Kurzem der Ansicht, dass ich die Geister nicht selbst gerufen hätte, sondern eher sie mich. Das ist aber ein Trugschluss, denn in dem Moment, wo ein Mensch zur spirituellen Welt Ja sagt, ist er Teil des Geschehens. Sicherlich muss hier differenziert werden, denn manche Menschen machen nach kurzem Ausprobieren einen Rückzieher und andere geben der Faszination des Unbekannten weiter nach. Fest steht, dass schon die kleinste Berührung eine Auswirkung auf das Leben haben wird. Nun sind kurze Einblicke nicht zu vergleichen mit professionellen Wahrsagern oder Obergurus, die den ganzen Tag damit verbringen, sich mit spirituellen Wesen zu unterhalten. Doch schon der kleine

Finger reicht aus, damit die Mächte der Finsternis die ganze Hand ergreifen oder sogar noch mehr.

Ob ich die Geister nun direkt anspreche und in mein Leben bitte oder ob ich im Stillen den Versuch starte, den Kontakt mit dem Universum aufzunehmen: Beides läuft unter dem Strich auf dasselbe heraus. Es ist grundsätzlich davon abzuraten, sich diesen Phänomenen zu öffnen, denn früher oder später wird eine hohe Rechnung ausgestellt, die für uns Menschen unbezahlbar ist.

Gott sei Dank hat Jesus Christus am Kreuz mit seinem Blut für alles bezahlt, was wir Menschen getan haben, auch für okkulte Bindungen. Ohne ihn wären wir dunklen Mächten ausgeliefert, denen wir nicht gewachsen sind. Ein Leben ohne Gott ist sinnlos und endlich. Die Hoffnung und die Zuversicht auf ein ewiges Leben mit und bei ihm sind dagegen das höchste Lebensgefühl, das man erreichen kann.

Jeder Mensch kann in zerstörerische geistige Fänge geraten. Ob bewusst oder unbewusst spielt, wie schon erwähnt, keine bedeutende Rolle. Wer eine Bindung mit der kosmischen Welt eingeht, sich mit esoterischen Praktiken beschäftigt oder andere schwerwiegende Belastungen mit sich herumträgt, steht unter dem Einfluss entsprechender Mächte und Gewalten. Es geschieht schnell und lautlos, aber nimmt stetig größere Formen an.

Im Falle des Okkultismus gerät man von einer esoterischen Strömung in die nächste wie beim Dominoprinzip. Die Zerstörung und Spaltung nimmt unauffällig ihren Lauf. Ehescheidungen, Persönlichkeitsveränderungen, seelische Verstimmungen, Suchtverhalten, finanzielle Sorgen, Beziehungsverluste, Depressionen, Ängste und vieles mehr zählen zu den Ergebnissen des Konsums spiritueller »Drogen«. Der Weg hinein ist schnell zu finden und anfangs leicht begehbar, aber der Weg hinaus wird von unsichtbaren Mächten versperrt. Oftmals wird man durch eine Umleitung geführt und landet in der nächsten okkulten Sackgasse.

Da viele Zerstörungsmerkmale inzwischen gesellschaftliche Akzeptanz genießen, fallen sie zunächst gar nicht so auf. Es kann sein, dass die betroffene Person selbst die negativen Veränderungen in ihrem Leben nicht sofort erkennt. Die ihr nahestehenden Menschen bekommen oft als Erste das volle Ausmaß der Zerstörung mit. Zum Positiven verändern sich Umstände nur beim Einstieg in die Esoterik-Szene, aber dann führt der Weg nur noch stetig bergab.

Was kann man tun, um den kosmischen Kräften zu entrinnen? Wie muss man sich verhalten, um davon wieder frei zu werden?

Zu diesem Thema gibt es viele Aussagen in der Bibel. Jesus hat die Menschen nicht nur von Krankheiten geheilt, sondern auch von belastenden Bindungen freigesetzt. Die Annahme des Erlösungswerks von Jesus am Kreuz ist der allerwichtigste Schritt. Jesus Christus als Herrn und Erlöser anzunehmen, garantiert den Machtwechsel im Leben eines Menschen. Jesus hat sein Blut am Kreuz vergossen, damit uns die Schuld vergeben ist, die wir uns im Laufe des Lebens aufbürden. Wenn wir dieses Geschenk im Glauben annehmen, ist der Weg zu Gott dem Vater wieder frei.

Durch all das Schlechte, das wir denken, sagen und tun, und durch all das Gute, das wir tun könnten, aber nicht tun, werden wir schuldig vor Gott. Die Bibel nennt das Sünde. Jeder Mensch braucht Jesus, um davon befreit zu werden.

Vor der Entscheidung für Jesus sind wir Menschen von Gott getrennt und können die Wahrheit nicht erkennen, doch der Heilige Geist führt uns zur Erkenntnis der Wahrheit. In Gottes Wort steht, dass uns die Wahrheit frei machen wird. Die Erkenntnis der Sünde und das Bekennen von Schuld sind die nächsten Schritte, um frei von Belastungen und Bindungen zu werden. Beten bedeutet, mit Gott zu sprechen. Dafür braucht es keine besonderen Formen, wir können mit ihm reden wie mit einem Freund, laut oder in Gedanken, zu Hause oder in der Natur.

Es ist sehr wichtig, mit Jesus im Gespräch zu bleiben, immer online mit dem Erlöser, und die Texte der Bibel zu lesen. Dieses alte, kostbare Buch enthält alles, was wir über das neue Leben mit Gott wissen müssen. Am Anfang ist es sinnvoll, die Evangelien zu lesen, das sind die ersten vier Bücher des Neuen Testaments, die vom Leben von Jesus berichten.

Die wunderbar formulierten Verheißungen in Gottes Wort gelten uns Menschen heute ebenso wie zu biblischen Zeiten. Gleichzeitig erhalten wir viel Zuspruch, Trost und Anleitungen aus der Bibel. Eine Gemeinschaft aufzusuchen, wo sich gläubige Menschen zum Gottesdienst treffen, ist auch sehr wichtig, denn ein Leben als Solo-Christ ist äußerst schwierig. Der Austausch mit anderen Christen und das gemeinsame Gebet sind etwas sehr Wertvolles und beides sollte in Anspruch genommen werden. In Kirchen, Gemeinden und Hauskreisen gibt es die Möglichkeit, mit anderen Gläubigen ins Gespräch zu kommen.

Um nicht in die Fänge einer Sekte oder pseudochristlichen Religionsgemeinschaft zu geraten, ist es sinnvoll, sich vorab über die Gemeinschaft zu informieren. Gilt die Bibel als Wort Gottes? Wird Jesus als Retter und Heiland anerkannt? Wird die Göttlichkeit von Jesus anerkannt? Wie steht die Gemeinschaft zu anderen Konfessionen? Wenn der Glaube dieser Gemeinschaft als der einzig wahre dargestellt wird und alle anderen Kirchen und Gemeinden als falsch, dann handelt es sich mit Sicherheit um eine Sekte.[3]

Ein Leben mit und für Gott ist sehr erfüllend und bringt weder Angst noch Zerstörung hervor. Im Gegenteil, mit Jesus beginnt erst das wirklich wertvolle Leben und die Erkenntnis der Wahrheit. Heilung an Körper, Seele und Geist sind erfahrbar und Fluch kann zum Segen umgewandelt werden.

---

[3] Eine Hilfestellung bei der Einschätzung kann auch die Evangelische Zentralstelle für Weltanschauungsfragen geben.

Um sicher zu sein, dass die Befreiung durch Jesus begonnen hat, ist es ratsam, sich einem Pastor, Gemeindeältesten oder einem Hauskreisleiter anzuvertrauen. Jesus hat seinen Nachfolgern unterschiedliche Gaben geschenkt und so gibt es auch die Geistesgabe der Befreiung. Gläubige und erfahrende Christen können dafür beten, dass die Bindungen und Belastungen durch esoterische Mächte gelöst werden. Sicherlich besteht auch die Möglichkeit, Gott allein »im stillen Kämmerlein« um Loslösung von spirituellen Kräften zu bitten. Dennoch empfehle ich, das Gebet mit mindestens zwei anderen Christen durchzuführen. Auch Jesus schickte seine Jünger zu zweit los und an mehreren Stellen in der Bibel wird das gemeinsame Beten und Arbeiten empfohlen (zum Beispiel Prediger 4,9-12; Matthäus 18,20; Markus 6,7).

Mit Handauflegung kann dann im Namen Jesus für den belasteten Menschen um Loslösung gebetet werden. Das mag sich spektakulär anhören, aber die Erfahrungen und Befreiungen vieler Menschen zeugen davon, dass in der Autorität des Herrn Jesus die Mächte und Gewalten verschwinden. Zum Teil spüren die Betroffenen, dass etwas von ihnen weggeht, und fühlen sich deutlich wohler und leichter als vor dem Gebet. Manchmal treten auch Phänomene auf, die beängstigend sind, aber das Gebet im Namen von Jesus und die Annahme der Befreiung gemäß dem Wort Gottes sind stärker als die dunklen Kräfte, die an dem Betroffenen zerren wollen.

Durch Glauben, Gebet und das Lesen in der Bibel werden die Mächte der Finsternis vertrieben und müssen für immer Ruhe geben. In schwereren Fällen kann es sein, dass mehrere Gebete der Loslösung notwendig sind, um zur Freiheit zu gelangen, aber ein erfahrener Christ wird diese Lage erkennen und dem Betroffenen Mut zusprechen und geduldig sein.

Zweimal war ich dabei, als böse Geister aus Menschen ausgefahren sind, daher weiß ich aus persönlicher Erfahrung, dass es unterschiedliche Manifestationen gibt. In einem Fall schrie eine Frau so laut, dass mir selbst ganz anders wurde, denn die Finsternis war für einen Moment zu spüren. Nachdem der Pastor aus dem Wort Gottes gelesen hatte, erfüllte jedoch ein tiefer Frieden den Raum und jedes negative Gefühl war verschwunden.

Bei Harry beobachtete ich, dass er sich auf dem Fußboden wälzte und die Hände eine längere Zeit öffnete und schloss, als hätte er Krallen. Wie bereits erwähnt, wurde in diesem Fall mehrmals gebetet, aber dann war auch Harry vollkommen frei und führte ein ganz neues Leben.

In beiden Situationen waren wir zu dritt und jeder hat etwas anderes gebetet. Für den jungen Pastor war es die erste Austreibung und er tat intuitiv das Richtige, nämlich laut aus dem Wort Gottes vorlesen.

Da ich mit der Geisterbefreiung keine großen Erfahrungen habe, kann ich keine spezielle Anleitung dafür geben. Ich bin aber sicher, dass ein aufrichtiges Gebet im Namen von Jesus schon bewirken kann, dass die Dämonen gehen müssen. Dabei ist es ratsam, dass mindestens zwei Personen gemeinsam für den belasteten Menschen beten und im Namen Jesu den Mächten gebieten, denjenigen zu verlassen.

Je nach Schwere und Tiefe der Belastung sollte weise und besonnen damit umgegangen werden. Erfahrungen in diesem Bereich sind sicherlich von großem Vorteil.

Der eigene Glaube und der Wille, sich wirklich von okkulten Gewalten zu lösen, ist eine Voraussetzung für das Gelingen der Freisetzung von diesen oftmals hartnäckigen dämonischen Mächten. Diese manifestierten falschen Geister einfach nur abzuschütteln, funktioniert leider nicht. Es ist wichtig, ihnen mit Vollmacht und in Autorität entgegenzutreten, damit sie ihr Opfer auch wirklich für immer verlassen. Das Wort Gottes spielt dabei eine wichtige Rolle und auch der Glaube an seine Allmacht.

Von Paulus lesen wir in der Bibel, dass er einen Wahrsagegeist ausgetrieben hat. Er sprach zu dem Geist: »›Ich gebiete dir im Namen Jesu Christi, dass du von ihr ausfährst.‹ Und er fuhr aus zu derselben Stunde« (Apostelgeschichte 16,18). Es braucht nicht viele Worte. Ein Befehl mit Vollmacht im Namen von Jesus Christus laut ausgesprochen genügt.

Sehr gefährlich kann es werden, wenn ein Christ diese Freisetzung erfahren hat und sich erneut auf die okkulte Seite begibt. Davon ist strengstens abzuraten, denn die Geister kehren siebenfach zurück (Lukas 11,24-26).

Damit möchte ich keine unnötigen Ängste wecken, wenn Jesus einen Menschen befreit hat, dann ist er frei. Aber ich mahne zur Vorsicht mit allem, was in die Esoterik zurückführen könnte. Der Gegner schläft nicht, sondern versucht, sich mit raffinierten Verführungskünsten wieder einzuschleichen. Da es mir nach ein paar Jahren des Lebens als Christin selbst so ergangen ist, weiß ich um die listigen Angriffe dieser dreisten Mächte und Geister. An jeder Ecke lauert die Gefahr, auf esoterische Praktiken hereinzufallen. Da die Suchenden niemals die Erfüllung finden werden, die sie brauchen, erscheinen permanent neue Angebote in der esoterischen Szene. In unauffälligen Praxen werden Praktiken angeboten, die vor 25 Jahren in Europa noch nicht bekannt und gängig waren.

Esoteriker bleiben tatsächlich immer auf der Suche nach Erlösung. Den Frieden, den sie suchen, werden sie niemals auf dieser Ebene finden. Ganz im Gegenteil, die Fesseln werden immer straffer angezogen und die geistliche Verblendung verschwindet nicht. Der einzige Schlüssel, um frei von diesen bösen Geistern zu werden, ist Jesus Christus. Nur er hat die Herrschaft über alle Mächte der Finsternis!

Freiheit ist ein Teil des Erlösungswerks Christi. Er hat während seines Lebens auf der Erde viele Dämonen ausgetrieben.

Die Befreiung selbst kann auf die unterschiedlichsten Weisen geschehen. Das Gebet und die Freisetzung müssen lediglich mit der Bibel übereinstimmen. Deshalb ist es sehr wichtig, die Bibel zu lesen und das Neue Testament zu kennen. Kein sogenannter Befreiungsdienst kann das Wort Gottes und die Kraft, die darin liegt, ersetzen. Jeder Christ kann für einen belasteten Menschen im Namen von Jesus beten. Der Betroffene selbst sollte ein Lossagegebet sprechen und den Wunsch haben, wirklich frei zu sein von falschen spirituellen Strömungen und Mächten.

Als ich mein Leben an Jesus übergeben habe, hatte ich sofort den Wunsch, keinen Kontakt mehr zu esoterischen und okkulten Verbindungen zu haben. Ich mistete mein Bücherregal aus und ein christlicher Hauskreisleiter sprach mit mir ein Lossagegebet. Es war unspektakulär und schlicht, aber ich war frei und wusste das auch ganz genau. Die Angst, dass das Freisetzen nicht klappen könnte, ist unberechtigt, weil in der Bibel steht, dass Jesus uns frei macht. In besonderen Fällen können mehrere Gebete notwendig sein, aber wenn man einmal frei ist, dann bleibt man auch frei, wenn man nicht bewusst eine neue Bindung eingeht.

Trotz der Treue und Liebe Gottes können jedoch auch ohne esoterische Bindungen Mächte und Gewalten in unserem Leben Platz nehmen. Wenn wir der Sünde Tür und Tor öffnen, begeben wir uns bewusst aus dem Willen Gottes heraus und müssen die Konsequenzen dafür tragen. Das heißt natürlich nicht, dass immer gleich eine Besessenheit von dunklen Mächten erfolgt, aber wir geben durch Schuld gewisse Anrechte frei. Da es mir unabhängig von Esoterik selbst einmal so ergangen ist, weiß ich aus eigener Erfahrung, dass auch die Passagen der Bibel, die davor warnen, wahrheitsgetreu niedergeschrieben wurden.

In der Bibel wird jedoch nicht nur über diese Art von Gefahren berichtet, sondern auch darüber, wie man davor bewahrt werden kann. Online mit Jesus zu bleiben, ist sicherlich der Schutzfaktor Nummer eins. Die Bibel zu lesen und sich im Vertrauen nach ihr zu richten, ist Schutzfaktor Nummer zwei. Sich mit anderen Christen auszutauschen und gemeinsam mit ihnen zu beten, ist Schutzfaktor Nummer drei.

Wenn wir im Gebet bleiben, wird uns der Geist Gottes liebevoll auf Dinge hinweisen, die wir in unserem Leben in Ordnung bringen sollten. Bevor andere Mächte den Zugang haben, wird Gott geduldig und langmütig zu uns sprechen. Es wird viele Gelegenheiten geben, den Irrweg wieder zu verlassen und in die Nähe Gottes zurückzukehren. So schnell lässt der Herr Jesus niemanden los. Daher brauchen wir auch keine Angst vor dämonischen Mächten zu haben.

Meist weiß jeder selbst, in welchen Bereichen er noch korrigiert werden muss, und bittet Gott um Vergebung. Auf kleine Fehler und Missetaten folgt nicht sofort eine Strafe, so ist Gott ganz und gar nicht. Nur sollten wir auf unseren Lebenswandel achten und nicht achtlos mit Gottes Ratschlägen umgehen. Es kann schnell passieren, dass wir durch unüberlegte Handlungen oder Schieflagen in unserem Leben in einen Strudel geraten.

Zum Beispiel vermute ich im Fall der Spielsucht, dass die bewusste Hingabe an eine Sache, die Gott nicht gutheißt, einen Dominosteineffekt auslösen kann. Aus einer schlechten Tat ergibt sich die nächste und so weiter. Mit ständigem Lügen verhält es sich ähnlich. Die Gebäude um einen herum werden immer größer und nur Gott kann sie zum Einsturz bringen.

Wenn wir Derartiges in unserem Leben beobachten, sollten wir stille vor Gott werden und uns im Gebet vertrauensvoll an ihn wenden. In seiner Liebe wird er uns wieder aufrichten und auf den rechten Weg bringen. »Zu schwer« gibt es nur für uns, für Jesus Christus ist nichts unmöglich.

Ich möchte darauf hinweisen, dass es in den Warnungen nicht darum geht, hinter allem etwas Dämonisches zu vermuten. Überhaupt nicht! Wir stehen unter Gottes Schutz und werden auch vor schlechten, geistlichen Einflüssen bewahrt. Nicht jede gefühlsmäßige Verstimmung muss mit einer Dämonisierung zusammenhängen. Es ist nicht gut, wenn man sich in das Thema hineinsteigert und womöglich jede Woche zu einem sogenannten Befreiungsdienst fährt. Leider kommt dies häufiger vor, als man denkt, dabei steht in der Bibel nicht einmal etwas über Befreiungsdienste. Wenn jemand aufrichtigen Herzens dem Herrn Jesus sein Leben anvertraut, ihn um Vergebung dafür bittet, dass er sich auf fremde Mächte eingelassen hat, und sich lossagt von allen Belastungen, die mit der Esoterik zusammenhängen, dann ist der richtige Weg eingeschlagen und die Befreiung nimmt ihren Lauf. Manchmal ist es ein Prozess und dann wieder geschieht dies innerhalb einer Sekunde.

Ich kann gar nicht oft genug betonen, dass es sehr wichtig ist, mit Jesus im Gespräch zu bleiben, in der Bibel zu lesen und Gemeinschaft mit anderen Christen zu haben. Unsere Waffe und unser Schild sind das Wort Gottes und das Gebet! Wenn wir uns danach ausrichten, brauchen wir uns nicht zu fürchten.

Unbedingt möchte ich noch vor extremen Befreiungspraktiken und geistlichen Meinungen warnen. Es gibt Christen, die hinter allem und jedem dämonische Kräfte vermuten, und es gibt andere, die behaupten, es gäbe keine finsteren Mächte. Beides halte ich für falsch. Die Bibel spricht eindeutig von Mächten und Gewalten in der Himmelswelt, vor denen wir uns in Acht nehmen sollen. Gleichzeitig sagt Gott aber auch, dass Christus uns durch sein Blut von der Finsternis befreit hat. Es gibt diese für uns nicht sichtbaren Geister und sie treten nicht nur im Zusammenhang mit Okkultismus und Esoterik auf. Ihre Existenz zu verneinen, wäre unbiblisch.

Andererseits sollte mit dem Gebet für Befreiung sachlich und geistlich orientiert umgegangen werden. Es müssen sich nicht unbedingt Phänomene zeigen, damit die Befreiung beweiskräftig ist. Das behaupteten besonders in den 70er-Jahren Heilsströmungen, die inzwischen relativiert wurden. In Matthäus 8,16 steht, dass Jesus durch sein Wort die bösen Geister ausgetrieben hat. Diesem Bibelvers können wir unser vollstes Vertrauen schenken und sicher sein, dass es sich so verhält.

Befreiungen können auf unterschiedliche Weise stattfinden, deshalb kann man nie genau sagen, wie Gott an einem Menschen handeln wird. Das, was wir ganz sicher darüber wissen können, entnehmen wir der biblischen Lehre und sprechen darüber mit Jesus.

Wir brauchen keine Furcht vor dem Teufel und seinen Mächten zu haben, denn Jesus Christus hat ihn am Kreuz von Golgatha besiegt. Wenn wir Jesus gehören und uns bewusst von finsteren Geistern gelöst haben, sind wir ein für alle Mal befreit! Niemand kann uns aus der Hand Gottes reißen. Jesus kann aus tiefen Gebundenheiten befreien, auch aus solchen, die über Jahrzehnte in der Familie weitergegeben wurden. Er zerbricht selbst hohe Mauern alter Festungen und erfüllt die dadurch entstandene Leere mit seiner Liebe und dem Heiligen Geist Gottes.

Die Bibel berichtet:

> Und ihr wisst ... wie Gott Jesus von Nazareth gesalbt hat mit Heiligem Geist und Kraft; der ist umhergezogen und hat Gutes getan und alle gesund gemacht, die in der Gewalt des Teufels waren, denn Gott war mit ihm.
>
> *Apostelgeschichte 10,37-38*

Das ist eine gewaltige Aussage, auf die wir uns verlassen können. Mächte und Gewalten des Universums können ganze Völker und unzählige Menschen beeinflussen, aber der Sohn Gottes kann ihr böses Werk mit einem einzigen Wort zunichtemachen.

Wenn Sie Jesus Christus noch nicht als Ihren Retter und Erlöser angenommen haben, möchte ich Ihnen ein Gebet vorschlagen.

Selbstverständlich können Sie auch mit ihren eigenen Worten beten.

> Lieber Herr Jesus Christus,
> ich komme zu dir und lege mein Leben ganz in deine liebevollen Hände. Bitte vergib mir, dass ich mich fremden Mächten zugewendet habe, und löse mich von diesen Bindungen. Danke, dass du am Kreuz all meine Schuld getragen hast. Von nun an möchte ich zu dir gehören und bitte dich darum, in mein Herz zu kommen.
> Amen

Wenn Sie dieses Gebet gesprochen haben, sind Sie ein Kind Gottes und niemand kann Sie aus seiner Hand reißen. Mein Rat ist, dass Sie sich einem gläubigen Christen anvertrauen, um sich Ratschläge für die geistliche Gemeinschaft geben zu lassen und auch, um Ihr Gebet bestätigt zu wissen.

Gott ist derselbe, gestern, heute und in alle Ewigkeit!

Nachwort

Es ist mir ein großes Anliegen, den Menschen, die auf der Suche nach Gott sind, den Weg zu Jesus Christus zu vermitteln. Ich hoffe, dass dieses Buch dazu beitragen wird, Irrtümer und Lügen aufzudecken. Esoteriker sind spirituell interessierte Menschen. Im Gegensatz zu Satanisten sehnen sie sich nach Gemeinschaft mit dem Gott, der das Leben und diese Welt erschaffen hat. Sie glauben an das Gute und denken, dass weiße Magie nichts mit schwarzer Magie gemeinsam hat. Leider ist das falsch. Für Esoteriker verkleidet sich der Satan als Engel des Lichts, während er den dunklen Magiern als finstere Macht begegnet.

Auf der Suche nach geistlicher Wahrheit beginnt man, sich mit philosophisch-wissenschaftlichen Themen auseinanderzusetzen, um herauszufinden, was sich für einen selbst logisch erschließt und den eigenen Erfahrungen entspricht. Da der Mensch sich seit Urzeiten eigene Theorien überlegt hat, ist die Menge von unterschiedlichen Philosophien und Lehren unüberschaubar. Es gibt Erleuchtete, die davon überzeugt sind, die Weisheit des Unsichtbaren erkannt zu haben. Es treten Heiler und Lehrer auf, die ihr Gottesbild über fremde kosmische Energien verbreiten. Menschen, die sich für das Übersinnliche öffnen, erhalten Botschaften aus einer anderen Dimension, geben sie weiter und setzen diese Eingebungen um.

Im Wesentlichen handelt es sich bei dem Interesse an der unsichtbaren Welt um die Suche nach Lebenshilfen sowie körperlicher Heilung und der Erhaltung oder Wiederherstellung des seelischen Gleichgewichts. Gott in seiner Allmacht und Größe wahrzunehmen, seinen Plan zu erkennen und seine Gesetze zu verstehen, ist bei diesen Strömungen zweitrangig. Die Esoterik ist selbstzentriert und bedient sich der Wesen, die im geistigen Bereich weiter entwickelt sind als wir Menschen.

Der Wunsch nach Erlösung und Erkenntnis der Wahrheit prägt die Menschen auch heute noch. Hoffnung und die Sehnsucht nach Liebe sind der Antrieb für die Suche nach Gott. Wo komme ich her und wo gehe ich hin? Diese Frage stellt sich wohl jeder Mensch irgendwann einmal. Die Antworten darauf finden wir in der Bibel und bei Gott selbst. Gott ist derselbe, gestern, heute und in alle Ewigkeit. Daran wird sich niemals etwas ändern. Gott ist außerdem Liebe pur! Aus dieser Liebe heraus hat der Vater den Sohn auf die Erde gesandt, damit jeder, der an ihn glaubt, gerettet wird zum ewigen Leben (Johannes 3,16).

Die Suche nach der Wahrheit führt manchmal über lange Irrwege, aber wer Gott von ganzem Herzen sucht, der wird ihn auch finden (Jeremia 29,13-14). Es tut weh, zu beobachten, wie Menschen mit tiefer Glaubensüberzeugung falschen Lehrern nachfolgen und auf sie hören. Ist man erst einmal in den Bann der falschen Propheten und der Mächte der Finsternis geraten, ist es schwer, ihnen wieder zu entrinnen. Da ich am eigenen Leib erfahren habe, was es bedeutet, geistlich gefangen zu sein, ist mein Bedürfnis groß, über die Irrlehren der Esoterik und des Okkultismus aufzuklären. Ich bin davon überzeugt, dass ich heute nicht mehr am Leben wäre, wenn Jesus Christus nicht eingegriffen hätte.

Während dieses Buch entstanden ist, habe ich sehr viel erlebt und ich bin dankbar dafür, dass Gott mich getragen hat und für seine Gnade in meinem Leben. Die geistliche Wahrheit zwischen Himmel und Erde zu finden, ist das Beste, was ein Mensch im Leben erreichen kann. Die Angriffe, die ich beim Schreiben erlebt habe, hat der Herr Jesus alle erfolgreich abgewehrt. Zum Teil habe ich die Mächte gespürt und wiedererkannt. Unter anderem haben sie versucht, mir zu vermitteln, dass die Esoterik doch ihren Platz hat. Doch mit Gebet und Lobpreismusik im Hintergrund haben diese Stimmen immer schnell das Weite gesucht.

Sicherlich liest sich das etwas mysteriös und unglaubwürdig. Wenn jemand noch nie in seinem Leben mit diesen unsichtbaren Mächten in Berührung gekommen ist, ist es bestimmt schwer vorstellbar. Aber jeder ehemalige Esoteriker wird mir zustimmen, dass wir auf zehn Meter Entfernung schnuppern, wenn etwas geistlich nicht in Ordnung ist. Dies bleibt vielleicht denen vorbehalten, die aus einem Sumpf herausgezogen wurden, aus dem sie allein nicht hätten entkommen können.

Schwarze und weiße Magie bedeuten dasselbe geistliche Elend, nur ist das Hellere unauffälliger lackiert. Die alternativen Heiler haben überwiegend einen guten Charakter und keine bösen Absichten, aber leider wird ihre Offenheit für das Unsichtbare von Geistern ausgenutzt, um Unheil anzurichten.

»Schuster bleib bei deinem Leisten!«, so lautet ein altes Sprichwort. Wie viel Wahrheit liegt darin! Niemand sollte dem Meister und Schöpfer Gott ins Handwerk pfuschen oder sich über seine Ordnungen hinwegsetzen. Es gibt physikalische Gesetze und es gibt geistliche Gesetze! Wir tun gut daran, diese nicht zu durchbrechen, außer wenn wir im Namen von Jesus um Heilung und Befreiung beten.

Ich bete dafür, dass alle Menschen zur Erkenntnis der Wahrheit kommen und den Weg zu dem lebendigen Gott Jesus Christus finden. Niemand soll verloren gehen! Wenn jemand einen Irrweg eingeschlagen hat, besteht immer die Möglichkeit, umzukehren und sich an Gott zu wenden. Der Vater steht mit ausgebreiteten Armen da und wartet darauf, dass die Menschen die Gemeinschaft mit ihm suchen.

In der Esoterik wird man immer auf der Suche sein und bleiben. Es gibt keinen Frieden und kein Ankommen. Erst bei Gott sind wir durch Jesus Christus zu Hause angekommen und brauchen nicht mehr nach etwas Größerem suchen. Ich wünsche Ihnen, dass auch Sie diesen Frieden erfahren.

Der Herr Jesus Christus segne Sie und die Menschen um Sie herum!

Heike Malisic, Beate Nordstrand

Body, Spirit, Soul
Ganzheitlich leichter leben

Gebunden, 14 x 21,5 cm, 256 Seiten
Nr. 395.698, ISBN 978-3-7751-5698-1
Auch als E-Book

Körper, Seele und Geist gehören zusammen. Das Herzstück ist der Geist – denn wer den Sinn des Lebens gefunden hat, lernt, mit sich selbst im Reinen zu leben, und weiß um das Geheimnis der Vergebung. Ein Buch für Glaubende und Suchende, voller Inspiration.

Heike Malisic, Beate Nordstrand

Body, Spirit, Soul – 365 Impulse für ein ganzheitlich leichteres Leben

Flexcover, 11,2 x 15,8 cm, 400 Seiten
Nr. 395.783, ISBN 978-3-7751-5783-4
Auch als E-Book

Das Impulsbuch bietet Leserinnen Hilfe, Orientierung und geistliche Ermutigung. Für jeden Tag des Jahres findet die Leserin einen Bibelvers und einen Text, der zum Nach- und Weiterdenken anregt – immer abwechselnd zu den Bereichen Body, Spirit und Soul.

*Bitte fragen Sie in Ihrer Buchhandlung nach diesen Titeln!
Oder schreiben Sie an: SCM Hänssler in der SCM Verlagsgruppe GmbH,
D-71087 Holzgerlingen; E-Mail: info@scm-haenssler.de;
Internet: www.scm-haenssler.de*